Auf den PUNKT gebracht

Professionell kommunizieren

Rudolf Mahler

1999
Georg Thieme Verlag Stuttgart · New York

Rudolf Mahler
Gymnasiallehrer, Bildungsreferent,
Dozent in der pflegerischen Aus- und
Weiterbildung
Robert-Koch-Straße 31
72800 Eningen u.A.

Die Deutsche Bibliothek –
CIP-Einheitsaufnahme

Mahler, Rudolf:
Auf den Punkt gebracht : professionell
kommunizieren / Rudolf Mahler. – 1. Aufl. –
Stuttgart ; New York : Thieme, 1999

© 1999, Georg Thieme Verlag,
Rüdigerstraße 14, D-70469 Stuttgart
Unsere Homepage: http://www.thieme.de

Printed in Germany

Umschlag: Martina Berge, Erbach/Ernsbach
Zeichnungen: Adrian Cornford, Reinheim-
  Zeilhard; Friedrich Hartmann, Nagold
Satz: Hagedorn Kommunikation, Viernheim
Druck: Gutmann + Co GmbH, Talheim

ISBN 3-13-115721-6   1 2 3 4 5 6

Wichtiger Hinweis: Wie jede Wissenschaft ist die Medizin ständigen Entwicklungen unterworfen. Forschung und klinische Erfahrung erweitern unsere Erkenntnisse, insbesondere was Behandlung und medikamentöse Therapie anbelangt. Soweit in diesem Werk eine Dosierung oder eine Applikation erwähnt wird, darf der Leser zwar darauf vertrauen, dass Autoren, Herausgeber und Verlag große Sorgfalt darauf verwandt haben, dass diese Angabe **dem Wissensstand bei Fertigstellung des Werkes entspricht.**

Für Angaben über Dosierungsanweisungen und Applikationsformen kann vom Verlag jedoch keine Gewähr übernommen werden. **Jeder Benutzer ist angehalten**, durch sorgfältige Prüfung der Beipackzettel der verwendeten Präparate und gegebenenfalls nach Konsultation eines Spezialisten festzustellen, ob die dort gegebene Empfehlung für Dosierungen oder die Beachtung von Kontraindikationen gegenüber der Angabe in diesem Buch abweicht. Eine solche Prüfung ist besonders wichtig bei selten verwendeten Präparaten oder solchen, die neu auf den Markt gebracht worden sind. **Jede Dosierung oder Applikation erfolgt auf eigene Gefahr des Benutzers.** Autoren und Verlag appellieren an jeden Benutzer, ihm etwa auffallende Ungenauigkeiten dem Verlag mitzuteilen.

Geschützte Warennamen (Warenzeichen) werden **nicht** besonders kenntlich gemacht. Aus dem Fehlen eines solchen Hinweises kann also nicht geschlossen werden, dass es sich um einen freien Warennamen handele.

Das Werk ist urheberrechtlich geschützt. Jede Verwertung in anderen als den gesetzlich zugelassenen Fällen bedarf deshalb der vorherigen schriftlichen Einwilligung des Verlages.

Vorwort

Für Rosemarie und Julia

Erst in jüngster Zeit hat die Pflege die Sprache für sich entdeckt. Langsam entsteht ein Bewusstsein dafür, dass pflegerisches Handeln eine sprachliche Dimension besitzt und pflegerische Kompetenz zu einem wesentlichen Teil mit Sprachfähigkeit zu tun hat. Denn Pflege basiert auf der personalen Beziehung zum kranken und hilfsbedürftigen Menschen; diese aber ist eine kommunikative und damit vom Grund her sprachlich gestaltete Beziehung. Wie jeder Beruf ist die Pflege sprachlich gefasst, in einer Berufs- und Fachsprache gegenwärtig, die den Sachen Namen und den Gedanken eine Form gibt. Pflegerische Sachfragen, vor allem aber ethische, rechtliche und politische Wertentscheidungen im Umfeld der Pflege bedürfen der argumentativen Durchdringung, der sprachlich aufbereiteten Reflexion und Diskussion. Diese Aufgaben und Herausforderungen verlangen von der einzelnen Pflegekraft wie der Berufsgruppe insgesamt ein intensives Bemühen um die eigene Sprache.

Das vorliegende Lehrbuch greift sprachliche Fragestellungen auf, die für die Pflege bedeutsam sind. Es möchte durch die Förderung sprachlicher Bildung einen Beitrag zur Bewältigung der pflegerischen Aufgaben im kommunikativen Handlungsfeld leisten. Die behandelten Themen werden auf den Beruf bezogen und zugleich in umfassendere linguistische Zusammenhänge eingeordnet. Neben dem Fach Sprache und Schrifttum werden im Sinne einer integrativen Konzeption auch andere, pflegerische, sozial- und naturwissenschaftliche Fächer der theoretischen Ausbildung mit einbezogen. Sprachkompetenz wird dabei als Bindeglied zwischen allgemeiner, d. h. personaler, und berufsbezogen-funktionaler Bildung verstanden. Dieses Buch will diejenigen, die mit ihm arbeiten, ermutigen, sich den Beruf mit Hilfe der Sprache zu eigen zu machen und so einen Schritt hin zur beruflichen Mündigkeit zu tun.

Für die anregenden Diskussionen im Lehrerkollegium und mit den Schülerinnen und Schülern der Krankenpflegeschule am Stuttgarter Karl-Olga-Krankenhaus, die in mir das Bewusstsein für den einzigartigen Wert und die spezifischen Probleme des Pflegeberufs schärften, bin ich sehr dankbar. Insbesondere danke ich der Leiterin der Schule, Frau Barbara Huber, für den kooperativen Austausch über pflegerische und pädagogische Fragen. Einen besonderen Dank schulde ich meiner Frau, die mich während des ganzen Schreibprozesses verständnisvoll begleitet hat.

Eningen, im Februar 1999 Rudolf Mahler

Inhalt

1	**Sprachliche Seite der Pflege**	2
1.1	Pflege braucht sprachliche Kompetenz	2
1.1.1	Handlungskultur und Diskussionskultur	2
1.1.2	Wachsende sprachliche Anforderungen	3
1.2	Pflege als kommunikative Tätigkeit	5
1.3	Beitrag der Sprache zur pflegerischen Professionalität	8
2	**Sprache und Sprechen**	12
2.1	Das Erwachen der Helen Keller	12
2.2	Was ist Sprache?	13
2.2.1	Sprache als Zeichensystem	13
2.2.2	Sprache als Fähigkeit	15
2.2.3	Sprache als Werkzeug	16
2.2.4	Verhältnis von Sprache, Weltbild und Gesellschaft	18
2.3	Verarbeitung der Sprache	20
2.3.1	Sprech- und Hörapparat	21
2.3.2	Gehirn	24
2.4	Erwerb und Entwicklung des Sprachvermögens	25
2.5	Störung und Abbau sprachlicher Fähigkeiten	28
2.5.1	Sprachstörungen	28
2.5.2	Sprechstörungen	29
2.5.3	Stimmstörungen	30
2.5.4	Therapie und Pflege	31
3	**Kommunikation: Verständigung durch Sprache**	38
3.1	Johanna unter Druck	38
3.2	Kommunikation als Prozess	39
3.2.1	Kommunikationstheorien	39
3.2.2	Wie geht soziale Kommunikation vor sich?	40
3.3	Arten und Eigenschaften sozialer Kommunikation	44
3.3.1	Arten der sozialen Kommunikation	44
3.3.2	Eigenschaften der sozialen Kommunikation	46
3.4	Sprachliche und nichtsprachliche Kommunikation	48
3.4.1	Was tun wir, wenn wir uns äußern?	48

3.4.2	Verwendungszweck sprachlicher Äußerungen	49
3.4.3	Mündliche und schriftliche Kommunikation	51
3.4.4	Körpersprachliche Ausdrucksformen	53
3.4.5	Zusammenhang zwischen Laut- und Körpersprache	60
3.5	Wie kann man Kommunikation verbessern?	61
3.5.1	Kommunikationsprobleme	61
3.5.2	Grundsätze für das Gelingen sozialer Kommunikation	64
3.6	Pflegerische Sicht der Kommunikation	66
4	**Professioneller Sprachgebrauch im Beruf: Fachsprachen**	**70**
4.1	Was heißt *Puerperalfieber*?	70
4.2	Gliederung des Deutschen	71
4.2.1	Sprachebenen	71
4.2.2	Sprachbarrieren	73
4.3	Anredeformen und Berufsbezeichnungen	75
4.3.1	Anredeformen	75
4.3.2	Berufsbezeichnungen	77
4.3.3	Eine Sprache für Männer und Frauen	78
4.4	Aufgaben und Merkmale der Fachsprachen	79
4.4.1	Zweck und Entwicklung	79
4.4.2	Wortschatz	80
4.4.3	Begriffsbestimmungen	81
4.4.4	Sprachstil	83
4.4.5	Sprachschichten	84
4.4.6	Soziale Funktion	86
4.5	Besitzt die Pflege eine eigene Fachsprache?	87
4.5.1	Von der Berufssprache zur Theoriesprache	87
4.5.2	Herkunft und Bildung von Fachbegriffen	88
4.5.3	Wortschatz der Pflege	89
4.5.4	Verantwortlicher Sprachgebrauch	91
4.5.5	Pflegeterminologie der Zukunft	92
4.6	Grundlagen der medizinischen Terminologie	94
4.6.1	Begriffliche Normierung	94
4.6.2	Schreibung und Aussprache der Fachwörter	95
4.6.3	Wortbildung	96
4.6.4	Beugung	98
4.6.5	Umgang mit Wörterbüchern	98
5	**Textsorten: Formen sprachlichen Handelns**	**102**
5.1	Textmerkmale und Textarten	102
5.2	Gespräch	103
5.2.1	Wie laufen Gespräche ab?	103
5.2.2	Gespräche im Krankenhaus	104
5.3	Informationen sammeln und weitergeben	104
5.3.1	Grundformen des Informierens	105
5.3.2	Grundsätze des Informierens	108
5.3.3	Mündlich informieren	109

5.3.4	Schriftlich informieren	110
5.3.5	Mitarbeiter informieren: Notfallmeldung, Übergabe und Visite	112
5.3.6	Patienten und Angehörige informieren: Unterrichtung und Aufklärung	114
5.3.7	Pflegeprozess, Pflegeplan und Pflegebericht	116
5.3.8	Patientendokumentation	121
5.3.9	Formulare	122
5.3.10	Schriftverkehr, Gesetze und Willenserklärungen	123
5.4	Reflektieren, argumentieren, überzeugen	127
5.4.1	Grundformen des Argumentierens	127
5.4.2	Grundsätze des Argumentierens	127
5.4.3	Mündlich argumentieren: Vortrag, Besprechung und Diskussion	129
5.4.4	Schriftlich argumentieren: Facharbeit	136
5.5	Beraten, Beziehungen klären, sich darstellen	137
5.5.1	Beratende und unterstützende Gespräche	137
5.5.2	Bestätigende und korrigierende Gespräche	138
5.5.3	Interessengeleitete Kommunikation	140
5.5.4	Bewerbung und Beurteilung	141
5.6	Literatur und Medien	146
5.6.1	Medien als Mittel der Aktivierung und Behandlung	146
5.6.2	Literatur für Erwachsene und Kinder	147
5.6.3	Vorschläge für den kreativen Umgang mit Texten	149

6	**Arbeitstechniken: Umgang mit Fachliteratur**	**152**
6.1	Auswerten und Abfassen von Fachtexten	152
6.1.1	Arbeitsvorbereitung	152
6.1.2	Materialsammlung	152
6.1.3	Materialauswertung	158
6.1.4	Textgestaltung	158
6.1.5	Korrektur	162
6.2	Wichtige Rechtschreibregeln	162
6.3	Prüfungen	163

Anhang 166

Literaturverzeichnis 174

Sachverzeichnis 176

Warum ist sprachliche Kompetenz in der Pflege so wichtig?

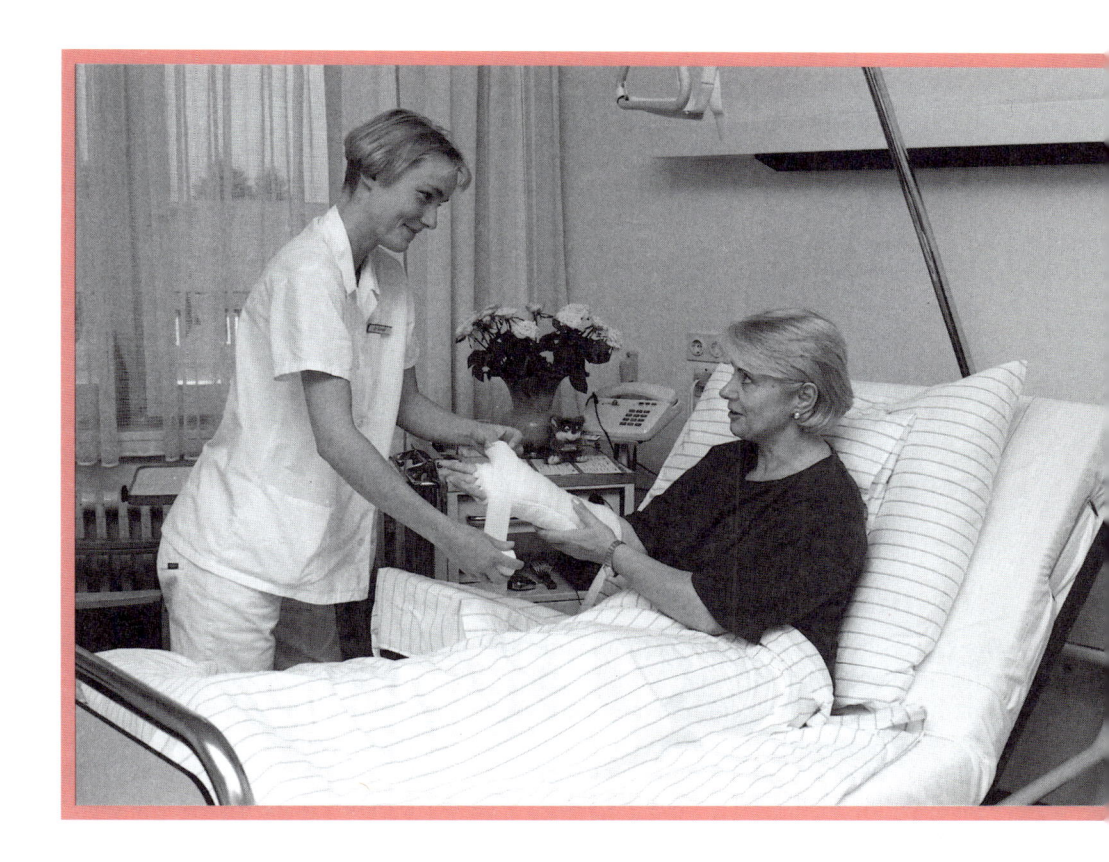

1 Sprachliche Seite der Pflege

> *„Pflege als kommunikative Tätigkeit, als Feld des Miteinanderaushandelns von Zielen und entsprechendem Vorgehen, des gemeinsamen Reflektierens des eigenen Denkens und Tuns, dies ist eines der erklärten Ziele."*
>
> (Joachim Burchgart)

1.1 Pflege braucht sprachliche Kompetenz

Seit einiger Zeit fordern Pflegevertreterinnen, der sprachlichen Kompetenz in der Pflege einen höheren Stellenwert einzuräumen. Bedarf besteht vor allem in den Bereichen Fachsprache und Argumentation:

> **Zitat**
>
> „Es muß eine Sprache geben, die die Inhalte der Pflege klar und eindeutig bezeichnet, die etwas kommunizierbar und damit sichtbar macht. Damit erst wird der so bezeichnete Gegenstand diskursfähig und kann auch eingefordert werden. Weiterführende Ansprüche müssen an eine Sprache gestellt werden, die eine Wissenschaft entwickeln soll und für Forschungszwecke nutzbar ist. Darüber hinaus muß es eine Sprache im Außenverhältnis, im öffentlichen Raum geben, die für die Disziplin politisch nutzbar ist." (Bartholomeyczik 1996)

1.1.1 Handlungskultur und Diskussionskultur

Der Unterschied in Selbstverständnis und Sozialisation von Pflegenden und Ärzten wird an dieser Aussage einer Krankenschwester erkennbar: „Bis die das ausdiskutiert haben, habe ich schon vier Patienten gepflegt." (Frankfurter Gespräch 1996) Pflegekräfte verstehen ihre Arbeit vorrangig als manuell-praktisches Tun, Ärztinnen und Ärzte als Tätigkeit, die der theoretischen Erklärung und argumentativen Begründung bedarf. Der Gegensatz zwischen praktischem Beruf und wissenschaftlicher Profession, Handlungskultur und Diskussionskultur, ist immer wieder Ursache von Missverständnissen und Konflikten zwischen beiden Berufsgruppen.

In der Pflege hat sich noch keine eigene Sprachkultur herausgebildet, weil der Umgang mit Sprache bisher kaum als pflegerische Aufgabe angesehen wurde. Erst seit Beginn der 90er Jahre werden von Seiten der Pflegewissenschaft und auf Verbandsebene Vorstöße unternommen, sprachliche Fragen stärker in den Vordergrund zu rücken. Diese Versuche stehen im Zusammenhang mit der Emanzipation von Fremdbestimmung und dem Streben nach Professionalisierung und öffentlicher Anerkennung als eigenständigem Beruf.

Die Abhängigkeit von der Medizin und das Ringen um Selbständigkeit spiegeln sich in den Sammelbegriffen für die Berufszweige wider, denen die Krankenpflegeberufe zugeordnet werden: Heilhilfsberufe, medizinische Hilfsberufe, medizinische Assistenzberufe, Gesundheitsberufe, Fachberufe im Gesundheitswesen, Pflegefachberufe, Pflegeberufe.

Professionalität hängt mit beruflicher Mündigkeit zusammen. Auf der Ebene der Berufsgruppe bedeutet dies, die eigenen beruflichen Angelegenheiten frei gestalten zu können. Dies betrifft das Berufsbild, die Ziele und Inhalte der Ausbildung, den Verantwortungsbereich in der Praxis sowie die wissenschaftliche Erforschung und theoretische Begründung des Berufs.

> **!**
> Auf der Ebene der einzelnen Berufsangehörigen meint Professionalität die Fähigkeit und Bereitschaft zu selbständigem Denken und Handeln. Voraussetzung dafür ist ein differenzierter, souveräner Sprachgebrauch.

1.1.2 Wachsende sprachliche Anforderungen

Seit 1808	In den Orden der Clemensschwestern werden nur junge Frauen aufgenommen, die in der Lage sind, handschriftliche Aufzeichnungen von Ärzten zu entziffern und selber leserlich zu schreiben.
Seit 1836	Das Kaiserswerther Diakonissenmutterhaus verlangt als Aufnahmevoraussetzung ebenfalls gute Fertigkeiten im Lesen und Schreiben. Bei Bedarf wird während der Ausbildung Deutschunterricht erteilt.
Seit 1859	Unerlässliche Voraussetzung für die Aufnahme in den Badischen Frauenverein (Rotes Kreuz) sind u. a. Fertigkeiten im Lesen und Schreiben auf Volksschulniveau.
Seit 1894	Der Evangelische Diakonieverein in Berlin-Zehlendorf verlangt von Bewerberinnen „allgemeine Bildung gemessen an der Fähigkeit, eigene Gedanken klar und geordnet in deutscher Sprache niederzuschreiben" (Kruse 1995).
1904	Der Weltbund der Frauen (International Council of Women), dem damals die Berufsorganisation der Krankenpflegerinnen Deutschlands (heute Deutscher Berufsverband für Pflegeberufe, DBfK) angehörte, fordert eine gute Allgemeinbildung für jede Krankenschwester.
1906	Der Bundesrat legt den Volksschulabschluss als Ausbildungsvoraussetzung fest. Die Schülerinnen sollen Gewandtheit in der Beschreibung von Personen und Geräten erlangen. In der mündlichen Prüfung sollen sie Verhaltensregeln gegenüber den Kranken, Angehörigen, Ärzten, Geistlichen und Mitpflegerinnen nennen. Über wichtige Vorkommnisse während der praktischen Prüfung ist eine Niederschrift anzufertigen.

1907	Die Kaiserswerther Generalkonferenz der Diakonissenmutterhäuser spricht sich dagegen aus, während der Ausbildung Unterricht in Grundlagenfächern, z. B. Deutsch, zu erteilen. Allgemeine Bildung und Pflegeausbildung sollen nicht vermengt werden. In den Mutterhäusern werden damals während der Ausbildung noch häufig allgemeinbildende Fächer unterrichtet.
1938–65	Die gesetzlichen Regelungen im „Dritten Reich" (1938) und in der Bundesrepublik (1957/59) bleiben bei der Volksschulbildung als Einstiegsvoraussetzung. Auch der Pflegebericht während der praktischen Prüfung wird beibehalten.
1951–89	In der Krankenpflegeausbildung der DDR werden die Fächer Deutsch und Russisch, bis 1961 auch „Schriftliche Arbeiten" unterrichtet.
1965/66	Das novellierte bundesdeutsche Krankenpflegegesetz schreibt für die Aufnahme der Ausbildung den Realschulabschluss vor. Die Ausbildungs- und -prüfungsverordnung verlangt die Anfertigung eines Pflegeberichts bei der praktischen Prüfung, der vom verantwortlichen Arzt bestätigt werden muss.
1985	Auch das neue Krankenpflegegesetz fordert von den zukünftigen Krankenpflegekräften den Realschulabschluss. In die Krankenpflegeausbildungs- und -prüfungsverordnung wird das Fach „Sprache und Schrifttum" mit insgesamt 20 Stunden aufgenommen, in dem Berichterstattung, Vortrag/Diskussion, Fachterminologien und Fachliteratur zu unterrichten sind. Dem Fach Psychologie ist das Thema „Kommunikation" zugeordnet. Sprachbezogene Inhalte finden sich noch in weiteren Fächern. Im Zusammenhang mit der praktischen Prüfung muss eine Pflegeplanung erstellt werden.
1994	Der Bundesausschuss der Länderarbeitsgemeinschaften der Lehrerinnen und Lehrer für Pflegeberufe legt einen Bildungsplan „Pflege mit System" vor, in dem er im Zusammenhang mit einer Ausbildungsreform neben der Behandlung von Pflegefachsprache und -literatur, Dokumentation und Kommunikation auch die Einführung von berufsbezogenem Deutschunterricht (Voraussetzung für die Verleihung der Fachhochschulreife) fordert (vgl. Huber 1997).

1.2 Pflege als kommunikative Tätigkeit

Dass Pflege zu einem wesentlichen Teil kommunikatives Handeln ist, gehört zum Kernbestand des beruflichen Selbstverständnisses. Einen wesentlichen Anstoß gab im deutschsprachigen Raum Liliane Juchlis (*1933) Modell der „Aktivitäten des täglichen Lebens" (ATL), das „Kommunizieren" zu den grundlegenden Lebensaspekten rechnet (erstmals Juchli 1976). Der für die Zukunft zu erwartende Wandel des pflegerischen Berufsfeldes hin zum nichtstationären Bereich, zu gesundheitsfördernden, rehabilitativen und beratenden Aufgaben, wird die sprachlich-kommunikativen Anforderungen weiter erhöhen. Die im Krankenpflegegesetz festgeschriebenen Ausbildungsziele und der Stoffplan der Krankenpflegeausbildungs- und -prüfungsverordnung bleiben hinter diesem neuen Anforderungsprofil zurück und bedürfen dringend einer Erweiterung um kommunikativ-sprachliche Aspekte.

Doch auch der in der Pflege- und Ausbildungspraxis vorherrschende Kommunikationsbegriff ist noch in mehrfacher Hinsicht verengt:

- Ein, wenn nicht der zentrale Aspekt der Pflege ist der Kontakt zum kranken Menschen über die Berührung. Bei der Pflege Schwerkranker haben nonverbale Verständigungsformen häufig ein größeres Gewicht als sprachliche. Pflegekräfte wissen um die Grenzen der Sprache angesichts krankheitsbedingter Eingeschränktheit und messen ihr von daher eher eine zweitrangige Bedeutung zu. Doch gerade die beeinträchtigte Sprache zeigt, wie wesentlich die Sprachfähigkeit für das Menschsein ist.
- Da das Gespräch den Pflegealltag stark bestimmt, wird Kommunikation im beruflichen Bewusstsein Pflegender häufig auf die mündliche Verständigung eingeschränkt. Aber auch schriftliche Kommunikationsformen, vom Pflegebericht über den Schriftwechsel bis hin zur veröffentlichten Fachliteratur, gehören in das Gesamtbild des Pflegeberufs.
- Aus beruflichen Erfordernissen konzentriert sich die Pflege stark auf beziehungsorientierte Kommunikationsformen. Der rhetorische Stil, die argumentative Auseinandersetzung, die Vertretung der eigenen Interessen sowie öffentliches Sprechen und Schreiben sind dagegen kaum im Blick.

Beruflich Pflegende sollten sich mit der Vielfalt kommunikativer Möglichkeiten auseinandersetzen und sich ein breites Repertoire an verbalen und nonverbalen Ausdrucksformen aneignen, um den berufspraktischen und berufspolitischen Herausforderungen gerecht werden zu können. Zugleich müsste genauer untersucht werden, welche Kompetenzen auf den verschiedenen Ebenen der Kommunikation (in der eigenen Berufsgruppe, mit anderen Berufsgruppen, mit Hilfsbedürftigen, in der Öffentlichkeit) überhaupt gefordert sind. Eine umfassende inhaltliche Klärung der kommunikativen und sprachlichen Tätigkeitsmerkmale der verschiedenen pflegerischen Arbeitsbereiche steht bisher noch aus.

> **Schritte zur Bestimmung des kommunikativen Profils der Pflege:**
> 1. Analyse der kommunikativen Anteile der pflegerischen Tätigkeitsbereiche unter Berücksichtigung spezieller Einflussfaktoren (z. B. Pflegesysteme)
> 2. Benennung der kommunikativen Tätigkeitsanteile durch pflegeeigene Fachbegriffe
> 3. Beschreibung dieser Tätigkeitsanteile als berufliche Kompetenzen (handlungsbezogene Fähigkeiten)
> 4. Systematisierung der Tätigkeitsanteile und Einbettung in eine Gesamtkonzeption der Pflege

Mit der **Untersuchung des Kommunikationsverhaltens** auf einer (am funktionalen Pflegesystem ausgerichteten) Krankenhausstation der Inneren Medizin (Trill u. Wagner 1986), die bereits 1983 in einem Berliner Krankenhaus durchgeführt wurde, liegt eine Ist-Analyse für einen Standardbereich der Pflege vor. Sie erbrachte folgende Ergebnisse (Tab. 1.**1**):

- *Kommunikationssituationen*: Kommunikative Aktivitäten machen über zwei Drittel der Gesamttätigkeit der Pflegekräfte aus. Gut ein Drittel entfallen auf eigenständige Gespräche, etwas weniger auf tätigkeitsbegleitende Kommunikation.
- *Kommunikationsarten*: Die mündlichen Kommunikationsaktivitäten (Gespräche) liegen prozentual weit vor den schriftlichen. Durch die gesetzliche Verankerung der Pflegedokumentation haben schriftliche Aufgaben inzwischen jedoch an Bedeutung gewonnen.
- *Kommunikationspartner*: Hauptgesprächspartner der Pflegekräfte sind die Mitglieder der eigenen Berufsgruppe und die Patienten. Der Kontakt mit anderen Berufsgruppen, auch ärztlichem Personal, und Angehörigen bzw. Besuchern spielt eine geringere Rolle.
- *Kommunikationsinhalte*: Die normale Pflegekraft, die auf der Station die zahlenmäßig stärkste Personalgruppe darstellt und die Pflege hauptsächlich durchführt, kommuniziert am häufigsten mit ihresgleichen. Auf die Arbeit bezogene Themen stehen im Vordergrund. Auch Privatgespräche kommen recht häufig vor. Im Hinblick auf die Patienten hat die Entgegennahme von Wünschen eine größere Bedeutung als allgemeine Gespräche, Anweisungen und Erklärungen. Der Kontakt zu den Ärztinnen und Ärzten wird kaum von den Pflegemitarbeiterinnen, sondern in erster Linie von der Stationsleitung gepflegt. Die Verbindung zum klinischen Hauspersonal läuft dagegen vermehrt über die normalen Pflegekräfte. Die Stationsleitung ist hauptsächlich verwaltend (hoher Anteil schriftlicher Kommunikation) und koordinierend (Zusammenarbeit im Pflegeteam und mit den Ärzten) tätig.

Es stellt sich die Frage, inwieweit Pflegekräfte kommunikative Aufgaben überhaupt wahrnehmen können. So lassen die Arbeitssituation auf der Station, der Zeitdruck, die hohe Arbeitsbelastung und die ständige Unterbrechung durch Patienten und Mitarbeiter gezielte, kontinuierliche Patientengespräche oft nicht zu. Die Kommunikation mit den Patientinnen und Patienten wird von anderen, vordergründig wichtigeren Aufgaben verdrängt. Noch zu oft hat sie aber auch im Bewusstsein der Pflegenden sekundären Rang und wird als verlorene Zeit betrachtet, in der man

Pflege als kommunikative Tätigkeit

Tabelle 1.1 Pflegerische Kommunikation auf der Krankenhausstation (nach Trill u. Wagner). Auf der untersuchten 32-Betten-Station arbeiteten ein bis zwei Ärzte, elf Pflegekräfte, sechs Ärzte in Ausbildung und Krankenpflegeschülerinnen sowie vier Reinigungs- und Hilfskräfte. Es wurde Funktionspflege praktiziert. Eine einheitliche Pflegedokumentation war noch nicht eingeführt. Die Angaben zum Frühdienst beziehen sich auf den Zeitraum zwischen 6.00 und 14.00 Uhr, die zum Spätdienst auf den Zeitraum zwischen 14.00 und 22.00 Uhr.

Kommunikationssituationen auf der Station (in %)

	Reine Kommunikation	Kommunikation mit körperlicher Verrichtung	Körperliche Verrichtung ohne Kommunikation	Arbeitspausen/ Arbeitsunterbrechungen, Abwesenheit
Frühdienst	35,2	31,0	20,5	13,3
Spätdienst	42,4	29,7	13,8	14,1

Kommunikationsarten auf der Station (in %)

	Mündliche Kommunikation	Schriftliche Kommunikation	Kombination
Frühdienst	87,0	7,6	5,4
Spätdienst	88,6	7,8	3,6

Kommunikationspartner bei mündlicher Kommunikation (in %)

	Pflegekräfte	Patientinnen/ Patienten	Ärztinnen/ Ärzte	Reinigungs- und Hilfskräfte	Andere Berufsgruppen, Besucher
Frühdienst	44,1	38,0	6,7	6,5	4,7
Spätdienst	53,1	32,3	3,4	4,7	6,4

Kommunikationsaktivitäten der nicht in leitender Funktion tätigen Pflegekraft im Tagesdurchschnitt (in %)

	Pflegekräfte	Patientinnen/ Patienten	Schriftliche Kommunikation	Reinigungs- und Hilfskräfte	Telefon	Ärztinnen/Ärzte	Andere Berufsgruppen, Besucher
Kommunikationspartner/ -arten	45,4	34,9	7,3	6,7	2,3	1,8	1,7
Häufige Kommunikationsinhalte	Vorfälle/ Stationen 5,3 Übergaben 5,3 Dienstablauf 4,8 Anforderungen/ Hilfe 4,2 Sonstiges/ Privates 12,3	Wunsch 12,0 Allgemeines Gespräch 9,3 Anweisungen/Erklärungen 7,6	Krankengeschichte/ Werte 2,9	Anweisungen/Mitteilungen 1,3 Essen allgemein 1,0 Sonstiges/ Privates 2,1	Andere Stationen 1,6	Maßnahmen 0,4 Krankengeschichte 0,3 Sonstiges/ Privates 0,5	Besuch 0,9 Krankengymnastik 0,3

"Sinnvolleres" hätte tun können. Wenn der kommunikativ-sprachliche Bereich der Pflege stärkere Berücksichtigung finden soll, müssen gesetzliche und organisatorische Rahmenbedingungen geschaffen werden, die professionelle Kommunikation ermöglichen. Aber auch bei den Pflegenden selbst ist ein Bewusstseinswandel nötig.

1.3 Beitrag der Sprache zur pflegerischen Professionalität

Die Pflege braucht *sprachliche Bildung.* In der Krankenpflegeausbildung muss die Erweiterung der Kommunikationsfähigkeit im sprachlichen (mündlichen und schriftlichen) wie nichtsprachlichen Bereich angemessenen Raum haben. Unter dem Gesichtspunkt pflegerischer Professionalität sind **drei sprachbezogene Grundkompetenzen** von Bedeutung:

- Geistige Auseinandersetzung mit der Welt, dem Beruf, sich selbst: Dieser Bereich, der *personal-kognitive Kompetenzen* (von lat. *cognoscere* „erkennen") wie Nachdenken, Benennen, Einordnen, Dokumentieren, Analysieren, Klassifizieren, Abstrahieren, Abwägen, Deuten, Bewerten, Entscheiden, Forschen, Lernen, Planen und Organisieren umfasst, führt zu wissenschaftlichem Denken und Arbeiten hin (Wissenschaftspropädeutik). Eine wichtige Rolle spielt dabei der Umgang mit der Pflegefachsprache und -literatur.
- Berufliche Kommunikation im Pflegeteam, einschließlich der Schülerinnen, mit Vertretern anderer Disziplinen sowie Patienten, Angehörigen und Besuchern: Hier geht es um *sozial-kooperative Kompetenzen* wie Informieren, Begleiten, Beraten, Anleiten, Leiten, Unterstützen, Fördern, Assistieren. Im Mittelpunkt steht die partnerschaftliche Beziehung zum anderen.
- Interessenvertretung nach außen: Ziel ist die Beeinflussung von Haltungen, Einstellungen und Meinungen. Dazu bedarf es *rhetorisch-persuasiver Kompetenzen* (von lat. *persuadere* „überreden, überzeugen") wie Verhandeln, Argumentieren, Kritisieren, Problematisieren, Sich-Distanzieren, Fordern, Ablehnen, Repräsentieren, Überzeugen, Sich-Einigen usw. Es geht darum, sich an der öffentlichen Kommunikation innerhalb und außerhalb der Pflege, in Politik und Medien zu beteiligen.

Grundlegendes Ziel der pflegerischen Ausbildung ist berufliche Mündigkeit. Die Krankenpflegeschülerinnen und -schüler stehen also vor der Aufgabe, sich den Pflegeberuf durch bewusste Mitgestaltung der eigenen beruflichen Sozialisation, in der Auseinandersetzung mit fachlichen Fragen und im Austausch mit Mitschülern und Mitschülerinnen sowie Ausbildenden geistig und sprachlich zu eigen zu machen, sich mit ihm zu identifizieren. Berufliche Bildung wird so selbst zum kommunikativen Prozess (Abb. 1.**1**).

Abb. 1.1 Krankenpflegeschülerinnen und -schüler im ersten Ausbildungssemester auf die Frage, welche Schwierigkeiten sie mit Sprache und Kommunikation haben und wo sie für sich Lernbedarf sehen. Die Antworten wurden nach der *Metaplan-Technik* auf Karten geschrieben, an die Wand geheftet und in der Klasse diskutiert.

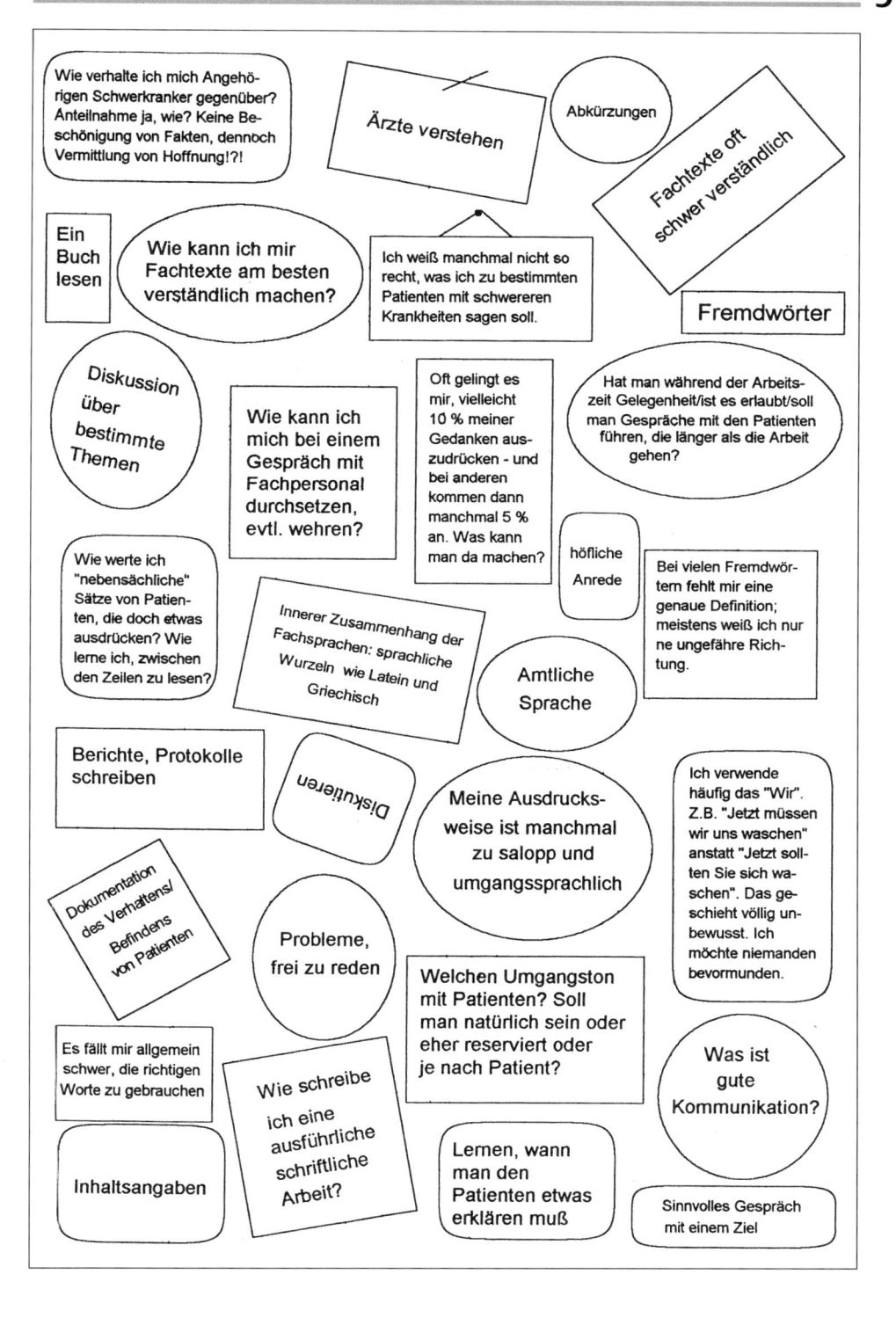

Beitrag der Sprache zur pflegerischen Professionalität

- Wie verhalte ich mich Angehörigen Schwerkranker gegenüber? Anteilnahme ja, wie? Keine Beschönigung von Fakten, dennoch Vermittlung von Hoffnung!?!
- Ärzte verstehen
- Abkürzungen
- Fachtexte oft schwer verständlich
- Ein Buch lesen
- Wie kann ich mir Fachtexte am besten verständlich machen?
- Ich weiß manchmal nicht so recht, was ich zu bestimmten Patienten mit schwereren Krankheiten sagen soll.
- Fremdwörter
- Diskussion über bestimmte Themen
- Wie kann ich mich bei einem Gespräch mit Fachpersonal durchsetzen, evtl. wehren?
- Oft gelingt es mir, vielleicht 10 % meiner Gedanken auszudrücken - und bei anderen kommen dann manchmal 5 % an. Was kann man da machen?
- Hat man während der Arbeitszeit Gelegenheit/ist es erlaubt/soll man Gespräche mit den Patienten führen, die länger als die Arbeit gehen?
- Wie werte ich "nebensächliche" Sätze von Patienten, die doch etwas ausdrücken? Wie lerne ich, zwischen den Zeilen zu lesen?
- Innerer Zusammenhang der Fachsprachen: sprachliche Wurzeln wie Latein und Griechisch
- höfliche Anrede
- Bei vielen Fremdwörtern fehlt mir eine genaue Definition; meistens weiß ich nur ne ungefähre Richtung.
- Amtliche Sprache
- Berichte, Protokolle schreiben
- Diskutieren
- Dokumentation des Verhaltens/Befindens von Patienten
- Probleme, frei zu reden
- Meine Ausdrucksweise ist manchmal zu salopp und umgangssprachlich
- Ich verwende häufig das "Wir". Z.B. "Jetzt müssen wir uns waschen" anstatt "Jetzt sollten Sie sich waschen". Das geschieht völlig unbewusst. Ich möchte niemanden bevormunden.
- Es fällt mir allgemein schwer, die richtigen Worte zu gebrauchen
- Wie schreibe ich eine ausführliche schriftliche Arbeit?
- Welchen Umgangston mit Patienten? Soll man natürlich sein oder eher reserviert oder je nach Patient?
- Was ist gute Kommunikation?
- Inhaltsangaben
- Lernen, wann man den Patienten etwas erklären muß
- Sinnvolles Gespräch mit einem Ziel

Literaturempfehlungen

Burchgart, J.: Laßt Taten sprechen, Pflegezeitschrift 49/11 (1996) 6

Zegelin, A.: Sprache und Pflege, Ullstein Mosby, Berlin 1997

Wie funktioniert Sprache?

2 Sprache und Sprechen

„Daß die Welt meine Welt ist, das zeigt sich darin, daß die Grenzen der Sprache (der Sprache, die allein ich verstehe) die Grenzen meiner Welt bedeuten."

(Ludwig Wittgenstein)

2.1 Das Erwachen der Helen Keller

Helen Keller hatte mit 1½ Jahren die Seh- und Höhrfähigkeit verloren und deshalb nicht sprechen gelernt. Erst gegen Ende des 6. Lebensjahres bringt ihr eine engagierte Lehrerin das Fingeralphabet bei (vgl. Abb. 2.**9**). Helen versteht aber zunächst nicht, dass sich die gelernten Wörter auf einen Gegenstand der Wirklichkeit beziehen. Die Lehrerin Ann Sullivan berichtet:

Bericht

„Wir gingen zu der Pumpe, wo ich Helen ihren Becher unter die Öffnung halten ließ, während ich pumpte. Als das kalte Wasser hervorschoß und den Becher füllte, buchstabierte ich ihr w-a-t-e-r in die freie Hand. Das Wort, das so unmittelbar auf die Empfindung des kalten, über ihre Hand strömenden Wassers folgte, schien sie stutzig zu machen. Sie ließ den Becher fallen und stand wie angewurzelt da. Ein ganz neuer Lichtschein verklärte ihre Züge. Sie buchstabierte das Wort water zu verschiedenen Malen. Dann kauerte sie nieder, berührte die Erde und fragte nach deren Namen, ebenso deutete sie auf die Pumpe und das Gitter. Dann wandte sie sich plötzlich um und fragte nach meinem Namen. Ich buchstabierte ihr 'teacher' in die Hand." (Hörmann 1977)

Helen machte eine Entdeckung, die ihr Leben grundlegend veränderte. Sie erkannte plötzlich, dass Wörter Dingen der Wirklichkeit zugeordnet sind. Wörter sind nicht bloß etwas, mit dem man spielerisch umgehen kann. Sie haben eine feste Bedeutung, die sich auf alle Dinge derselben Art bezieht. Vorher lebte Helen in einer Welt, die nur das Hier und Jetzt kannte. Durch ihren Körper, Berühren und Ertasten konnte sie sich mit der Lehrerin verständigen, aber nur über die Dinge, die im Augenblick der Äußerung konkret anwesend waren, nicht über Abwesendes, Vergangenes, Zukünftiges, nicht über abstrakte Gedanken, nicht über ihre Hoffnungen und Pläne. All das war nur ganz verschwommen in ihr, ohne Zusammenhang und Bezug. Sie war der Welt ausgeliefert und konnte immer nur reagieren, nicht selber zielgerecht handeln. Jetzt, nach ihrer Befreiung aus den Fesseln der Sprachlosigkeit, öffnet sich vor ihr ein unbegrenzter Horizont. Die Dinge sind lebendig geworden. Die Welt und ihr eigenes Selbst haben im wahrsten Sinne des Wortes Bedeutung für sie erlangt. Erst jetzt ist Helen in der Lage, die Wirklichkeit denkend zu erken-

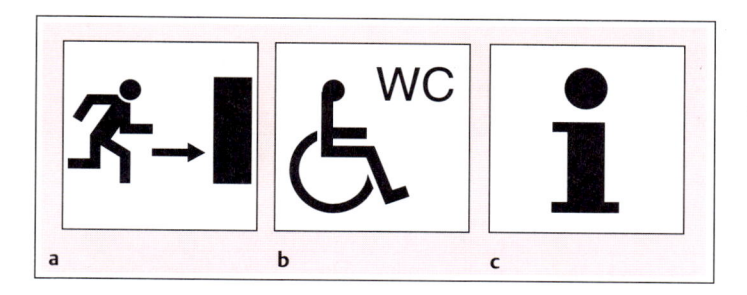

Abb. 2.1 Piktogramme:
a Fluchtweg,
b Behinderten-WC,
c Information.

nen und handelnd zu verändern – durch Sprache. Helen Keller (1880–1968) wird diese tiefgreifende Erfahrung später mit Hilfe der Sprache, in Vorträgen und Büchern, einem breiten Publikum in den USA und darüber hinaus bekannt machen.

2.2 Was ist Sprache?

2.2.1 Sprache als Zeichensystem

Wir nehmen mit unseren Sinnesorganen vieles wahr. Aber nur wenn etwas für uns eine Bedeutung hat, wird es zum *Zeichen*. Wir sind umgeben von Zeichen. Neben sprachlichen (verbalen) Zeichen, Wörtern, Sätzen und Texten in gesprochener und geschriebener Form, sind es solche, die mit der Sprache zusammenhängen (sprachbegleitende oder paraverbale Zeichen), z. B. Sprechpausen, ein Räuspern, eine zittrige Handschrift, und außersprachliche (extraverbale) Zeichen, Noten, mathematische Formeln, Verkehrszeichen, auf Örtlichkeiten und Sachverhalte hinweisende Bildzeichen (Abb. 2.**1**) u. v. a.

Zeichen haben eine Stellvertreterfunktion. Sie stehen für etwas, ohne dieses selbst zu sein. Sie machen die Welt verfügbar, ohne dass die entsprechenden Dinge der Welt anwesend sein müssen. Während natürliche Anzeichen wie etwa die Symptome, die auf eine bestimmte Krankheit hindeuten, oder Abbilder wie die meisten Piktogramme noch eine gewisse Nähe zu den Dingen der Wirklichkeit aufweisen, stehen künstliche Zeichen oder Symbole, zu denen die Sprachzeichen gehören, nur in einer losen, willkürlichen Beziehung zur Außenwelt (Tab. 2.**1**). Die Erfindung von Symbolen ist eine hohe geistige Leistung des Menschen.

> **!** Das umfassendste und leistungsfähigste System von Symbolen, das dem Menschen zur Verfügung steht, ist zweifellos die Sprache.

Sprachzeichen haben wie alle Zeichen eine formale (Zeichenausdruck) – im Fall der Sprache das Laut- bzw. Schriftbild – und eine inhaltliche Seite (Zeicheninhalt oder Bedeutung), der psychologisch die Vorstellung (der Begriff) von einem wirklichen oder gedachten Stück der Welt entspricht. Die **Beziehung von Ausdrucks- und**

Tabelle 2.1 Zeichenarten (nach Morris).

Zeichenart	In welchem Verhältnis stehen Zeichen und Bezeichnetes?	Was ist für das Verständnis des Zeichens erforderlich?	Beispiele
Anzeichen (Symptom)	Folge von etwas (Wenn-Dann-Verhältnis = Kausalität)	Erfahrungswissen	Krankheitszeichen, Indizien im Strafprozess, deutender Zeigefinger, Lachen
Abbild (Ikon)	Abbildung von etwas (Ähnlichkeit = Analogie)	Kenntnis des Aussehens bzw. des Klangs des abgebildeten Gegenstands	Piktogramme (meistens), Icons des Computers, Landkarten, Schaubilder, lautmalende Wörter
Künstliches Zeichen (Symbol)	willkürliche Zuordnung durch gesellschaftliche Vereinbarung (gedanklich-begrifflicher = digitaler Zusammenhang)	Kenntnis der Vereinbarung	*natürliche Sprachen* (Deutsch, Englisch, Russisch usw.), *künstliche Sprachen* (mathematische Formelsprache, Noten, Computersprache), Grußgesten, Bildsymbole (z. B. Skelett = Tod)

Inhaltsseite beschreibt der schweizerische Sprachwissenschaftler Ferdinand de Saussure (1857–1913) folgendermaßen (Saussure 1967):

- Die Verknüpfung einer bestimmten Vorstellung mit einer bestimmten Laut- oder Buchstabenverbindung ist willkürlich. *Krankenschwester* heißt im Englischen *nurse*, im Französischen *infirmière* und in einer vierten Sprache wieder anders. Eine Ausnahme bilden die lautmalenden Wörter, die Naturlaute nachahmen (Onomatopöie); doch selbst diese sind in den verschiedenen Sprachen nicht völlig gleich (z. B. dt. *wauwau*, franz. *vou-vou*, engl. *bow-wow*). Die Zuordnung der beiden Seiten des Zeichens ist dem Sprecher nun aber nicht freigestellt, sondern durch gesellschaftlich-kulturelle Übereinkunft, also Konvention vorgegeben.
- Im Gedächtnis des einzelnen ist sie als gedankliche Verbindung (Assoziation) gespeichert. Sie ist insofern psychischer Natur. Die Laute als die Träger der Bedeutung und die Buchstaben als die Träger der Laute sind sinnlich wahrnehmbare, physische Erscheinungen.
- Die Laute folgen zeitlich aufeinander, die Buchstaben räumlich (Linearität). Wenn die Bedeutung eines Sprachzeichens erhalten bleiben soll, darf kein Bestandteil ausgelassen oder vertauscht werden. Hier liegt der wesentliche Unterschied der Sprache zum Bild, das sich durch die Gleichzeitigkeit seiner Bestandteile auszeichnet.

Die Sprache bildet ein *Zeichengefüge* (Zeichensystem), eine Menge von Zeichen, die in durch Regeln geordneten Beziehungen zueinander stehen. Das Sprachsystem ist hierarchisch gegliedert. Es besteht aus aufeinander aufbauenden einfachen (Wortbestandteile oder Morpheme, die wiederum aus kleinsten bedeutungsunterscheidenden lautlichen Elementen, sog. Phonemen, bestehen) und zusammengesetzten

Was ist Sprache?

Tabelle 2.2 Aufbau des Sprachsystems.
Eckige Klammern [] verweisen auf die *internationale Lautschrift*, mit der gesprochene Sprache aufgezeichnet wird. Ein Doppelpunkt [ː] bedeutet in der Lautschrift, dass der vorausgehende Laut lang ausgesprochen wird. Phoneme stehen zwischen Schrägstrichen //, Morpheme zwischen geschweiften Klammern {}. Ein Stern * bezeichnet einen grammatisch nicht akzeptablen Ausdruck, das Kreuz # eine sprachliche Grenze.

Sprachliche Einheiten	Beispiele	Sprachwissenschaftliche Teilgebiete
Text = Abfolge von mindestens zwei zusammenhängenden, sinnhaften Äußerungen	*Schwester Beate betritt das Zimmer. Der Patient schläft. Sie entfernt sich leise.* # *Der Bewerbung sind Zeugnisse beizufügen. Sonst wird man nicht zum Vorstellungsgespräch zugelassen.*	Textlehre (Textologie)
Satz = nach Bedeutung, Form und Aussprache relativ selbständige Redeeinheit	*Schwester Beate betritt das Zimmer* # *Der Patient schläft* nicht: *Schwester Beate betritt das* # *Zimmer der Patient schläft*	Satzlehre (Syntax)
Satzteil = relativ selbständiger Teil eines Satzes	*Schwester Beate – betritt – das Zimmer* nicht: *Schwester – Beate – betritt das – Zimmer*	
Wort (Lexem) = kleinster selbständiger Träger von Bedeutung	*Betreuung* nicht: *treu-ung* *	Wortlehre (Lexikologie)
Wortbestandteil (Morphem) = kleinste bedeutungstragende Einheit	[bett] in *Bett*, *bett-en*, *Kran-ken-bett*, *Bett-en-trans-port* nicht: [back] und [buk] in *back-te* und *buk*	Wortformenlehre (Morphologie)
Buchstabentyp (Graphem) = kleinste bedeutungsunterscheidende Einheit der geschriebenen Sprache	*ng* in *Angst* für den Laut [ŋ] nicht: *ph* und *f* in *Photograph/Fotograf*	Schriftsystemlehre (Grapheologie)
Lauttyp (Phonem) = kleinste bedeutungsunterscheidende Einheit der gesprochenen Sprache	/t/ in *Tisch* gegenüber *Fisch*, *frisch* nicht: /t/ und /d/ in hochdeutscher bzw. schwäbischer Aussprache von *Tisch*	Lautsystemlehre (Phonologie)

Zeichen (Wörter, Satzbestandteile, Sätze und Texte) (Tab. 2.2). Zum ursprünglichen Zeichensystem, der gesprochenen Sprache (Lautsprache), kamen später die Schriftsysteme und die Gebärdensprache der Gehörlosen und Hörgeschädigten hinzu.

2.2.2 Sprache als Fähigkeit

Zeichen erhalten ihre Bedeutung und ihren Zweck erst durch die Menschen, die sie benutzen (Abb. 2.2). So treten Einzelsprachen wie Deutsch, Englisch oder Russisch immer zugleich als Besitz einer sozialen Gruppe und als geistige Fähigkeit der ein-

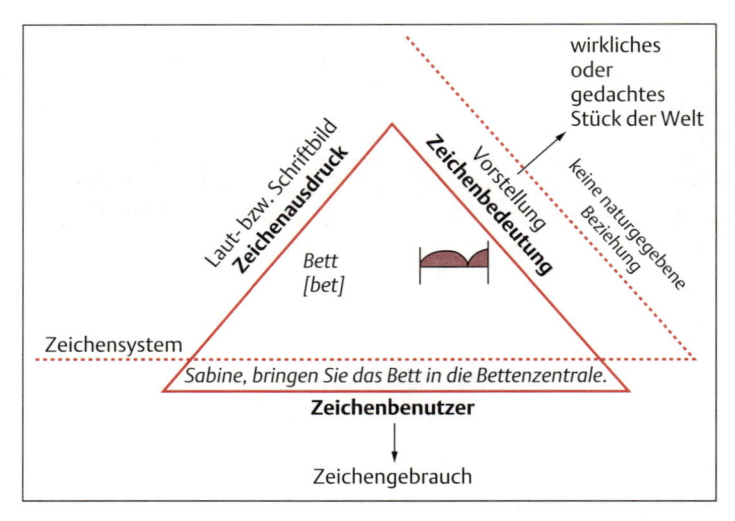

Abb. 2.2 Dreiseitiger Aufbau des sprachlichen Zeichens (Peirce 1976). In eckigen Klammern das gesprochene Wort *Bett* in internationaler Lautschrift.

zelnen Gruppenmitglieder auf. Sprache begegnet uns also in doppelter Weise: Sie ist ein überindividuelles System von Zeichen und Regeln, das in der Sprachfähigkeit des einzelnen als Möglichkeit angelegt ist.

Sprachfähigkeit (Kompetenz) umfasst Sprachwissen, also die Fähigkeit, eine im Prinzip unendliche Zahl von Äußerungen hervorzubringen, zu verstehen und formal wie inhaltlich zu beurteilen, und Sprachhandlungsfähigkeit, d. h. die Fähigkeit, sich in wechselnden Situationen angemessen mittels Sprache zu verständigen. Der tatsächliche, persönliche Sprachgebrauch (Performanz) bedingt den ständigen Wandel der Sprachen und ihre Anpassung an die sich verändernde Welt. Sprache ist insofern kein starres Gebilde, sondern ständiger Entwicklung unterworfen. Als konkrete Erscheinung steht sie in einem komplexen Wechselverhältnis zu allen Bereichen des menschlichen Lebens (Abb. 2.**3**).

2.2.3 Sprache als Werkzeug

Aus ihrem Zeichencharakter ergibt sich die **Hauptaufgabe der Sprache**: Sie ist ein Werkzeug menschlichen Denkens und Handelns.

- Sprache als *Erkenntnismittel*: Die Sprache dient dem Menschen als Mittel der Welterfassung, des Nachdenkens über sich und die Wirklichkeit. Sie ermöglicht ihm den geistigen Zugriff auf die Erscheinungen der Welt. Mit ihrer Hilfe gibt er seinen Vorstellungen von den Dingen einen Namen, ordnet er seine Gedanken und gewinnt Abstand zu seinen Gefühlen. Sprache ermöglicht gedankliche Verallgemeinerung (Abstraktion) von der gegenständlichen Wirklichkeit.
- Sprache als *Verständigungsmittel*: Die Sprache dient dem zwischenmenschlichen Austausch und zweckgerichtetem, partnerbezogenem Handeln. Der Mensch teilt sich mit ihrer Hilfe anderen mit, verständigt sich mit ihnen und sucht ihnen gegenüber seine Ziele und Absichten zu verwirklichen (Kommunikation).

Sprachwissenschaft
(Linguistik)

Sprachbiologie
(Biolinguistik)
– Spracherzeugung (Phonetik)
– Sprache und Gehirn (Neurolinguistik)
– gestörte Sprache (Patholinguistik)
– Sprache und Körperentwicklung
– Sprache und Evolution

Sprachgeographie
(Geolinguistik)
– geographische Einflüsse auf die Sprache
– räumliche Verbreitung von Sprachen
– Dialekte einzelner Sprachen
– Sprach- und Dialektkarten

Grammatik
(Ausdruckslehre)
Form sprachlicher Ausdrücke

Semantik
(Bedeutungslehre)
Inhalt sprachlicher Ausdrücke

Sprachpsychologie
(Psycholinguistik)
– Spracherwerb und -entwicklung
– Sprachwissen
– Spracherzeugung und -verstehen
– Sprache und Denken, Fühlen, Intelligenz, Beziehung, Körperausdruck

Pragmatik
(Handlungslehre)
Sprachgebrauch, sprachliches Handeln, Kommunikation

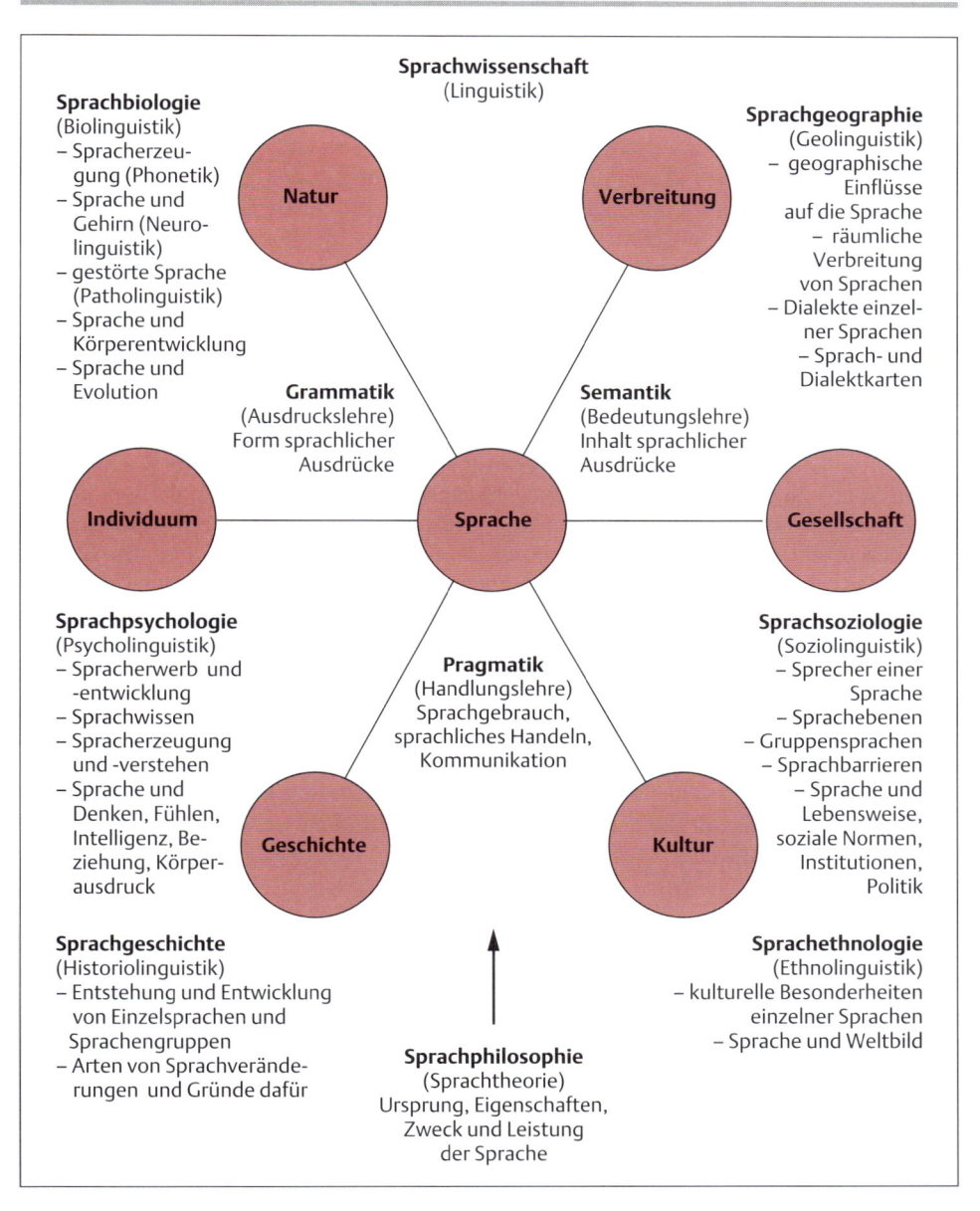

Sprachsoziologie
(Soziolinguistik)
– Sprecher einer Sprache
– Sprachebenen
– Gruppensprachen
– Sprachbarrieren
– Sprache und Lebensweise, soziale Normen, Institutionen, Politik

Sprachgeschichte
(Historiolinguistik)
– Entstehung und Entwicklung von Einzelsprachen und Sprachengruppen
– Arten von Sprachveränderungen und Gründe dafür

Sprachethnologie
(Ethnolinguistik)
– kulturelle Besonderheiten einzelner Sprachen
– Sprache und Weltbild

Sprachphilosophie
(Sprachtheorie)
Ursprung, Eigenschaften, Zweck und Leistung der Sprache

Knoten: Natur, Verbreitung, Individuum, Sprache, Gesellschaft, Geschichte, Kultur

Abb. 2.3 Sprache und die Gebiete der Sprachwissenschaft im Zusammenhang menschlicher Lebensäußerungen.

Mit Sprache gestaltet der Mensch die Wirklichkeit. Die Aussage eines Patienten *Heute ist hier die Luft aber trocken* bringt den Schüler Thomas dazu, ihm ein Glas Wasser zu reichen. Daran wird erkennbar: Sprechen und Schreiben sind Formen menschlichen Handelns. Durch Sprache können wir die Welt gestalten wie durch anderes Handeln auch. Etwa Unterricht, Psychotherapie oder Politik sind fast ausschließlich sprachliches Handeln. Auch die Pflege ist durch sprachliche Handlungen bestimmt (siehe Kap. 1).

Sprache ist aber mehr als nur Werkzeug. Sie ist von entscheidender Bedeutung für die persönliche Entwicklung und die Herausbildung einer eigenen Identität in Form eines Gleichgewichts zwischen Selbstbild und Erwartungen der sozialen Umwelt. Denn alle gesellschaftlichen Rollen und Regeln, alle sozialen Beziehungen und Einrichtungen sind sprachlich vermittelt. Sprache ist, so gesehen, Voraussetzung für Kultur. Sie ist *das* Grundmerkmal des Menschseins überhaupt.

Haben Tiere eine Sprache?

Durch die Sprache unterscheidet sich der Mensch vom Tier. Doch auch Tiere, z. B. Bienen oder Wale, kommunizieren miteinander. Primaten (Menschenaffen) sind zwar wegen der fehlenden Voraussetzungen in der Anatomie von Rachen und Mund nicht in der Lage, Sprachlaute hervorzubringen. Versuche haben jedoch gezeigt, dass einzelne Schimpansen und Gorillas eine Gesten- und Bildersprache erlernen und damit auch in beschränktem Maß kommunizieren können. Ein Beweis dafür, dass die „Tiersprache" im Sinne der Evolution eine Vorstufe der menschlichen Sprache darstellt, ist dies freilich nicht. Denn die Kommunikation von Tieren unterscheidet sich in wesentlichen Eigenschaften von der Sprache des Menschen. Tierische Signale setzen sich im Unterschied zu Wörtern, die aus Lauten bestehen, nicht aus kleineren Einheiten zusammen. Sie sind in der Regel nur unwillkürliche Reaktionen auf äußere Reize und können nicht absichtlich gebildet werden. Ihre Bedeutung wird nicht erlernt, sondern ist weitgehend angeboren. Sie sind zudem, mit Ausnahmen bei den Primaten, auf konkrete Situationen bezogen, also nicht frei verknüpfbar. Schließlich sind Tiere zur begrifflichen Verallgemeinerung und zur Kommunikation über Sprache nicht fähig.

2.2.4 Verhältnis von Sprache, Weltbild und Gesellschaft

Menschliche Sprache tritt immer in Form von Einzelsprachen auf, die sich teilweise erheblich voneinander unterscheiden. Anders als im Deutschen gibt es etwa in der Eskimosprache zahlreiche Wörter für Schnee, im Arabischen für Kamel. Manche Indianersprachen haben keine Zeitformen (*sie geht, sie ging, sie wird gehen* usw.). Von daher stellt sich die Frage, inwieweit die Muttersprache die Wahrnehmung der Wirklichkeit, die Denkweise und damit die Weltsicht einer Sprachgemeinschaft prägt.

Sprache und Denken

In welchem Verhältnis zueinander diese beide Fähigkeiten stehen, ist noch nicht geklärt. Folgende Auffassungen werden vertreten:

1. Das Denken bestimmt das Sprechen. Vorhandene Gedanken werden in Worte gefasst.
2. Die Sprache bestimmt das Denken. Die Gedanken bilden sich beim Reden oder Schreiben.
3. Sprache und Denken bedingen sich gegenseitig.

Zwei Denkarten muss man in jedem Fall auseinanderhalten: das rational-begriffliche Denken, das eng mit der Sprache zusammenhängt, und das Denken in Bildern oder Tönen, das ohne Sprache auskommt. Man kann sich den ersten Tag einer Patientin im Krankenhaus von der Ankunft bis zum Abend bildlich vorstellen, ohne sich auf sprachlich geformte Begriffe beziehen zu müssen. Für die Überlegung, wie ihr der Verlauf des ersten Tages erklärt werden kann, ist jedoch der Rückgriff auf Begriffe und damit Sprache unerlässlich.

Die amerikanischen Anthropologen und Linguisten Edward Sapir (1894–1939) und Benjamin Lee Whorf (1897–1941) stellten die Behauptung auf, das Denken und damit das Weltbild einer Sprachgemeinschaft würden völlig durch ihr Sprachsystem bestimmt (Whorf 1984). Dagegen spricht jedoch, dass man auch Dinge denken kann, für die es keinen sprachlichen Ausdruck gibt. Der entsprechende Sachverhalt muss dann mit mehreren Wörtern umschrieben werden. Umgekehrt gilt: Aus der Tatsache, dass in der Sprache überholte Sichtweisen weiter gegenwärtig sind, wie z. B. das vorkopernikanische Weltbild in dem Ausruf *Die Sonne geht auf!*, kann nicht geschlossen werden, diese würden heute noch geteilt. Ein Sachverhalt, für den kein Ausdruck zur Verfügung steht, kann durchaus im Bewusstsein der Sprachgemeinschaft vorhanden sein. Der gedankliche und sprachliche Umgang mit ihm ist höchstens schwieriger und verschwommener, weil er nicht auf den Begriff gebracht werden kann. Die Sapir/Whorf-Hypothese hat deshalb nur in sehr abgemilderter Form ihre Berechtigung: Die Sprache beeinflusst das Denken, bestimmt es aber nicht vollständig.

Frauensprache und Männersprache

Zu bedenken ist darüber hinaus: Auch die Lebensbedingungen in einer Gesellschaft wirken auf die Sprache ein. Deutlich wird dies u. a. am unterschiedlichen Sprachgebrauch von Männern und Frauen.

Untersuchungen zeigen, dass Frauen im Durchschnitt weniger lang, leiser und deutlicher reden als Männer, häufiger durch Fragen sowie bestätigende und ermutigende Äußerungen auf den Partner eingehen und sich in der Regel korrekter ausdrücken als Männer. Diese bestimmen stärker, worüber gesprochen wird, tragen Gegensätze argumentativ aus, unterbrechen ihr Gegenüber öfter und stellen Aussagen häufiger in Frage. Weiblicher Sprachgebrauch ist mehr auf Übereinstimmung und Nähe ausgerichtet, männlicher auf Konfrontation und Distanz. Im Sprachverhalten von Frauen und Männern spiegeln sich die unterschiedlichen angeborenen bzw. anerzogenen Geschlechterrollen.

2.3 Verarbeitung der Sprache

Sprache hat auch eine biologische Seite. Sprachproduktion (Planung, Erzeugung) und Sprachrezeption (Wahrnehmung, Verstehen) sind an anatomische, physiologische und neurologische Voraussetzungen gebunden. Denkvorgänge im Gehirn, Nervenleitung und Bewegungsabläufe bilden einen komplexen Zusammenhang (Abb. 2.4). Wie dieser im Einzelnen funktioniert, hängt davon ab, ob es sich um gesprochene, geschriebene oder Gebärdensprache handelt (Tab. 2.3).

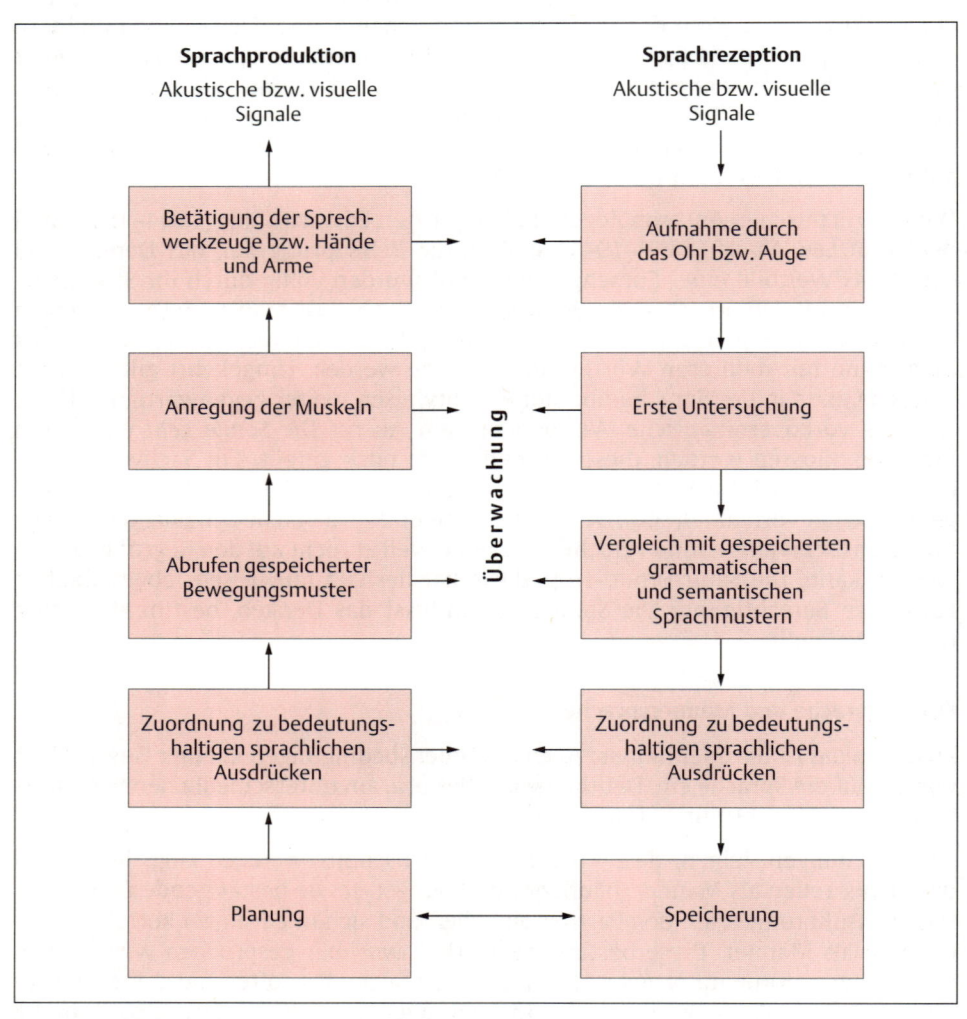

Sprachproduktion	Sprachrezeption
Akustische bzw. visuelle Signale ↑	Akustische bzw. visuelle Signale ↓
Betätigung der Sprechwerkzeuge bzw. Hände und Arme	Aufnahme durch das Ohr bzw. Auge
Anregung der Muskeln	Erste Untersuchung
Abrufen gespeicherter Bewegungsmuster	Vergleich mit gespeicherten grammatischen und semantischen Sprachmustern
Zuordnung zu bedeutungshaltigen sprachlichen Ausdrücken	Zuordnung zu bedeutungshaltigen sprachlichen Ausdrücken
Planung	Speicherung

(Überwachung)

Abb. 2.4 Modell der Sprachverarbeitung.

Tabelle 2.3 Die sechs Sprachmodalitäten

	Sprachproduktion	Sprachrezeption
Lautsprache	Sprechen	Hören
Schriftsprache	Lesen	Schreiben
Gebärdensprache	Gebärden	Sehen

2.3.1 Sprech- und Hörapparat

An der Bildung von Sprachlauten (Artikulation), der sich die *Phonetik* (Lautbildungslehre) widmet, sind folgende Organkomplexe beteiligt (Abb. 2.5):

Anblasrohr

In der Lunge wird im Zusammenhang mit der Atmung ein Luftstrom erzeugt, der die Luftröhre durchläuft.

Stimmapparat

Die Luft erreicht den Kehlkopf mit den elastischen Stimmlippen. Der Öffnungsgrad des Spaltes zwischen den Stimmlippen (Stimmritze) ist für die Stimmbildung (Phonation) verantwortlich. Als Stimme bezeichnet man den durch Schwingung der Stimmlippen erzeugten Klang. Die von der Spannung und Länge der Stimmlippen abhängige Frequenz (Zahl der Schwingungen pro Sekunde) bestimmt die Tonhöhe, die von der Stärke des Luftstroms abhängige Amplitude (Weite der Schwingungen)

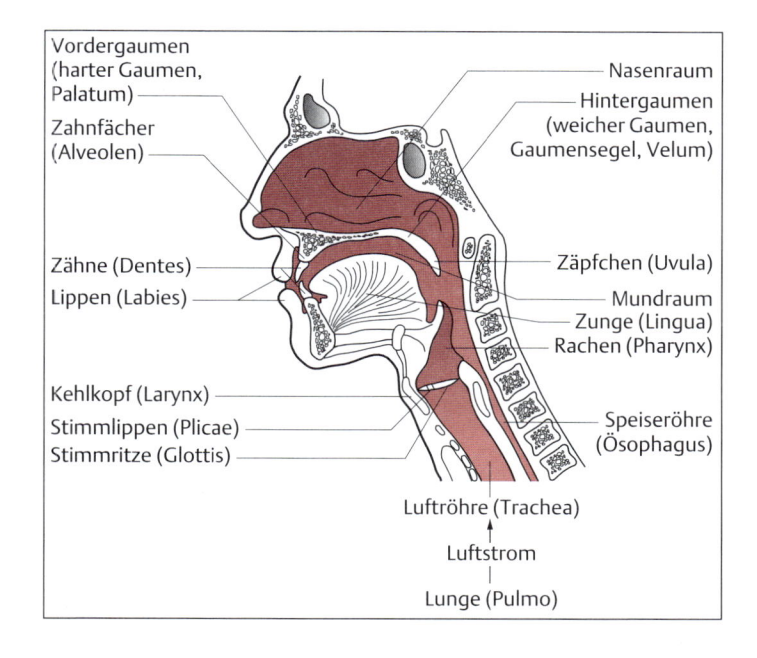

Abb. 2.5 Aufbau des Sprechapparats.

die Tonstärke und die Periode (Dauer der Schwingungen) die Tondauer. Mit der Klangfarbe bilden sie die vier Toneigenschaften.

> Für die natürliche Sprechstimme beträgt der individuelle Stimmumfang etwa eine Quinte. Der Gesamtumfang der Stimme ist erheblich größer und umfasst 1,5–3 Oktaven. Die mittlere Stimmlage von Frauen und Kindern liegt gegenüber der von Männern etwa eine Oktave höher. Man unterscheidet die Stimmgattungen Sopran, Mezzosopran, Alt, Tenor, Bariton und Bass. In der Pubertät kommt es zum Stimmwechsel (Mutation). Dabei wird die Kinderstimme durch die Vergrößerung des Kehlkopfs bzw. die Verlängerung der Stimmlippen um 10 mm beim Jungen und 3–4 mm beim Mädchen um eine Oktave (Männerstimme) bzw. eine Terz (Frauenstimme) abgesenkt.

Ansatzrohr (Vokaltrakt)

Die Luft strömt in Rachen, Mund und Nase ein. Die Hohlräume des Ansatzrohres dienen als Resonanzkörper und verstärken die Luftschwingungen. Mehrere Teiltöne verschmelzen dabei zu einem Klang. Deren Zahl, Anordnung und Stärke hängen vonder Größe und Form der Resonanzkörper einschließlich Luftröhre, Lungenraum und Schädelknochen ab und bestimmen die Klangfarbe der Laute bzw. den Stimmklang.

> Man unterscheidet drei Stimmregister: die tiefere Bruststimme, bei der auch der Brustkorb mitschwingt, die Mittelstimme und die höhere und leisere Kopfstimme. Beim normalen Sprechen überlagern sich die Frequenzen des Kehlkopfs und der Resonanzräume. Beim Flüstern ist der Luftverbrauch erhöht; nur die Eigenfrequenzen der Resonanzräume, nicht die Stimmbänder, klingen. Beim Murmeln ist der Luftverbrauch hingegen gering; die Sprechmuskeln sind ganz schwach angespannt. Besondere Stimmformen sind außerdem das Singen, das Bauchreden, das Jodeln, die Ösophagusstimme u. a.

Sprechwerkzeuge (Artikulationsorgane)

Durch den Einsatz der beweglichen Artikulationsorgane Lippen, weicher Gaumen Zäpfchen und Zunge in Verbindung mit den unbeweglichen Artikulationsstellen Zähne, harter Gaumen und Zahndamm wird der Luftstrom in charakteristischer Weise beeinflusst, bevor er ausgeatmet wird.

> Bei den Vokalen (Selbstlaute) bringt die von der Lunge herkommende Luft die Stimmlippen zum Schwingen und entweicht ungehindert durch den Mund oder die Nase. Die Klangfarbe wird vor allem durch die Stellung von Zunge und Lippen bestimmt (Abb. 2.**6**).
>
> Bei den Konsonanten (Mitlaute) ist die Stimmritze geöffnet und schwingt nicht (Stimmlosigkeit: z. B. *p*, *t*, *k*), oder sie ist fast geschlossen und schwingt (Stimmhaftigkeit: z. B. *b*, *d*, *g*). Der Luftstrom wird durch Lippen, Zähne, Zahndamm, Gaumen oder Zäpfchen gehemmt bzw. eingeengt (Tab. 2.**4**).

Über die Hirnnerven zwischen Kopf-Hals-Bereich und Gehirn werden die Muskeltätigkeit gesteuert bzw. Sinnesreize an das Gehirn weitergeleitet. Das Organ für die Rezeption von Sprache ist das Ohr. Es nimmt die ankommenden Schallwellen auf (Außenohr) und wandelt sie in mechanische Schwingungen (Mittelohr) bzw. elektrische Reize (Innenohr) um, die über den Hörnerv ins Gehirn übertragen werden.

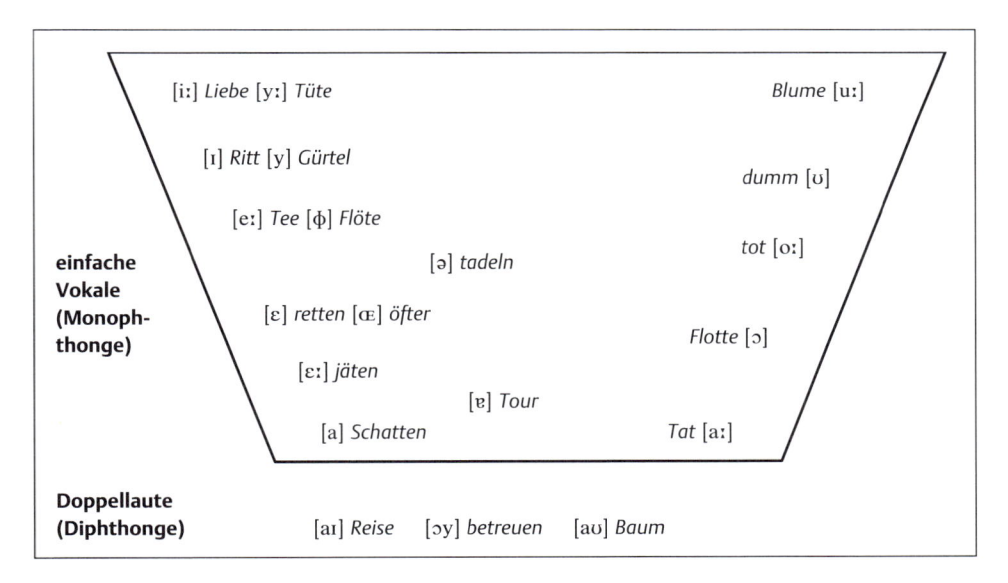

einfache Vokale (Monophthonge)

[iː] *Liebe* [yː] *Tüte*   *Blume* [uː]
[ɪ] *Ritt* [y] *Gürtel*
[eː] *Tee* [ɸ] *Flöte*   *dumm* [ʊ]
[ə] *tadeln*   *tot* [oː]
[ɛ] *retten* [œ] *öfter*
[ɛː] *jäten*   *Flotte* [ɔ]
[ɐ] *Tour*
[a] *Schatten*   *Tat* [aː]

Doppellaute (Diphthonge)   [aɪ] *Reise*   [ɔy] *betreuen*   [aʊ] *Baum*

Abb. 2.**6** Vokalbestand des Deutschen (Vokalviereck; nach Bußmann). Die Laute sind in internationaler Lautschrift wiedergegeben. Man unterscheidet lange (in der Lautschrift [ː]) und kurze (z. B. *Miete – mit*) sowie offene und geschlossene Vokale (z. B. *offen – Ofen*).

Tabelle 2.4 Der Konsonantenbestand des Deutschen (in Lautschrift). Die Artikulationsart bezieht sich darauf, wie ein Konsonant gebildet wird, der Artikulationsort darauf, wo er gebildet wird.

Artikulationsart \ Artikulationsort		Lippenlaute (Bilabiale)	Lippenzahnlaute (Labiodentale)	Zahnlaute (Dentale/Alveolare)	Vordergaumenlaute (Palatale)	Hintergaumenlaute (Velare)	Zäpfchenlaute (Uvulare)	Stimmritzenlaute (Glottale)
Verschlusslaute (Klusile)	stimmhaft	b		d̪		g		
	stimmlos	p		t		k		
Reibelaute (Frikative)	stimmhaft		v (*Vase*)	z (*Rose*)	j			
	stimmlos		f	s ʃ (*sch*)	ç (*ich*)	x (*ach*)		h
Nasenlaute (Nasale)	stimmhaft	m		n		ŋ (*ng*)		
Seitenlaut (Lateral)	dauernd			l̪				
Zitterlaute (Vibranten)	gerollt oder geschlagen			r (Zungen-r)			ʀ (Zäpfchen-r)	

2.3.2 Gehirn

Die beiden Großhirnhälften, die Hemisphären, sind auf bestimmte Aufgaben der Sprachverarbeitung spezialisiert (Lateralisierung). Die linke Hemisphäre ist bei etwa 90 % der Menschen als dominante (vorherrschende) Gehirnhälfte für das logisch-zergliedernde Denken und damit das Erkennen von Sprachlauten und die Satzbildung zuständig, während in der auf ganzheitlich-zusammensetzende Denkvorgänge spezialisierten rechten Gehirnhälfte nichtsprachliche Informationen verarbeitet werden. Bei Schädigung der einen Gehirnhälfte kann die andere in begrenztem Maß deren Aufgabe übernehmen, was darauf hindeutet, dass die Gehirnhälften hinsichtlich ihrer Funktion nicht absolut getrennt sind.

Einzelne sprachbezogene Fähigkeiten scheinen bestimmten, klar umgrenzten Regionen der Großhirnrinde zugeordnet zu sein. Die wichtigsten *Sprachzentren* sind das Wernicke-Zentrum im Schläfenlappen, benannt nach dem deutschen Neurologen Carl Wernicke (1848–1905), das für das Sprachverständnis, und das Broca-Zentrum im Stirnlappen, benannt nach dem französischen Chirurgen Paul Broca (1824–1880), das für die Spracherzeugung zuständig ist. Daneben haben jedoch weitere Gehirnregionen mit der Verarbeitung von Sprache zu tun, sodass man in einem ganzheitlichen Ansatz von einer stärkeren Vernetzung des gesamten Gehirns ausgehen muss (Abb. 2.7).

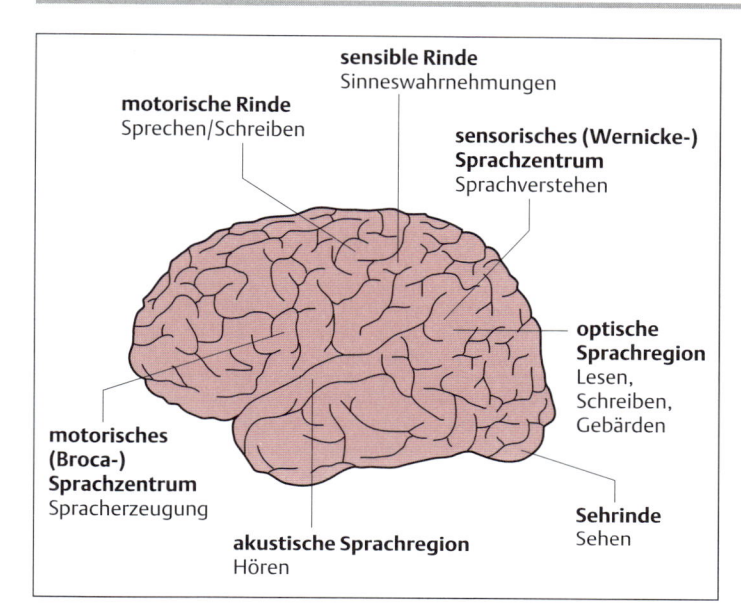

Abb. 2.7 An der Sprachverarbeitung beteiligte Bereiche des Gehirns.

- **sensible Rinde** Sinneswahrnehmungen
- **motorische Rinde** Sprechen/Schreiben
- **sensorisches (Wernicke-) Sprachzentrum** Sprachverstehen
- **optische Sprachregion** Lesen, Schreiben, Gebärden
- **motorisches (Broca-) Sprachzentrum** Spracherzeugung
- **Sehrinde** Sehen
- **akustische Sprachregion** Hören

Wie verstehen wir Laute?
Physikalische Untersuchungen zeigen, dass aufeinanderfolgende Laute als Lautkontinuum auftreten. Sie sind nicht klar voneinander getrennt, sondern gehen ineinander über. Wenn verschiedene Personen *Frau* sagen, ist die Lautung dieses Wortes jedesmal etwas anders. Daran wird deutlich, dass wir Lautverbindungen, z. B. Wörter, nicht aufgrund ihres Klanges, sondern aufgrund des Verhältnisses der Laute zueinander verstehen (zur bedeutungsunterscheidenden Funktion von Lauten vgl. Tab. 2.**2**).

2.4 Erwerb und Entwicklung des Sprachvermögens

Der Erwerb der Muttersprache (primärer Spracherwerb) beginnt bereits wenige Tage nach der Geburt und ist in Bezug auf die Grammatik mit dem 6. Lebensjahr weitgehend abgeschlossen, während die Möglichkeiten im Satzbau noch bis zum 9. Lebensjahr erweitert werden. Der Wortschatz wird über diese Grenze hinaus ausgebaut und verändert sich lebenslang. Zu den Phasen des Spracherwerbs siehe Tab. 2.**5**.

Welche Bedeutung Anlage und Umwelt für den **Erstspracherwerb** haben, ist umstritten.

- Spracherwerb als Lernen: Der *Behaviorismus* (engl. behavior „Verhalten") in der Nachfolge des amerikanischen Psychologen Burrhus F. Skinner (1904–1990) betrachtet die Sprache als eine Form menschlichen Verhaltens. Wie alles Verhal-

Tabelle 2.5 Verlauf des Erstspracherwerbs. Die Zeitangaben sind nur grobe Richtwerte, da die Phasen ineinander übergehen und sich Kinder unterschiedlich schnell entwickeln, ohne dass eine Störung vorliegen muss.

Vorsprachliche Stufe 1. Lebensjahr	Schreiphase 1.–2. Monat	Geburtsschrei und erstes Atmen Schreien: als Ausdruck von Hunger und Schmerz und als Forderung von Zuwendung Bedeutung sprachlicher Äußerungen im Zusammenhang mit Zuwendung, Erkennen der Stimme der Bezugspersonen, Unterscheiden emotionaler Gehalte in Stimmlage und Lautstärke
	Gurrphase 2.–6. Monat	Bildung einzelner Vokale (*äh, öh*), dann auch von Kehllauten (*rhö, gng, gr*); später auch Lautäußerungen als „Antworten" auf Bezugspersonen
	Lallphase 6.–12. Monat	Bildung einfacher silbischer Laute (*ga-ga, wa-wa*) – zuerst ohne Bezug zur Muttersprache, dann orientiert an deren Lautinventar (Erproben der Sprechwerkzeuge) ab 8. Monat Anfänge des Sprachverstehens: Ansehen oder Zeigen von Gegenständen, Bezugspersonen u. Ä. Beginn des selbständigen Sprechens (Nachahmung)
Sprachliche Stufe 2.–6. Lebensjahr	Einwortphase 12.–18. Monat	Einwortäußerungen (*Mama, Ball*); bewusste Verwendung zur Kommunikation (Vorformen sprachlicher Handlungen): Feststellen, Bitten, Ja-Nein-Frage, Ausrufe Wortschatz: ca. 50 Wörter
	Zweiwortphase 18.–24. Monat	Zweiwortäußerungen: Verbindung weniger „Angelpunktwörter" (*da, ab, kein, will*) mit einem anderen Wort (*Baba weg, Baba mit*); erste Infinitive für Wünsche, Bitten, Aufforderungen (z. B. *Buch habe*), auch Präsens in 3. Person Singular (z. B. *Jula schläft*) 1. Fragealter Wortschatz: ca. 200 Wörter
	Mehrwortphase 3. Lebensjahr	grammatisch geformte Drei- und Mehrwortäußerungen Beugungen, Fragesätze, Verneinungen Wortschatz: ca. 900 Wörter
	4. Lebensjahr	längere Sätze, Nebensätze, 2. Fragealter
	5./6. Lebensjahr	schwierigere und seltenere Satzkonstruktionen

ten wird sie nach dem Reiz-Reaktions-Mechanismus gelernt. Dem Spracherwerb liegt keine spezielle Sprachfähigkeit, sondern eine allgemeine Lernfähigkeit zugrunde. Kinder ahmen die sprachlichen Äußerungen ihrer Bezugspersonen nach und eignen sie sich dauerhaft an, wenn sie fortlaufend Bestätigung erfahren (Skinner 1957). – Dagegen spricht, dass Kinder Dinge sagen, die sie vorher nie gehört haben.
- Spracherwerb als Reifung: Der *Nativismus* (engl. *native* „angeboren") – sein Hauptvertreter ist der amerikanische Linguist Noam Chomsky (* 1928) – geht von einem angeborenen allgemeinen Sprachvermögen aus, das durch den Einfluss der sozialen Umwelt auf eine Einzelsprache gelenkt und entfaltet wird (Chomsky 1983). Als Gründe werden angeführt: die beim relativ komplexen Aufbau der Grammatik kurze Dauer des Erstspracherwerbs, die Erscheinung, dass grundsätzlich richtige Sprachregeln von Kindern öfter auf falsche Bereiche über-

tragen werden (z. B. *singte* statt *sang*), weitreichende Übereinstimmungen in allen Sprachen und die Unabhängigkeit des Spracherwerbs von der Intelligenz. – Gegen diese Theorie wird eingewandt, dass eine im Prinzip alle Einzelsprachen einschließende angeborene Sprachfähigkeit so umfassend sein müsste, daß sie nicht allein genetisch bedingt sein könne.

- Spracherwerb als Denkprozess: Für den *Kognitivismus* (Kognition = Denken), den der Schweizer Psychologe Jean Piaget (1896–1980) wesentlich beeinflusste, ist der Spracherwerb durch die Entwicklung der geistigen Fähigkeiten bedingt. Die Sprachfähigkeit ist Teil der allgemeinen, genetisch vorgegebenen Denkfähigkeit. Der Spracherwerb verläuft parallel zum Aufbau emotionaler und geistiger Strukturen (Piaget 1982). – Zur kontroversen Beurteilung des Verhältnisses von Sprache und Denken siehe S. 19.
- Spracherwerb als Beziehungsprozess: Nach dem *Interaktionismus* (Interaktion = Wechselbeziehung) sind für den Spracherwerb soziales Handeln und Kommunikation entscheidend. Das Kind lernt die Sprache in der Interaktion mit seinen Bezugspersonen, vor allem der Mutter, die sich in ihrem Sprachniveau an seine naturgegebenen Verarbeitungsmöglichkeiten anpasst. Eine wichtige Rolle spielt auch der Wunsch des Kindes, sich mit seinen Bezugspersonen zu verständigen. – Ingesamt kann man wohl am ehesten von einem Wechselverhältnis von Anlage und Umwelt ausgehen (Szagun 1996).

Die **individuelle Sprachentwicklung** ist mit dem Beherrschen der Muttersprache nicht beendet. Genau genommen verändert sie sich ein Leben lang. Der *Kindersprache* folgen

- die *Schüler- und Jugendsprache*: weiterer Ausbau der Satzstrukturen und des Wortschatzes, zunehmende Unterschiede unter den Jugendlichen je nach Sprachbegabung und Umweltreizen, schulische Spracherziehung (Regellernen) und sekundärer Spracherwerb (Schrift, Fremdsprachen), Abgrenzung von der Erwachsenenwelt durch einen eigenen Wortschatz und Kommunikationsstil,
- die *Erwachsenensprache*: relativ große Bandbreite an Ausdrucksmöglichkeiten, Einfluss der Fachsprachen auf den Wortschatz (Berufstätigkeit, soziale Kontakte),
- die *Alterssprache*: Nachlassen der Leistungsfähigkeit der Sprechwerkzeuge und des Gehörs (leiseres, weniger deutliches, langsameres Sprechen, mehr Pausen), dadurch häufiger Verständigungsprobleme, zum Teil vielschichtigere Ausdrucksweise (Wortwahl, Stil), Gebrauch „altmodischer" Wörter, Rückkehr zum Dialekt, altersspezifische Themen (Vergangenheit, Krankheit und Tod, Familie und Bekanntenkreis), Erzählen von Geschichten, ausführliche, teilweise umständliche Redeweise (Wiederholungen, Formulierungsprobleme), Monologisieren.

2.5 Störung und Abbau sprachlicher Fähigkeiten

Das körperliche und seelische Befinden eines Menschen wirkt sich auf seine Stimme und Sprache aus. In besonderer Weise gilt dies für kranke Menschen. Schwerkranke sprechen leise, flüsternd, mit schwacher Stimme. Depressive sind am traurig-gedämpften Tonfall erkennbar. Krankheiten und Behinderungen können auch unmittelbar sprachlich-kommunikative Fähigkeiten in Mitleidenschaft ziehen. Deshalb ist die genaue Beobachtung und richtige Einschätzung stimmlicher und sprachlicher Erscheinungen im Rahmen der pflegerischen Krankenbeobachtung sehr wichtig.

Als *Sprachbeeinträchtigungen* werden alle Störungen im Gebrauch der Sprache bezeichnet, die eine Einschränkung der Kommunikationsmöglichkeiten zur Folge haben. Sie reichen vom kleineren Sprachfehler bis zur umfassenden Sprachbehinderung und zum Sprachverlust. Sprachstörungen betreffen den symbolischen Bereich der Sprache (Sprachausdruck und Sprachverständnis), Sprechstörungen und Stimmstörungen den nicht-symbolischen. Häufig sind Störungen der Sprache, des Sprechens und der Stimme miteinander verknüpft; Sprache tritt als ganzheitliche Erscheinung auf.

2.5.1 Sprachstörungen

Die *Aphasie* geht auf eine Schädigung der Sprachzentren nach abgeschlossenem Spracherwerb aufgrund von Schlaganfall, Schädel-Hirn-Trauma, Gehirntumor, Gehirnentzündung u. a. zurück. Beeinträchtigt sind das Sprachverstehen und/oder die Sprachproduktion. Daneben können weitere sprachbezogene Fähigkeiten gestört sein: das Erkennen optischer und/oder akustischer Sinnesreize, die zielgerichtete Bewegung der Sprechwerkzeuge und der Hände (beim Schreiben), die Artikulation durch Lähmung einer Körperhälfte (Dysarthrie), das Schreiben, das Lesen und das Rechnen.

Hauptformen der Aphasie

- Bei der *motorischen Aphasie* (Broca-Aphasie) ist aufgrund einer Schädigung des Broca-Sprachzentrums das Ausdrucksvermögen gestört, während das Sprachverständnis meist einigermaßen erhalten bleibt. Die Betroffenen reden fast gar nicht. Kennzeichnend sind große Sprechanstrengung, unmelodiöser, stockender, eintöniger Redefluss, Verwendung einzelner Wörter oder kurzer, verstümmelter Sätze sowie Umstellen, Auslassen oder Entstellen von Lauten und Lautfolgen.
- Bei der *sensorischen Aphasie* (Wernicke-Aphasie) ist aufgrund einer Schädigung des Wernicke-Zentrums das Sprachverstehen eingeschränkt. Die Patienten sprechen flüssig und stehen teilweise unter einem regelrechten Rededrang. Dabei treten jedoch Fehler bei der Laut- und Wortwahl, Wortentstellungen bis hin zu völlig unverständlichem Kauderwelsch sowie fehlerhafter Satzbau auf.
- Bei der *amnestischen Aphasie* (verbale Amnesie) ist die Worterinnerung verloren gegangen, während das Sprachverständnis und das Sprechvermögen weitgehend

intakt sind. Dadurch kommt es zu Wortfindungs- und Benennungsproblemen, die die Betroffenen mit Verallgemeinerungen und Umschreibungen zu umgehen suchen.
- Den Verlust sämtlicher Sprachfunktionen nennt man *globale Aphasie*.

Von der Aphasie zu unterscheiden sind Störungen, die durch einen über die Sprachzentren hinausgehenden hirnorganischen Abbau entstehen und mit einem allgemeinen Verfall der Intelligenz einhergehen (hirnorganische Demenz, z. B. Alzheimer-Krankheit). Ihre Merkmale sind: Verwendung von Allgemeinbegriffen, Verarmung von Wortschatz und Wortwahl, vereinfachter Satzbau, gleichförmige Äußerungen, Hängenbleiben an einer Äußerung, Wiederholung von Gehörtem, in fortgeschrittenem Stadium völliger Verlust der Sprache. Auch die Störung des Denkens bei Psychosen macht sich im Sprachgebrauch bemerkbar. So ist die Sprache Schizophrener geprägt durch sprunghaft-zerfahrene Äußerungen, Satzabbrüche, unverständliche Wortneubildungen, Nachsprechen von Gehörtem, ständiges Wiederholen von Wörtern oder Sätzen, Wortverdrehungen und kindliche Ausdrucksweise.

Sprachentwicklungsstörungen

Eine besondere Gruppe sind die Sprachentwicklungsstörungen, die von leichteren, psychosozial bedingten Verzögerungen im Spracherwerb bis hin zu schweren Behinderungen aufgrund organischer Schädigungen reichen. Angeborene *Sprachentwicklungsbehinderungen* haben erhebliche Auswirkungen auf die gesamte Entwicklung des Kindes. Bei geistiger Behinderung ist die Sprachfähigkeit überhaupt gestört; man beobachtet u. a. Nachsprechen fremder Äußerungen, ständiges Wiederholen von Wörtern oder Sätzen und eine überhastete Sprechweise. Kindlicher Autismus zeigt sich in einem abweichenden Kommunikationsverhalten, z. B. dem Nachsprechen von Äußerungen, eigenartiger Aussprache, wörtlichem Sprachverständnis und Teilnahmslosigkeit. Bei angeborener Gehörlosigkeit ist, ebenso wie bei Blindheit, eine normale Sprachentwicklung schwer möglich. Es kommt zu Störungen in Sprachverständnis und Sprachgebrauch, zu Sprechstörungen und in deren Folge zu gefühlsmäßigen und sozialen Beeinträchtigungen des gesamten Verhaltens. Durch Schulung (Vom-Mund-Ablesen, Ertasten und Vibrationsempfinden) kann jedoch das völlige Ausbleiben der Sprachfähigkeit verhindert werden.

Eine *Sprachentwicklungsverzögerung*, die z. B. in fehlendem Sprechantrieb, geringem Wortschatz und verstümmeltem Satzbau sichtbar wird, kann mit Intelligenz-, Gedächtnis-, Konzentrationsschwäche, Mangel an sprachlicher Anregung, Vererbung oder sozialer Milieuschädigung zusammenhängen. Auch bei Kindern mit normaler Intelligenz können hinsichtlich einzelner sprachlicher Fähigkeiten Verzögerungen auftreten, deren Ursachen bisher noch unklar sind.

2.5.2 Sprechstörungen

Artikulationsstörungen entstehen durch Schädigung der peripheren Nerven- und Muskelfunktionen der an der Lautbildung beteiligten Organe.

- Der *Dysarthrie* liegt eine Schädigung der Hirnnervenkerne und -bahnen, z. B. bei der Parkinsonkrankheit, Encephalitis disseminata, Multipler Sklerose und Schlaganfall, zugrunde, die zur Lähmung bzw. fehlerhaften Abstimmung der Sprechmuskulatur führt. Betroffen neben der Lautbildung sind meist auch die Stimmgebung und die Sprechatmung. Kennzeichnend ist eine verwaschene bis unverständliche, näselnde, heisere, eintönige oder falsch betonte, zu laute oder zu leise, schleppende, beschleunigte oder ruckartig-abgehackte Sprechweise.
- Bei der *Dyslalie* (Stammeln) werden Laute fehlerhaft gebildet, durch andere ersetzt oder weggelassen (z. B. s- und Zischlaute = Lispeln). In extremen Fällen ist die Sprache nicht mehr verständlich. Mögliche Ursachen dieser Störung, die bei Kindern ab dem 4./5. Lebensjahr auftritt, sind: Fehlstellung von Kiefer, Zähnen oder Zunge, Gaumenspalte, Störung in der Verarbeitung von Schalleindrücken, geistige Entwicklungsverzögerung oder Gehörschaden.

Redeflussstörungen treten meistens in bestimmten Kommunikationssituationen auf, z. B. bei innerer Erregung, und haben körperliche oder psychosoziale Ursachen.

- Beim *Stottern* (Balbuties), das meist vor dem 8. Lebensjahr in Erscheinung tritt, ist der Redefluss durch Blockaden bzw. Laut- und Silbenwiederholungen unwillkürlich gehemmt oder unterbrochen. Es kann mit Sprechangst verbunden sein.
- Das *Poltern* (Battarismus) ist gekennzeichnet durch überhasteten, unkonzentrierten Redefluss, Auslassen und Zusammenziehen von Lauten, Silben und Wörtern, Umstellungen, Wiederholungen und Dehnungen. Im Unterschied zum Stottern fehlt das Störungsbewusstsein.

2.5.3 Stimmstörungen

- Bei der *Dysphonie* handelt es sich um eine krankhafte Veränderung von Klang und Leistungsfähigkeit der Stimme. Symptome sind u. a. Heiserkeit, Belastungsschwäche und Veränderung der Stimmlage, im Extremfall Stimmlosigkeit. Sie kann organische (z. B. Kehlkopftumor, Entzündung der Stimmbänder, Verletzung), funktionelle (Überbeanspruchung, falsche Sprechtechnik, Stress, Depression u. a.) oder hormonelle Ursachen (z. B. Menstruation, Schwangerschaft, Hormonbehandlung) haben.
- Die *Rhinophonie* hängt mit einem mangelnden Luftabschluss des Nasen-Rachen-Raums (offenes Näseln bei Gaumensegellähmung, Gaumenspalte u. a.) oder mit einer Verengung der Nasenluftwege (geschlossenes Näseln wie beim Schnupfen, etwa aufgrund vergrößerter Mandeln oder Nasenpolypen) zusammen. Ursache kann auch eine Hörstörung sein.
- Die operative Entfernung des Kehlkopfs wegen eines bösartigen Tumors (*Laryngektomie*) führt zum völligen Verlust der Stimme. Bei Beatmung in Notfallsituationen durch *Intubation* (Einführung eines Metallrohrs vom Mund aus in den Kehlkopf) oder *Tracheotomie* (Luftröhrenschnitt) sind die Patienten nicht in der Lage, normal zu sprechen.

2.5.4 Therapie und Pflege

Sprachbeeinträchtigungen haben oft schwerwiegende Folgen für die Persönlichkeitsentwicklung und Lebensgestaltung der Betroffenen. Deshalb sollte mit der Sprachtherapie möglichst frühzeitig begonnen werden. Mit der Diagnose und Therapie von Störungen der Sprache befasst sich die *Logopädie* (Stimm- und Sprachheilkunde). Sie benutzt verschiedene Verfahren der Sprechhilfe, etwa das Vorsprechen von Lauten, die der Patient wiederholt, oder die Unterstützung der Aussprache mit der Hand bzw. mit Instrumenten. Auch psychologische Verfahren werden angewandt, z. B. bei Stotterern die sofortige Rückmeldung des Gesprochenen über Kopfhörer, bewusstes Stottern oder Rollenspiele.

Für sprachbehinderte Menschen wurde eine Reihe von *Kommunikationshilfen* geschaffen, die den normalen Sprachgebrauch ergänzen oder ersetzen. Die Gebärdensprache für Hörgeschädigte und Gehörlose ist eine eigenständige, auf Ausdrucksbewegungen vor allem von Mund und Händen basierende Zeichensprache, die sogar verschiedene Varianten (Dialekte) besitzt (Abb. 2.**8**). Zusätzlich kann das Fingeralphabet (Abb. 2.**9**) hilfreich sein. Daneben finden Hörgeräte und optische Hilfen Verwendung.

Blinden Menschen stehen die Blindenschrift als eigenes Schriftsystem (Abb. 2.**10**), Hörbücher (Tonbandkassetten/Compact-Discs) sowie Geräte zur Umwandlung von geschriebenem Text in tastbare Einheiten oder gesprochene Sprache zur Verfügung. Taubblinden hilft das Tastalphabet (Abb. 2.**11**).

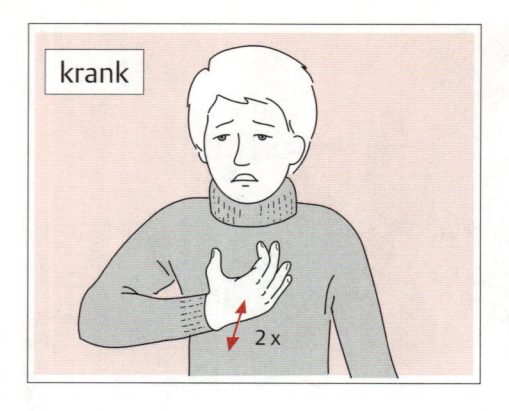

Abb. 2.8 Gebärde für *krank* nach der Gebärdensprache.

Für Sprechbehinderte wurden verschiedene bildliche Hilfen, z. B. Kommunikationstafeln, und spezielle Schreib-, Sprech- und Tastgeräte entwickelt. Kehlkopflose können die sogenannte Speiseröhrensprache (Ösophagusersatzstimme: Ausstoßen in der Speiseröhre gesammelter Luft als „Rülpsgeräusch") lernen, eine Ersatzstimme mit Hilfe einer Stimmprothese entwickeln oder eine elektronische Sprechhilfe verwenden. Bei Tracheotomie kann eine Tracheal-Sprechkanüle das Sprechen ermöglichen.

> **Regeln für den Umgang Pflegender mit kommunikationseingeschränkten Menschen**
> - *Bewusstlose*: Die Patientin nicht als lebloses Objekt behandeln. Nicht auf kommunikative Zuwendung verzichten. – Den Patienten mit seinem Namen anreden. – Über durchzuführende Maßnahmen und anwesende Personen informieren. – Über Berührungen kommunizieren, z. B. streicheln, die Hand halten.
> - *Aphasiker*: Die Aphasikerin nicht wie ein Kind, einen Dementen oder Verwirrten behandeln. – Betroffene nicht in ein Einzelzimmer legen. Mitpatienten über Verhaltensregeln informieren. Für ruhige Umgebung sorgen, also z. B. Seitengespräche, Radio vermeiden. – Kurze, einfache, vollständige Sätze verwenden. In normalem Tonfall und normaler Lautstärke, langsam, aber nicht zu langsam sprechen. – Fragen, ob der Patient das Gesagte verstanden hat. Nicht verstandene Aussagen in anderen Worten wiederholen. – Über den Körperkontakt kommunizieren. – Zuerst Antwort auf einfache Ja-Nein-Fragen durch Kopfschütteln oder Nicken ermöglichen. Immer nur eine Frage stellen. – Mit einfachen Sprachübungen beginnen: Nachsprechen von Vokalen, dann Lautkombinationen und mechanische Wortreihen (z. B. *eins–zwei–drei*). – Die Patientin anregen, bei der Pflege verwendete Gebrauchsgegenstände und einzelne Maßnahmen zu benennen. – Den Patienten zum Sprechen ermuntern, aber nicht überfordern. – Texte lesen, schriftliche Anweisungen

Abb. 2.9 Das deutsche Fingeralphabet für Gehörlose ist im Unterschied zur natürlichen Gebärdensprache ein künstliches Sprachsystem. Jede Fingerhaltung entspricht einem Buchstaben oder einer Zahl.

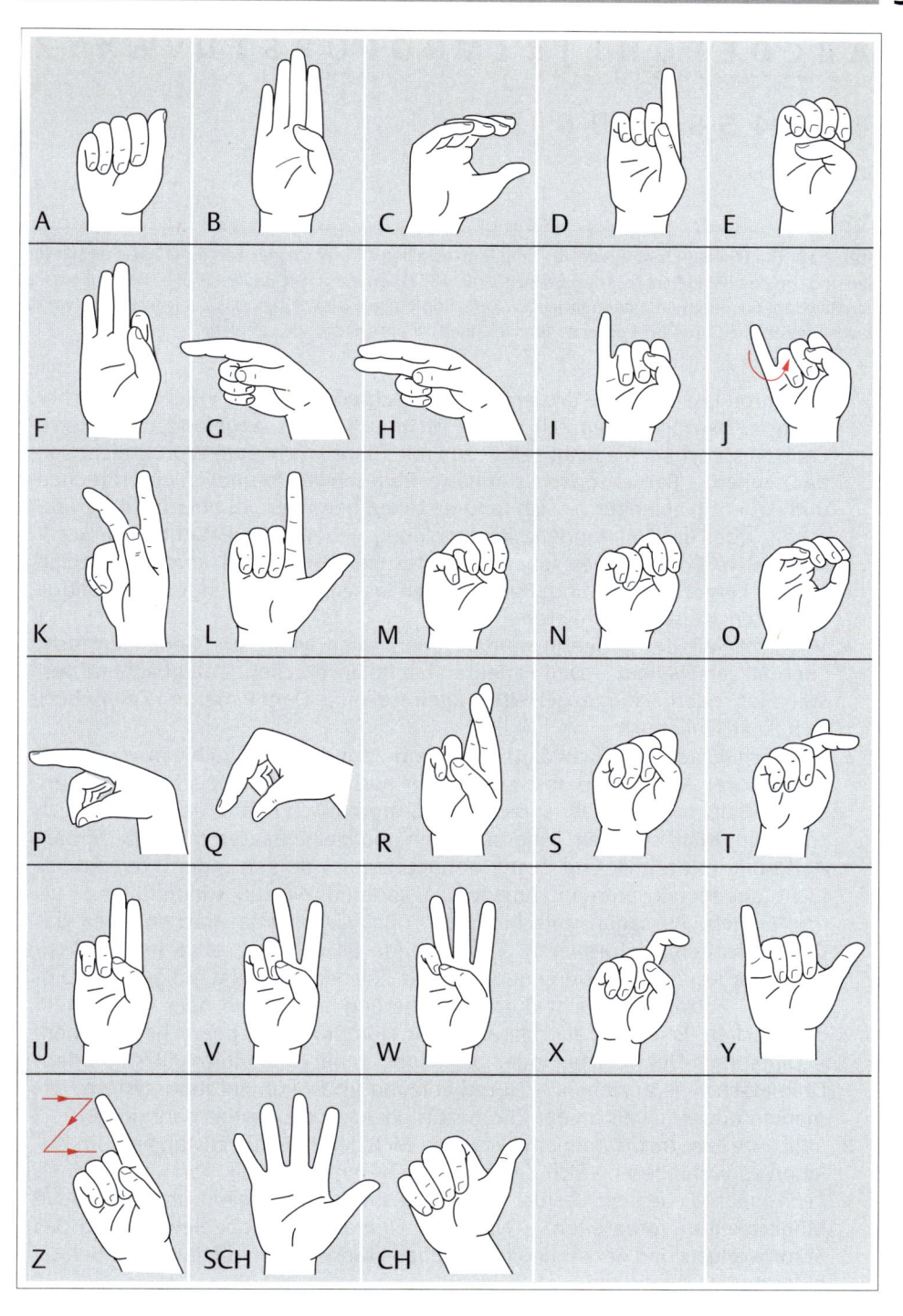

Störung und Abbau sprachlicher Fähigkeiten 33

A	B	C	D	E
F	G	H	I	J
K	L	M	N	O
P	Q	R	S	T
U	V	W	X	Y
Z	SCH	CH		

```
A B C D E F G H I  J K L M N O P Q R  S T U V W X Y Z
```

```
1 2 3 4 5 6 7 8 9 0
```

Zahlvorzeichen

Abb. 2.10 Die Blindenschrift wurde von dem französischen Offizier Charles Barbier (1767–1841) erfunden und von dem Blindenlehrer Louis Braille (1809–1852) verfeinert. Die *Brailleschrift* basiert auf erhabenen Punkten, die durch Abtasten mit beiden Zeigefingern gelesen werden. Das Zahlvorzeichen, vor die Buchstabenzeichen für A bis J gesetzt, kennzeichnet die entsprechenden Zahlen.

ausführen lassen. Texte diktieren oder abschreiben lassen. – Bei motorischer Aphasie: Dem Patienten Zeit lassen. Nicht auffordern, angefangene Sätze zu Ende zu sprechen. Sie nicht selber zu Ende führen. Fehlende Wörter nicht selber nennen. – Bei sensorischer Aphasie: Redeschwall freundlich unterbrechen und Patientin ablenken. – Sich um Verstehen bemühen, es aber nicht vortäuschen. Über das Verstandene Rückmeldung geben. Den Patienten für kommunikative Bemühungen loben. – Später, sofern möglich, maßvoll Medien (Radio, Fernsehen, Zeitung, Buch) nutzen lassen. – Angehörige über richtige Verhaltensweisen informieren.

- *Verwirrte*: Mit der Patientin normal reden, auch wenn ihre Gedanken nicht „normal" erscheinen. – Den Patienten häufig ansprechen. – Deutlich und verständlich reden. – Kurze, gezielte Fragen stellen. – Dem Patienten Zeit geben, sich zu artikulieren.
- *Hörgeschädigte*: Hörgeschädigte lesen vom Mund ab. Deshalb von vorne und auf gleicher Augenhöhe ansprechen. Für ausreichende Beleuchtung sorgen. Nötigenfalls nahe am Ohr sprechen. – Grammatisch richtig und verständlich sprechen. Nicht schreien. Langsam reden und kleine Pausen machen. Verbale Äußerung mit Mimik und Gestik unterstützen. – Bei fehlendem Verständnis nicht ungeduldig werden. Aussage in anderen Worten wiederholen. Falls erforderlich, Aussagen aufschreiben. – Bei Gruppengesprächen über das Gesprächsthema informieren. – Schwierige Situationen, etwa im Krankenhaus, vorbesprechen und gegebenenfalls Zeichen zur Verständigung vereinbaren. – Betroffenen nicht durch Annäherung von hinten oder im Dunkeln erschrecken. Erst Licht anschalten. – Mit Hörgeräten sachgerecht umgehen. – Lautsprach-Dolmetscher oder bei angeborener Gehörlosigkeit Gebärden-Dolmetscher heranziehen. – Hörschädigung im Dokumentationssystem vermerken oder Hinweis an der Zimmertür oder am Krankenbett anbringen.
- *Intubierte bzw. tracheotomierte Patienten*: Sich der Patientin zuwenden, um Isolation zu verhindern. – Sich Zeit zum Zuhören nehmen.
- *Kehlkopflose Patienten*: Vor der Operation auf Stimmlosigkeit und alternative Möglichkeiten vorbereiten. – Nach der Operation bei der Bewältigung des Stimmverlusts und der stimmlichen Rehabilitation unterstützen. – Auf Selbsthilfegruppen hinweisen.

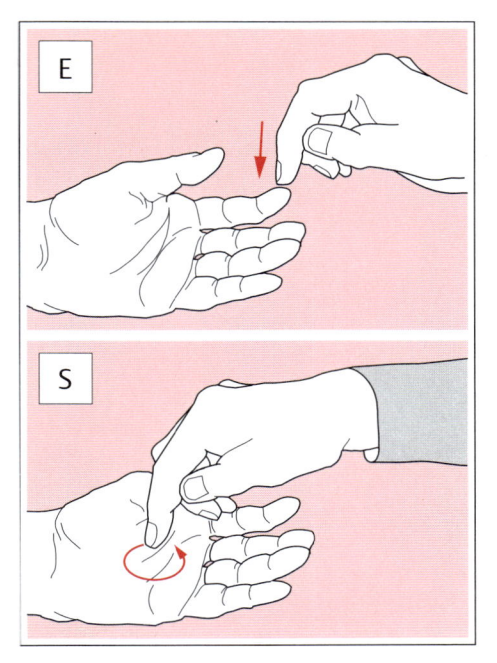

Abb. 2.11 Beim Tastalphabet für Taubblinde werden bestimmte Stellen der Handinnenfläche berührt oder bestrichen. Nach dem Erfinder des Tastalphabets, dem österreichischen Schriftsteller Hieronymus Lorm (1821–1902), der selbst taubblind war, bezeichnet man diese Methode als *Lormen*. Der auf die Spitze des Zeigefingers gesetzte Punkt bedeutet *E*, der Kreis auf dem Handteller *S*.

Literaturempfehlungen

Crystal, D.: Die Cambridge Enzyklopädie der Sprache. Campus, Frankfurt 1993

Sinz, E.: Praxis Altenpflege: Sprach- und Schluckstörungen. Quintessenz, München 1996

Zimmer, D. E.: So kommt der Mensch zur Sprache, 3. Aufl. Heyne, München 1996

Was ist Kommunikation?

3 Kommunikation: Verständigung durch Sprache

> *„Das Grundmodell aller Verständigung ist der Dialog, das Gespräch."*
>
> (Hans-Georg Gadamer)

3.1 Johanna unter Druck

Eine Szene im Krankenzimmer, geschildert nach dem Erlebnis einer Krankenpflegeschülerin: Frau Brahm ist sehr geschwächt und kann nicht mehr selber essen. Die Krankenpflegeschülerin Johanna sitzt an ihrem Bett und reicht ihr mit einem Löffel einen Brei. Ihre Bettnachbarin, Frau Dobler, liest Zeitung.

Gespräch

- Johanna (liebevoll): *Frau Brahm, Sie sollten unbedingt noch etwas essen.*
- Frau Brahm (müde): *Ich mag nichts mehr essen. Mir geht es nicht gut.*
- Frau Dobler (zu Johanna): *Das sagt sie immer. Nehmen Sie es nicht ernst!*
- Johanna (zu Frau Brahm): *Nehmen Sie doch noch diesen Löffel!*
- Frau Brahm: *Warum muss ich das durchmachen?*
- Frau Dobler (zu Frau Brahm): *Stellen Sie sich doch nicht so an! So schlimm ist es doch gar nicht.*
- Frau Brahm: *Niemand kommt mich besuchen. Ich liege hier und bin ganz allein. Und mein Sohn kommt nicht.*
- Frau Dobler (zu Johanna): *Glauben Sie ihr das nicht! Ihr Sohn war erst vorgestern da. Die übertreibt doch bloß. – Können Sie mir nicht das Kissen aufschütteln?*
- Johanna: *Gleich, Frau Dobler. – So, Frau Brahm.* (Johanna streckt den Löffel zum Mund der Patientin und streichelt ihre Hand.)
- Frau Brahm: *Ich möchte sterben.*
- Johanna (zögert und steckt der Patientin den Löffel in den Mund): *Nur noch diesen Löffel!*
- Frau Dobler (zu Johanna, dringlich): *Mein Bett muss höhergestellt werden.*
- Johanna (etwas ärgerlich): *Sie müssen noch ein bisschen warten. Jetzt bin ich bei Frau Brahm.*
- Frau Brahm: *Mich besucht keiner.*
- Frau Dobler: *Mich auch nicht.*

Die beiden Patientinnen tun alles, um die Zuwendung Johannas auf sich zu ziehen. Die eine versucht es mit Aufdringlichkeit, die andere mit Klagen bis hin zum Todeswunsch. Johanna sitzt verunsichert dazwischen, versucht sich abzugrenzen und versteift sich um so fester auf ihre Tätigkeit, das Essen-Geben.

Johanna hätte sich deutlicher von Frau Dobler distanzieren können: *Ich bin jetzt bei Frau Brahm. Bitte respektieren Sie das! Wenn ich hier fertig bin, komme ich zu Ihnen.* Auf die Frage von Frau Brahm, warum sie das durchmachen müsse, hätte sie zurückfragen können, wie sie das meine. Spätestens als Frau Brahm vom Sterben sprach, wäre es sinnvoll gewesen nachzufragen: *Warum möchten Sie das, Frau Brahm?* Möglicherweise wäre dann ein richtiges Gespräch zustande gekommen. Johanna hätte keine Antwort auf das Problem der Patientin zu geben brauchen. Sie hätte ihr aber vielleicht dadurch Entlastung geben können, dass sie ihr wirklich zuhörte, auf sie einging und sie zu verstehen suchte.

Doch Kommunikation ist keine Sache, die man einfach nach Rezept bewerkstelligen könnte. Sie hängt von vielen Umständen ab und ist sehr störanfällig. Es ist kaum möglich, immer alles „richtig" zu machen. Trotzdem oder gerade deshalb erfordert professionelle Pflege einiges Wissen darüber, wie Menschen miteinander kommunizieren. Weitere Voraussetzungen sind eine gute Selbst- und Fremdwahrnehmung, praktische Erfahrung und Arbeit an sich selbst, damit Kommunikation auch gelingen kann.

3.2 Kommunikation als Prozess

Kommunikation kann vieles bedeuten
Der Begriff Kommunikation (von lat. *communicare* „jemanden an etwas teilnehmen lassen, sich mit jemanden verständigen") ist heute zu einem verbreiteten Schlagwort geworden. Er umfasst alle möglichen Formen von Austausch und Verständigung.
- *Technische Kommunikation*: Informationsaustausch zwischen datenverarbeitenden Maschinen (z. B. Funkgeräten) oder auch Lebewesen und Maschine (z. B. Mensch und Computer, Verkehrsampel oder Fernsehapparat)
- *Interpersonale (soziale) Kommunikation*: Verständigung zwischen Menschen, Tieren oder Mensch und Tier
- *Intrapersonale Kommunikation*: biologische Vorgänge innerhalb eines Individuums (genetische Prozesse, Nervenleitung u. a.)

3.2.1 Kommunikationstheorien

Es gibt zwei grundlegende Ansätze, Kommunikation zu beschreiben und zu erklären (Kommunikationstheorien). Die sog. *Informationstheorie* wurde in den 40er Jahren von den amerikanischen Mathematikern Claude Elwood Shannon (*1916) und Warren Weaver (*1894) entwickelt (Shannon u. Weaver 1976). Ihr ursprüngliches Ziel war es, Fehler bei der technischen Übertragung von Nachrichten besser einordnen zu können. Sie wurde jedoch bald auch auf die zwischenmenschliche Verständigung übertragen. Kommunikation wird dabei als Austausch von Informationen zwischen dynamischen, d. h. sich gegenseitig beeinflussenden und selbst regelnden Systemen definiert. Ein System ist eine Menge von Elementen, die voneinander abhängig sind und zusammen ein Ganzes ergeben. Auch der Mensch ist ein System in diesem Sinn. Information wird hier als eine messbare, quantitative Größe verstanden, nicht als eine inhaltliche. Jede Nachricht enthält neue (Innovation = Neuigkeit) und alte Informationen (Redundanz = Überschuss). Der Grad der Neuigkeit einer Information, der Informationswert, ist um so größer, je mehr Binärfragen sich aus ihr ergeben, auf die man nur mit Ja (Gewissheit) oder Nein (völlige Ungewissheit) antworten kann. Maßeinheit des Informationswerts ist das Bit. So gibt es bei einer in die Luft geworfenen Münze zwei gleich wahrscheinliche Möglichkeiten, welche Seite am Ende nach oben zeigt. Der Informationswert beträgt in diesem Fall ein Bit. Je wahrscheinlicher es aber ist, dass eine bestimmte Zeichenfolge, z. B. eine sprachliche Äußerung, auftritt, desto weniger Information vermittelt sie. So hat eine Grußformel, die man beiläufig bei einer Begegnung mit einer Bekannten äußert, einen weit geringeren Informationswert als eine aktuelle Nachricht in einer Nachrichtensendung.

Der informationstheoretische Kommunikationsbegriff ist in Bezug auf menschliche Verständigung zu eingeschränkt. Er vernachlässigt die Beweggründe und Absichten, Ziele und Wirkungen der Kommunikation und macht keine Aussagen über den Inhalt von Nachrichten. Gerade diese Fragen interessieren jedoch die Sozialwissenschaften. Für sie ist Kommunikation grundlegender Bestandteil zwischenmenschlicher Beziehung. Ohne Kommunikation gäbe es keine menschliche Gemeinschaft. Der Mensch ist auf andere Menschen bezogen, mit denen er sich zu verständigen sucht. Die wechselseitigen Beziehungen zwischen Menschen, ihre Interaktion, und die sich daraus ergebende gegenseitige Beeinflussung von Einstellungen, Erwartungen und Handlungen basieren auf Absichten und Entscheidungen und werden durch Kommunikation mit Hilfe von Zeichen vermittelt (*symbolische Kommunikation*). So verstanden, entsteht Kommunikation durch zeichenhaftes, also symbolisches Handeln von Menschen (Abb. 3.**1**).

3.2.2 Wie geht soziale Kommunikation vor sich?

Die Bestandteile und die Wirkungsweise von Kommunikation werden anhand von *Kommunikationsmodellen* veranschaulicht. Ein Modell ist eine vereinfachte gedankliche, sprachliche bzw. grafische Darstellung, mit der ein komplizierter Sachverhalt durchschaubar gemacht wird. Ausgangspunkt aller Kommunikationsmodelle ist das Kommunikationsdreieck, das die Grundbestandteile der Kommunikation, die Kommunikationspositionen erfasst: Sender (Produzent = Sprecher oder Schreiber), Nachricht (Mitteilung) und Empfänger (Adressat = Hörer oder Leser). Die Kommunikationskette, charakterisiert durch den Pfeil, verdeutlicht durch die Darstellung von Wirkungszusammenhängen den dynamisch-prozesshaften Charakter der Kommunikation (Kommunikationsvorgang oder -prozess). Die Frage, die einem erweiterten Kommunikationsmodell zugrundeliegt, lautet: *Wer* teilt mit *welcher* Absicht *was* mit *welchen* Mitteln *wem* mit *welcher* Wirkung mit (Abb.3.**2**).

VERHALTEN
= jede menschliche und
tierische Lebensäußerung

beabsichtigt — unbeabsichtigt
(z. B. schlafen, niesen)

HANDELN
= beabsichtigtes (intentionales) Verhalten

partnerbezogen — nicht partnerbezogen
(z. B. Geräte
desinfizieren,
Betten machen)

INTERAKTION
= partnerbezogenes (soziales) Handeln

zeichenhaft — nicht zeichenhaft
(z. B. Blickkontakt haben,
einander auf dem Flur
ausweichen)

KOMMUNIKATION
= zeichenhafte (symbolische) Interaktion

SPRACHLICHE (VERBALE) KOMMUNIKATION
= Kommunikation mittels
laut- oder schriftsprachlicher Zeichen
(z. B. diskutieren, einen Brief schreiben)

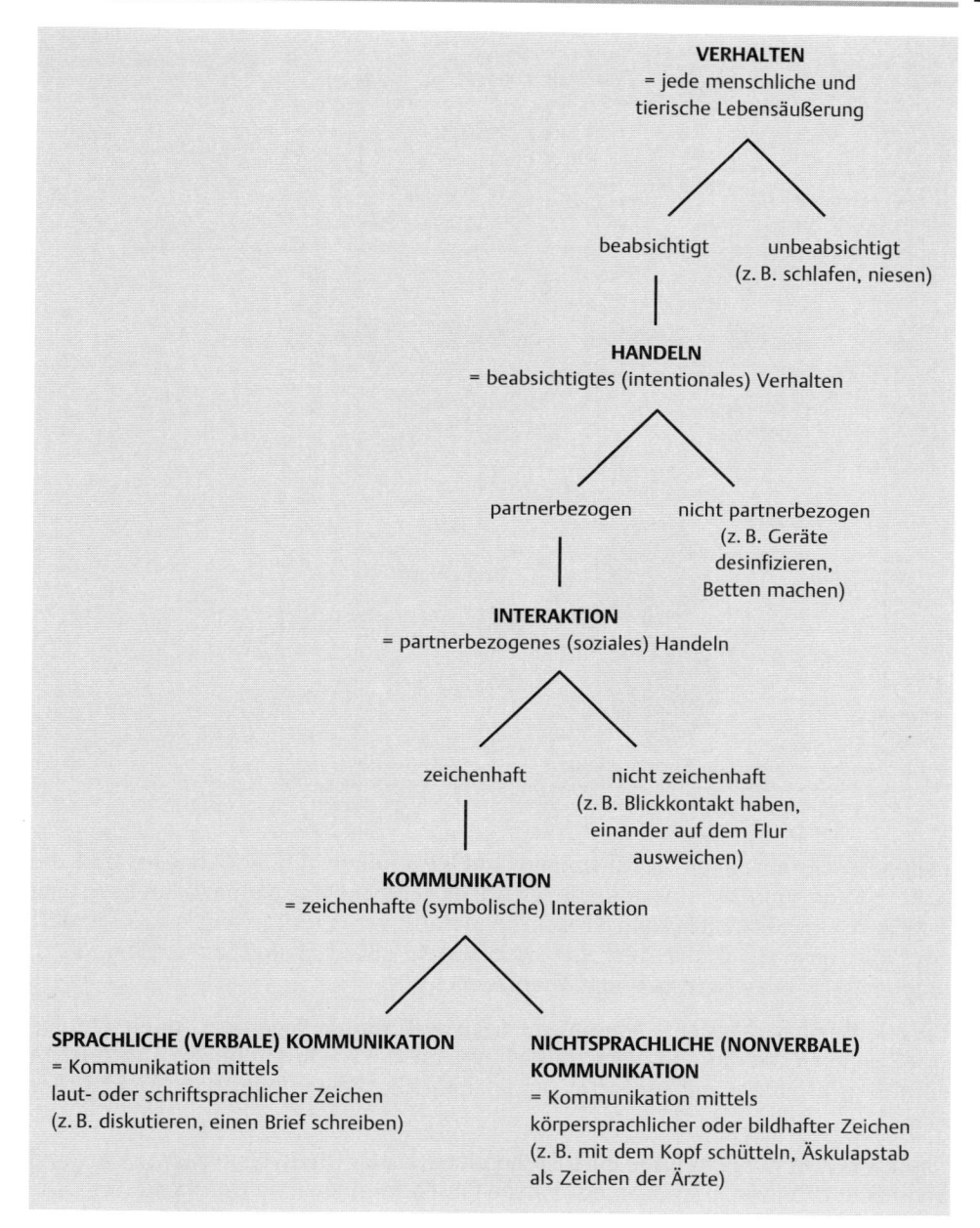

NICHTSPRACHLICHE (NONVERBALE) KOMMUNIKATION
= Kommunikation mittels
körpersprachlicher oder bildhafter Zeichen
(z. B. mit dem Kopf schütteln, Äskulapstab
als Zeichen der Ärzte)

Abb. 3.1 Ableitung des Begriffs *Kommunikation* (nach Linke u. Mitarb.).

Der Kommunikationsvorgang läuft nach folgendem Muster ab: Jemand hat die Absicht (Intention), einem anderen etwas mitzuteilen. Die Inhalte, die Informationen oder Botschaften, entnimmt er seinem Gehirn bzw. Wahrnehmungen der Außenwelt (*Quelle*). Seine Vorgehensweise stimmt er auf seine Absichten, die mut-

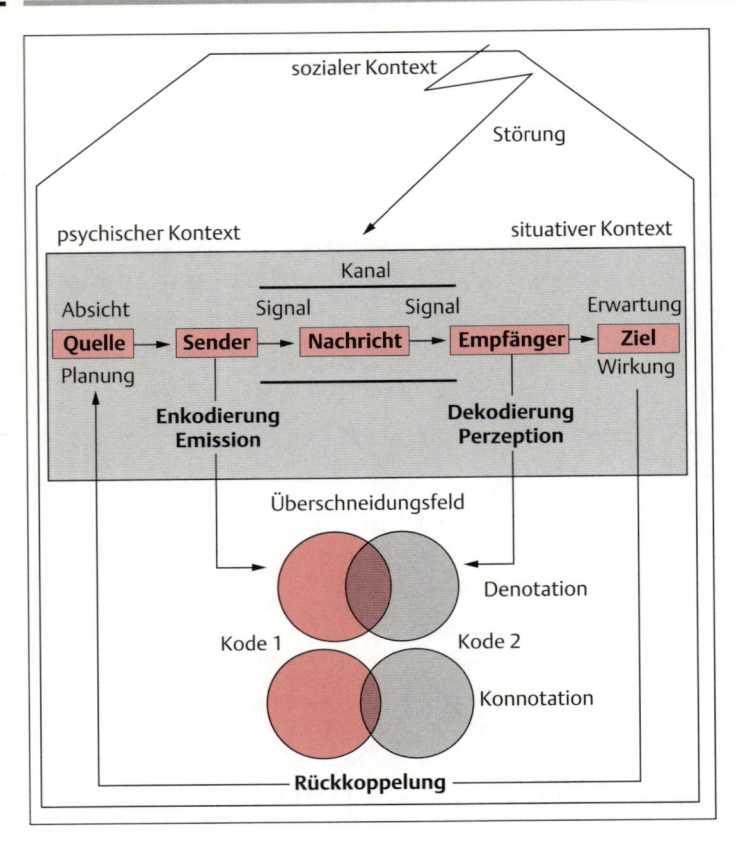

Abb. 3.2 Kommunikationsmodell.

maßlichen Erfahrungen, Erwartungen und Reaktionen des Empfängers und die äußeren Kommunikationsbedingungen ab; er entwickelt also einen Plan bzw. eine Strategie. Grundsätzlich kann er sich kooperativ verhalten, indem er z. B. erklärt oder lobt, abweisend, indem er z. B. widerspricht oder kritisiert, oder vermeidend, indem er z. B. ausweicht oder das Thema wechselt.

Die Inhalte überträgt der Sender in eine nach bestimmten Regeln geordnete Abfolge von Zeichen (Enkodierung, Verschlüsselung), die die Nachricht bilden. Die Zeichen entnimmt er einem Zeichenvorrat (*Kode*) sprachlicher und/oder nichtsprachlicher Art.

Dann wählt er die dem Kode entsprechenden *Kanäle* (Übertragungswege) aus und übermittelt die Nachricht seinem Partner in Form einer Emission (Sendung). Die verschiedenen Kanäle sind durch die Wahrnehmungsorgane Auge, Ohr, Tast-, Geruchs- und Geschmackssinn bestimmt. Einfache Kanäle für den Direktkontakt zwischen Sender und Empfänger sind vor allem Schall-, Licht- oder Druckwellen. Diese können durch technische Kanäle, z. B. elektronischer Art beim Fernsehen oder Druckerschwärze auf Papier bei der Schrift, ergänzt werden, so dass ein Fernkontakt der Kommunikationspartner möglich wird. Die materiellen Träger der Nachricht im Kanal nennt man *Signale*.

Der Empfänger nimmt die Information entgegen (Perzeption, Empfang) und ordnet den Zeichen die entsprechenden Bedeutungen zu (*Dekodierung*, Entschlüsselung). Er überträgt sie also in seine Gedanken- und Vorstellungswelt. Dabei wählt er teilweise bewusst, teilweise unbewusst aus den angebotenen Informationen diejenigen aus, die ihm aufgrund seines Vorwissens zugänglich sind bzw. in seiner augenblicklichen Situation wichtig erscheinen. Die Interpretation (Deutung) der Informationen durch den Empfänger entspricht nicht immer der Absicht des Senders. Damit sich Sender und Empfänger verstehen können, müssen sie über einen Mindestbestand an Gemeinsamkeiten im Kode, also z. B. Kenntnis der gleichen Sprache, verfügen. Der Kode hat neben dem sachlichen Informationsgehalt (Denotation) auch eine durch individuelle Erfahrungen und Erlebnisse sowie Konventionen bestimmte Nebenbedeutung (Konnotation) (siehe S. 81). Auch hier muss für ein angemessenes Verstehen eine gewisse Übereinstimmung vorhanden sein.

Der Empfänger hat mehr oder weniger präzise Erwartungen zu Form und Inhalt der Kommunikation. Wie sie befriedigt werden, ob sie erfüllt oder enttäuscht werden, ist maßgebend dafür, welche *Wirkung* bzw. Reaktion die Kommunikation bei ihm hervorruft. Das Spektrum der Wirkungen reicht von der bewussten Nichtbeachtung über die bloße Bestätigung bis hin zur dauerhaften Beeinflussung des Verhaltens. Wenn die Wirkung der Absicht des Senders entspricht, hat die Kommunikation ihr Ziel erreicht. Sie kann bereits während des eigentlichen Kommunikationsvorgangs oder erst danach eintreten.

Der gesamte Vorgang spielt sich innerhalb bestimmter Rahmenbedingungen ab, dem *Kontext* bzw. der Kommunikationssituation im weiteren Sinne. Er wird unterteilt in den situativen Kontext (augenblickliche Bedingungen wie Zeit, Ort, technische Ausstattung, beteiligte Personen, Anlass und Folgen der Kommunikation), den psychischen Kontext (Erfahrungen, Kenntnisse und Fähigkeiten der Partner hinsichtlich Sache, Sprache und Kommunikation, ihre psychische Verfassung, ihre Absichten, Erwartungen und Interessen) und den sozialen Kontext (die Beziehung der Partner, ihre soziale Position, die Gesellschaftsstruktur und die zugrundeliegenden gesellschaftlichen Werte und Normen). Den situativen und den psychischen Kontext fasst man als Redekonstellation zusammen, da sie sich im Unterschied zu den geltenden Normen und Werten nur auf das aktuelle Geschehen zwischen Sender und Empfänger, nicht aber auf den Kode beziehen. Wenn Nachrichten unvollständig oder undeutlich übermittelt werden, kann der Empfänger ihren Inhalt unter Umständen aus dem Kontext erschließen. Einerseits muss sich der Sender an die Gegebenheiten anpassen, damit er sein Ziel erreicht. Andererseits verändert er diese mit der Kommunikation. Dabei kommt es darauf an, ein angemessenes Gleichgewicht zwischen Anpassung und Veränderung zu finden.

3.3 Arten und Eigenschaften sozialer Kommunikation

3.3.1 Arten der sozialen Kommunikation

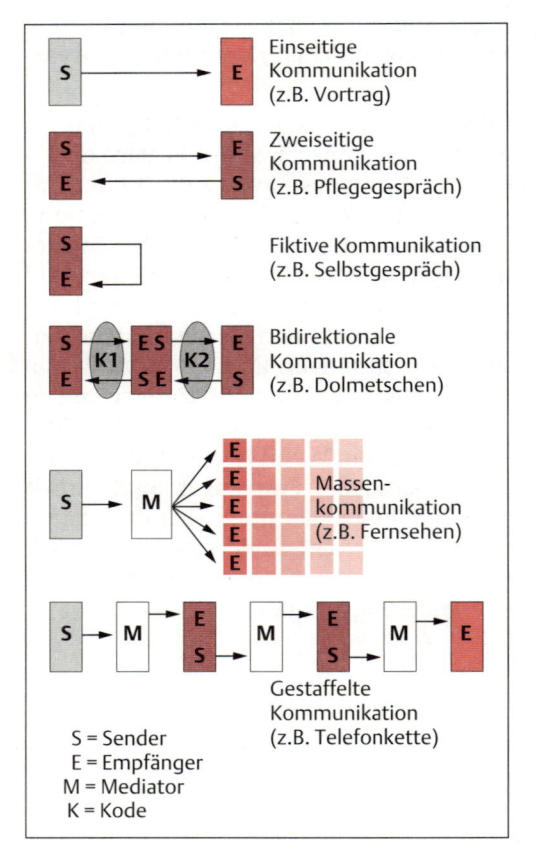

Die Kommunikationsarten (Abb. 3.3) lassen sich nach verschiedenen Kriterien einteilen. Zum einen bestimmen die **Kommunikationsmittel** (Kommunikationsmedien) die Art des Kommunizierens:

- Die *personale Kommunikation* ist durch den direkten Kontakt der Partner „von Angesicht zu Angesicht" gekennzeichnet. Deshalb wird sie auch face-to-face-Kommunikation genannt. Da der Sender seine Mitteilung über natürliche Kommunikationsmittel (Laut- und Körpersprache) an den Empfänger richtet, kann er sofort überprüfen, ob sie vom Empfänger angenommen wird, wie sie enkodiert wird und welche Wirkung sie hervorruft.
- Bei der *medialen Kommunikation* sind zwischen Sender und Empfänger technische Zwischenträger oder Mediatoren, z. B. Schrift, Telefon, Computer, teilweise auch die die Nachricht bearbeitenden Menschen, z. B. Redakteure, eingeschaltet,

Abb. 3.**3** Kommunikationsarten.

Einseitige Kommunikation (z.B. Vortrag)

Zweiseitige Kommunikation (z.B. Pflegegespräch)

Fiktive Kommunikation (z.B. Selbstgespräch)

Bidirektionale Kommunikation (z.B. Dolmetschen)

Massenkommunikation (z.B. Fernsehen)

Gestaffelte Kommunikation (z.B. Telefonkette)

S = Sender
E = Empfänger
M = Mediator
K = Kode

um räumliche und/oder zeitliche Distanzen überbrücken zu können. Die Mediatoren dienen meist auch der Aufbewahrung von Informationen (z. B. Buch, Film, CD).

> **Vor- und Nachteile technisch vermittelter Kommunikation**
> Die Kommunikation über technische Apparaturen erlaubt dem Sender nur in beschränktem Maß, die Wirkung auf den Empfänger zu überprüfen. So entfällt z. B. beim Telefonieren ein wichtiger Bereich, die visuelle Ebene der Körpersprache. Dies gilt mit erheblich größerer Tragweite auch für die Massenkommunikation. Massenmedien wie Buch, Zeitung, Fernsehen und Hörfunk erreichen mit hohem technischen Aufwand eine sehr große Anzahl von nicht miteinander in Verbindung stehenden Empfängern, deren Rückmeldungsmöglichkeiten jedoch sehr eingeschränkt sind (Leserbriefe, Anrufe beim Sender u. Ä.). Neue interaktive Medien suchen diese Nachteile auszugleichen (z. B. Bildtelefon, E-Mail im Internet).

- Ein Sonderfall ist die *fiktive Kommunikation*, die sich an einen nur in der Vorstellung des Senders vorhandenen Partner richtet (Selbstgespräche, Reden mit Verstorbenen u. Ä.). Es fehlt eine echte zwischenmenschliche Beziehung.

Im Hinblick auf den **Kommunikationsfluss** sind zwei weitere Arten der Kommunikation zu unterscheiden:

- Sender und Empfänger können auf ihre Rollen beschränkt bleiben. Man spricht dann von einseitiger oder *monologischer Kommunikation*. Der Sender bleibt während des gesamten Kommunikationsprozesses der produzierende, der oder die Empfänger der aufnehmende Teil. Diese Art von Kommunikation ist eher starr und trifft auf die Massenkommunikation, die Formen der Rede und im weiteren Sinn auf autoritäre Organisationsstrukturen zu. Völlige Einseitigkeit liegt jedoch höchstens bei den klassischen Massenmedien vor, während es bei der face-to-face-Rede durchaus Möglichkeiten der direkten Rückmeldung gibt, z. B. Zwischenrufe, Applaus, Aufmerksamkeit, Unruhe u. Ä.
- Bei der gegenseitigen bzw. *dialogischen Kommunikation* wechseln zwei oder mehr Kommunikationspartner immer wieder ihre Rollen als Sender und Empfänger. Dadurch, dass der eine auf die Äußerung des anderen eingeht (Rückkopplung, Feedback), entsteht ein Kreislauf (Regelkreis), der durch die jeweiligen Aktionen und Reaktionen der Beteiligten gesteuert wird. Der Kommunikationsprozess erhält dadurch einen eher offenen Charakter. Beispiele hierfür sind Gespräch, Diskussion, allgemein demokratische Formen des Meinungsaustausches.

3.3.2 Eigenschaften der sozialen Kommunikation

Der Psychologe Paul Watzlawick (*1921) hat zusammen mit seinen Mitarbeitern **fünf grundlegende Eigenschaften von Kommunikation** herausgearbeitet (Watzlawick u. Mitarb. 1996):

> 1. Es ist unmöglich, nicht zu kommunizieren. Alle Äußerungen eines Senders, auch Schweigen oder Abbruch der Kommunikation, sind Mitteilungen.

Dieser Grundsatz ist aus der Sicht des Empfängers formuliert.

Aus der Perspektive des Senders kann Verhalten auch unbeabsichtigt, nicht partnerbezogen bzw. nicht zeichenhaft sein (vgl. Abb. 3.**1**). Wird es trotzdem als kommunikative Äußerung angesehen, liegt ein Missverständnis vor.

> 2. Jede Kommunikation besteht aus einer Inhalts- oder *Darstellungsebene* und einer *Beziehungsebene*, stellt einen Sachverhalt dar und sagt etwas über die Beziehung der Kommunikationspartner aus.

Dabei gibt der Beziehungsaspekt vor, wie die Sachinformationen zu verstehen sind. Zwar steht in manchen Situationen, z. B. im Fachgespräch, der Inhaltsaspekt, in anderen, z. B. im Alltagsgespräch, der Beziehungsaspekt im Vordergrund. In der personalen Kommunikation sind jedoch immer beide Aspekte mit unterschiedlicher Gewichtung enthalten. Der Psychologe Friedemann Schulz von Thun (*1944) kommt durch Aufteilung des Beziehungsaspekts in drei Einzelaspekte zu „vier Seiten einer Nachricht" (Schulz von Thun 1994). Die Nachricht enthält neben dem sachlichen Inhalt ausdrücklich oder versteckt, beabsichtigt oder ungewollt Informationen über die Person des Senders (Selbstkundgabe, Ausdruck), über die Einstellung des Senders zum Empfänger und deren Beziehung zueinander (Beziehungshinweis) sowie über Erwartungen und Forderungen des Senders an den Empfänger (Appell, Aufforderung).

So kann der gegenüber einem Patienten geäußerte Satz einer Krankenschwester *Wir machen nun das Bett, Herr Schanz* neben der sachlichen Information, dass sie jetzt das Bett machen wird, auf der Beziehungsebene ausdrücken: *Ich entscheide, was zu tun ist* (Selbstkundgabe), *Herr Schanz ist ein hilfsbedürftiger Mensch und muss von mir als Schwester angeleitet werden* (Beziehungshinweis) sowie *Stehen Sie auf, damit das Bett gemacht werden kann!* (Appell).

> 3. Jede Kommunikation hat durch die unterschiedlichen Handlungen der Partner einen Anfang, ein Ende und einen besonderen Verlauf, bezeichnet als *Interpunktion*, d. h. Zeichensetzung.

Wenn sich zwei Arbeitskolleginnen aus dem Krankenhaus auf der Straße begegnen, gegenseitig halbherzig grüßen und schnell weitergehen, ist die Interpunktion, die sie jeweils vornehmen, gleich: Blickkontakt – zögerlicher Gruß – zögerlicher Gegengruß – Wegschauen – Wegschauen.

Arten und Eigenschaften sozialer Kommunikation

4. Kommunikation bedient sich digitaler, also symbolischer, insbesondere sprachlicher, und analoger, d. h. abbildender, nichtsprachlicher Mittel (vgl. Tab. 2.1). Beide zusammen machen die *Vermittlungsebene* der Kommunikation aus.

Zum Verhältnis von Darstellungs-, Beziehungs- und Vermittlungsebene gilt Folgendes: Sprachliche Äußerungen sind untereinander deutlich abgegrenzt – Anfang und Ende sind klar erkennbar – und haben einen weitgehend bewussten und logischen Charakter. Die Inhaltsseite einer Mitteilung wird deshalb vorrangig in der Sprache deutlich. Nichtsprachliche Signale übermitteln hauptsächlich affektive Gehalte wie Gefühle, Einstellungen und Beziehungsbotschaften. Sie sind häufig mehrdeutig, werden oft unbewusst ausgedrückt und können nicht so gut kontrolliert werden wie Sprachäußerungen. Ein Lächeln kann freundliche Zuwendung, Schüchternheit, Ironie oder Gemeinheit ausdrücken. Wenn ich mich einer wichtigen Prüfung unterziehe, wird man mir die Anspannung im Gesicht anmerken, auch wenn ich sie zu verbergen suche. Lügen ist in der Körpersprache schwer möglich. Die Beziehungsebene kommt also vor allem in der Körpersprache zum Ausdruck. Schätzungsweise 60–90 % der Bedeutung einer Mitteilung werden auf nichtsprachlichem Weg übermittelt. Die Wirkung nonverbaler Äußerungen ist im Allgemeinen stärker als die lautsprachlicher Äußerungen. Da Zusammenhänge wie *entweder-oder*, *nicht* und die verschiedenen Zeitstufen mit Hilfe abbildender Zeichen (analoge Kommunikation) nicht ausgedrückt werden können, ist sie nur schwer in Sprache (digitale Kommunikation) übersetzbar (vgl. Tab. 2.1).

5. Hinsichtlich der *Beziehungsstruktur* gibt es zwei Möglichkeiten:
   - Bei der symmetrischen Kommunikation sind die Kommunikationspartner gleichwertig. Unterschiede werden weitgehend ausgeglichen. Sie ist typisch für demokratisch aufgebaute soziale Gebilde bzw. partnerschaftliche Beziehungen. Beispiele hierfür sind die Kommunikation unter Freunden, unter Arbeitskollegen oder in der Jugendgruppe.
   - Die komplementäre Kommunikation ist hingegen durch die Unterschiedlichkeit der Kommunikationspartner, z. B. im Hinblick auf Rang, Beruf, Image und Schichtzugehörigkeit, gekennzeichnet. Die Kommunikationspartner ergänzen sich in ihrem Verhalten (komplementär = ergänzend). Sie ist typisch für hierarchisch gegliederte soziale Gebilde bzw. Verhältnisse der Über- und Unterordnung. Die Kommunikation zwischen Mutter und Kind, Lehrer und Schülern oder Krankenschwester und Kranken kann hier als Beispiel dienen.

Die Beziehungstruktur kann sich jedoch verändern. Eine symmetrische Beziehung kann zu einer komplementären werden, z. B. durch beruflichen Aufstieg eines bisherigen Kollegen zum Vorgesetzten, und umgekehrt, z. B. wenn eine bisherige Schülerin durch Bestehen des Krankenpflegeexamens zur Kollegin wird. Unter Umständen kehrt sich ein komplementäres Verhältnis sogar um, etwa durch die Beförderung eines Untergebenen zum Vorgesetzten. Ab und zu treten auch

Überlagerungen entgegengesetzter Komplementärverhältnisse auf. Dies ist manchmal zu beobachten, wenn junge Krankenschwestern alte Menschen pflegen. Hier kann die Großeltern-Enkel-Beziehung die Schwester-Patient-Beziehung überlagern.

3.4 Sprachliche und nichtsprachliche Kommunikation

3.4.1 Was tun wir, wenn wir uns äußern?

Sprechen und Schreiben sind Formen sozialen Handelns. Die Sprechakttheorie, die von den Philosophen John L. Austin (1911–1960) und John R. Searle (*1932) entwickelt wurde, zeigt, was wir tun, wenn wir sprechen oder schreiben (Searle 1992). Die einzelne **Sprachhandlung** (Sprech- bzw. Schreibhandlung) besteht danach aus **vier Teilvorgängen**:

- *Äußerung*: Wir bringen Sprachlaute bzw. Schriftzeichen hervor, die nach bestimmten grammatischen Regeln geordnet sind, z. B.:
    a) *Schwester Julianna wäscht die Patientin.*
    b) *Wäscht Schwester Julianna die Patientin?*
    c) *Schwester Julianna, waschen Sie die Patientin!*
- *Satzbedeutung*: Wir beziehen uns mit der Äußerung auf Gegenstände und Sachverhalte der wirklichen oder einer möglichen Welt (Gegenstandsbeziehung) – in den Beispielsätzen *Julianna* – und schreiben diesen bestimmte Eigenschaften zu (Aussage) – hier das Waschen der Patientin. Für die Sätze a) bis c) sind Gegenstandsbeziehung und Aussage gleich.
- Wir verfolgen mit unserer Äußerung eine bestimmte Absicht. Dadurch erhält diese einen *kommunikativen Zweck*. Wir kennzeichnen sie etwa als Behauptung, Frage oder Aufforderung. Hinweise darauf, was gemeint ist, geben u. a. die Sprechweise, die Zeichensetzung, Fragewörter, bestimmte Wendungen (z. B. *Ich behaupte...*) und Wörter (z. B. *doch, bitte*) oder die Wortstellung im Satz. Hier unterscheiden sich die Beispielsätze: a) ist eine Behauptung, b) eine Frage und c) eine Aufforderung.
- Wir lösen beim Gesprächspartner absichtlich eine *Wirkung* aus. Man kann jemanden z. B. zu einer Handlung veranlassen, indem man ihn dazu auffordert (b) oder ihn fragt (c).

Es gibt zahlreiche Arten von Sprachhandlungen, neben Behauptung, Aufforderung und Frage etwa Vorwurf, Dank, Befehl, Begrüßung oder Erklärung. Oft gehen sie mit außersprachlichen Handlungen einher, etwa die Erläuterung einer pflegerischen Verrichtung mit ihrem Vollzug am Krankenbett. Eine Sprachhandlung kann in verschiedenen grammatischen Formen auftreten, z. B. die Fragehandlung:
Wollen Sie ein bisschen laufen? (Fragesatz: Entscheidung)
Sie werden sicher bleiben wollen. (Aussagesatz: Vorwegnahme)
Du warst doch gestern nicht da. (Aussagesatz: Vergewisserung)
Ich wüsste gern mehr darüber. (Aussagesatz: Interesse)

Umgekehrt können Fragesätze verschiedene Handlungen ausdrücken:
Ist das nicht schön? (Ausruf)
Könnten Sie jetzt das Zimmer verlassen? (Aufforderung)
Wie konnten Sie sich darauf einlassen? (Vorwurf)
Wollen Sie etwas lesen? (Frage)

Äußerungen und Sätze
Die Begriffe Äußerung und Satz sollten nicht miteinander vermischt werden. Der *Satz* ist eine grammatische, auf das Sprachsystem bezogene Einheit und enthält immer ein Verb oder eine Verbgruppe. Man unterscheidet vier Satzarten:
- Aussagesatz: *Der Vorfall wird dokumentiert.*
- Fragesatz: *Was ist geschehen?*
- Aufforderungssatz: *Bitte helfen Sie Schwester Ursula.*
- Wunschsatz: *Wenn ich das nur wüsste!*

Die *Äußerung* als handlungsbezogene, pragmatische Einheit ist meistens in die Form eines Satzes gekleidet, etwa eines einfachen Satzes wie die oben genannten. Aber nicht jede Äußerung ist ein vollständiger Satz. Äußerungen können auch aus solchen Wortgruppen bestehen:
Da hinten (auf die Frage, wo sich Zimmer 312 befindet). *Hallo!*
Andererseits ist nicht jeder Satz eine Äußerung. Dies zeigt sich bei den zusammengesetzten Sätzen. Der Teilsatz *Frau Maier wird heute entlassen* ist eine Äußerung, jedoch nicht der Teilsatz *weil es ihr wieder gut geht*. Zusammen ergeben sie wieder eine Äußerung:
Frau Maier wird heute entlassen, weil es ihr wieder gut geht.
Hier liegt ein Satzgefüge vor, das aus einem übergeordneten Hauptsatz und einem untergeordneten Nebensatz besteht (Hypotaxe). Auch Hauptsätze können miteinander verbunden werden. Man nennt das Satzreihe bzw. Parataxe (Nebenordnung). Sie bilden dann zusammen eine Äußerung, etwa:
Ich mache diesmal die Nachtwache und dann bist du dran.
Texte können grammatisch als Verbindung inhaltlich zusammengehöriger Sätze oder pragmatisch als Gesamtheit sprachlicher Äußerungen in einer bestimmten Situation definiert werden.

3.4.2 Verwendungszweck sprachlicher Äußerungen

Die Grundeinstellung der Partner zur Kommunikation bezeichnet man als **Sprachhaltung** (Abb. 3.**4**). Sie bestimmt die Art des Vorgehens.

- Die *argumentative* (gedankliche) *Sprachhaltung* zielt auf die vernünftige, überzeugende Auseinandersetzung über Sach- und Wertprobleme ab. Typische gedankliche Texte sind Diskussion und Erörterung.
- Bei der *informativen* (Auskunft gebenden) *Sprachhaltung* steht die wertfreie Mitteilung von Sachverhalten im Mittelpunkt. Beschreibung und Bericht sind die Hauptformen dieser Klasse.
- Bei der *produktiven* (schöpferischen) *Sprachhaltung* geht es um die künstlerische Gestaltung der Sprache. Darunter fällt der gesamte Bereich der Schönen Litera-

tur, z. B. Gedichte, Romane, Dramen, aber auch der spielerische Umgang mit Sprache im Alltag.
- Die auffordernde oder *appellative Sprachhaltung* strebt die Beeinflussung und Veränderung des Denkens und Handelns anderer an. Dazu gehören z. B. Antrag, Forderung, Wunsch, Beratung und Bewerbung, wie auch die Formen der kommerziellen, politischen oder weltanschaulich-religiösen Werbung.
- Die festsetzende oder *normative Sprachhaltung* bezieht sich auf die verbindliche Regelung von Sachverhalten (z. B. Gesetze, Verträge).
- Die *deklarative* (erklärende) *Sprachhaltung* liegt dann vor, wenn eine Äußerung bereits durch ihren sprachlichen Vollzug zur Tatsache wird. Beispiel: Der Sitzungsleiter eröffnet die Sitzung mit den Worten *Die Sitzung ist eröffnet.* Erklärungen verschiedenster Art fallen unter diese Rubrik, z. B. ein Versprechen, ein Testament oder eine Urteilsverkündung vor Gericht.
- Die *expressive Sprachhaltung* betrifft den Ausdruck von Gefühlen und Überzeugungen (z. B. Klage, Bekenntnis).
- Bei der *kontaktiven Sprachhaltung* steht die Kontaktaufnahme mit einem Partner im Mittelpunkt (z. B. Grußkarte, Einladung).

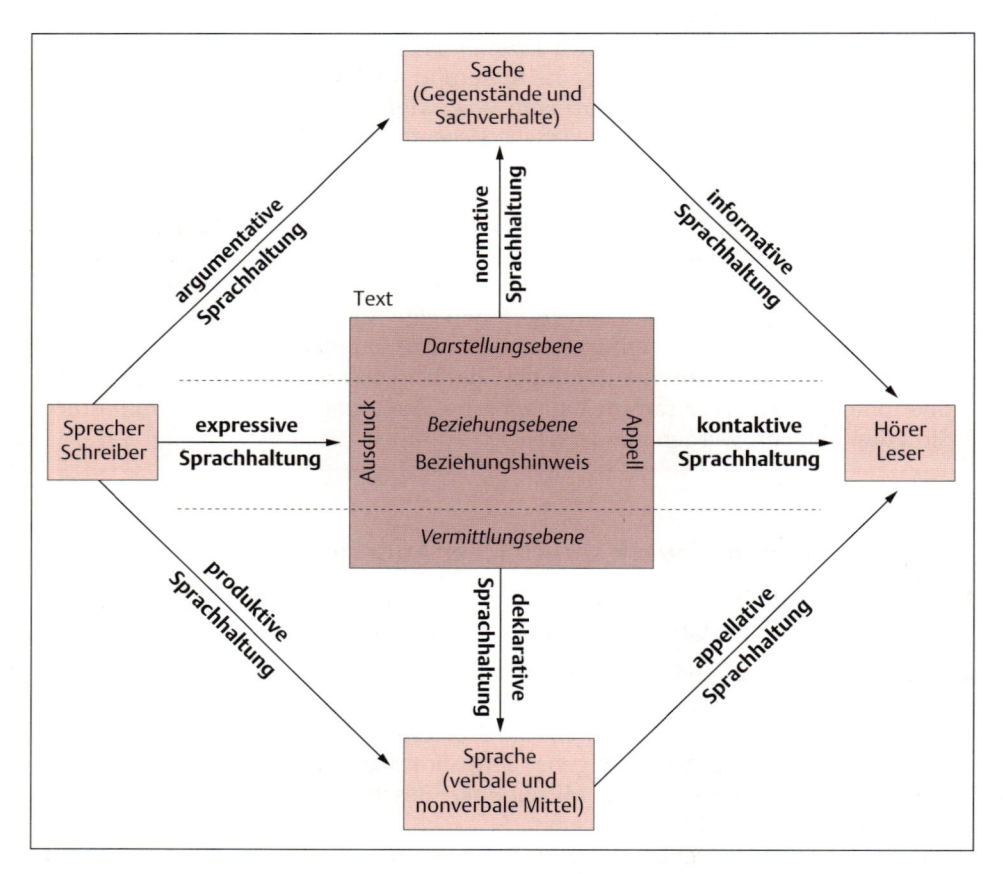

Abb. 3.4 Modell zweckbestimmter Sprachverwendung (nach Weinmann, Bühler).

Sprachliche und nichtsprachliche Kommunikation

Nicht selten vermengen sich in einer Textsorte mehrere Sprachhaltungen (Mischtexte). So enthalten grundsätzlich informative Übergabegespräche auf der Station oft auch expressive (Erlebnisse mit Patienten) und appellative Elemente (Ratschläge). Ein Referat kann informierende, argumentierende und an die Zuhörer appellierende Anteile haben. Für die Pflege wichtige Textsorten werden in Kap. 5 vorgestellt.

3.4.3 Mündliche und schriftliche Kommunikation

Gesprochene und geschriebene Sprache sind als Zeichensysteme zwar aufeinander bezogen, besitzen jedoch unterschiedliche Eigenschaften und erfüllen unterschiedliche kommunikative Aufgaben.

Gesprochene Sprache

Die *gesprochene Sprache* ist die ursprüngliche Sprachform des Menschen. Sie wird auf der Basis angeborener Anlagen im sozialen Austausch mit der Umwelt erworben. Wie die nonverbalen Ausdrucksmittel, mit denen sie in engem Zusammenhang steht, ist sie direkt körpergebunden. In der Regel tritt sie in Kommunikationssituationen auf, die durch den engen räumlichen und zeitlichen Kontakt der Partner und deren unvermittelte Interaktion gekennzeichnet sind. Durch ihren nichtstofflichen Charakter ist sie viel spontaner und wandlungsfähiger als die Schriftsprache, andererseits aber auch zeitgebunden und flüchtig.

Grammatisch gesehen sind mündliche Sätze eher kürzer und einfacher gebaut. Häufig wird mitten im Satz abgebrochen oder ein begonnener Satz wird nicht korrekt weitergeführt. Einzelne Satzteile und Wörter werden häufig wiederholt. Ordnung verleihen die Sprechweise, also Satzmelodie, Betonung, Sprechpausen usw., und begleitende Gesten. Manche Formulierungen sind nur aus der aktuellen Situation heraus verständlich (z. B. *Da drüben liegt das Verbandmaterial* in Verbindung mit einer Zeigegeste). Bestimmte Wörter und Wendungen kommen fast nur in mündlicher Rede vor (z. B. *Nicht wahr?, He!* oder Jargonausdrücke wie *Das ist super!*). Die grammatischen Regeln werden nicht immer eingehalten.

Geschriebene Sprache

Die *geschriebene Sprache* ist eine kulturelle Errungenschaft, die erlernt werden muss. Schreiben und Lesen bezeichnet man deshalb auch als Kulturtechniken. Nicht alle Kulturen besitzen eine schriftliche Verständigungsform. In der modernen Gesellschaft wird das Beherrschen der Schriftsprache jedoch allgemein vorausgesetzt. Analphabeten haben große Schwierigkeiten, den an schriftlichen Anforderungen reichen Alltag zu bewältigen. Im Unterschied zur gesprochenen Sprache kann die geschriebene mit Hilfe von Mediatoren aufbewahrt und über weite räumliche und zeitliche Strecken übermittelt werden. Sie erreicht dadurch unter Umständen eine sehr große Zahl von Empfängern. Weil sie an Schreibstoffe gebunden ist, verändert sie sich kaum und muss durch Reformen, z. B. eine Rechtschreibreform, an die Entwicklung der gesprochenen Sprache angepasst werden. Andererseits ist sie wegen ihrer Dauerhaftigkeit und Genauigkeit besser geeignet, wichtige Informationen festzuhalten. Für normsetzende (Vertragsabschlüsse, gesetzliche Regelungen u. Ä.) oder dokumentarische Zwecke (z. B. die Pflegedokumentation) ist die Schriftform unumgänglich. Die Entwicklung von Religion, Philosophie, Literatur und Wissenschaft ist nicht denkbar ohne schriftliche Überlieferung. Die Schriftsprache besitzt deshalb ein erheblich höheres gesellschaftliches Ansehen als die mündliche Rede. Schreiben ist auch zeitaufwendiger als Sprechen. Es setzt freie Hände, Licht und Schreibmaterial sowie höhere geistige Leistungsfähigkeit und Abstraktionsvermögen voraus. Es muss vorab geplant und bewusster umgesetzt werden als die mündliche Rede. Von Vorteil ist, dass man schriftliche Aufzeichnungen vor der Übermittlung mehrmals durchlesen und korrigieren kann.

Schriftsprache ist straffer und zielgerichteter als gesprochene Sprache. Die Sätze sind zwar länger und komplizierter aufgebaut, Wiederholungen von Wörtern und Satzabschnitten kommen jedoch selten vor. Formulierungen, die nur aus der aktuellen Schreibsituation heraus verständlich sind, darf Geschriebenes nicht enthalten, da sie der Empfänger nicht einordnen kann. Ordnung erhält die geschriebene Sprache durch die Groß- und Kleinschreibung, die Zeichensetzung, die Gliederung in Abschnitte, durch Überschriften und andere Elemente der Textgestaltung. Bestimmte Elemente wie Formeln oder komplizierte Fachausdrücke kommen fast nur in geschriebener Sprache vor. Auf die Einhaltung sprachlicher (Grammatik, Rechtschreibung, u. a.) und gesellschaftlicher Normen (Kommunikationsverhalten) wird hierbei im Unterschied zur mündlichen Rede besonders Wert gelegt.

3.4.4 Körpersprachliche Ausdrucksformen

Die *Körpersprache* umfasst ein breites Spektrum an Ausdrucksformen, von der Sprechweise über die Bewegung oder Stellung einzelner Körperteile bis zum Verhalten im Raum (Tab. 3.1). Beim Kommunizieren wirken sie in komplexer Weise zusammen. Bewegungen und Haltungen, an denen mehrere Körperteile oder der ganze Körper, mitunter auch Gegenstände, beteiligt sind, nennt man *Gebärden*. Ein Beispiel ist die Begrüßung durch Händeschütteln. Manche Ausdrucksformen werden bewusst eingesetzt (z. B. mit einem Tuch winken), andere treten unbewusst (z. B. mit den Fingern auf dem Tisch trommeln) oder sogar gegen unseren Willen auf (z. B. Erröten). Die unwillkürlichen Formen, die eine bestimmte innere Verfassung zum Ausdruck bringen, zeigen, dass die Körpersprache tief in der menschlichen Evolution verwurzelt ist. Die vererbten Muster haben jedoch häufig eine kulturelle Überformung erfahren. Kulturelle Unterschiede werden an einer Körperbewegung wie dem Kopfschütteln deutlich: In den meisten Kulturen wird es als Verneinung verstanden, in einigen wenigen aber als Zustimmung. Konventionelle Formen, die eine feste symbolische Bedeutung besitzen, müssen wie die Sprache erlernt werden und dienen in bestimmten Situationen unmittelbar der Kommunikation. Zu ihnen gehören z. B. die Gruß- und Verabschiedungsgesten wie die Hand geben und den Kopf etwas neigen, den Hut ziehen usw. Körpersprachliche Signale werden vom Empfänger weniger bewusst-rational als vielmehr intuitiv und damit viel schneller verarbeitet als sprachliche. Die Fähigkeit, Körpersprache zielgerichtet zu verwenden und angemessen zu deuten, hängt vom Geschlecht (Frauen sind Männern oft überlegen), Alter (Erfahrung) und Bildungsniveau ab.

Tabelle 3.1 Verbale und nonverbale Ausdrucksformen.

Kode \ Kanal	Auditiv (akustisch) Hören	Visuell (optisch) Sehen	Taktil (haptisch) Berühren	Olfaktorisch Riechen	Gustatorisch Schmecken	Thermal Temperaturempfinden
Verbal (Sprache)	• Gesprochene Sprache • Morsealphabet	• Geschriebene Sprache • Gebärdensprache	• Blindenschrift • Fingeralphabet			
Nonverbal (Körpersprache)	• Sprechweise • Stimme	• Äußere Erscheinung • Körperhaltung • Blickverhalten • Mimik • Gestik • Raumverhalten • Schreibweise	• Körperkontakt	• Körpergeruch • Raumduft	• Körpergeschmack	• Körperwärme • Raumtemperatur

> ⚠ Vorsicht bei der Interpretation des körpersprachlichen Ausdrucks! Nonverbale Ausdrucksmittel sind situationsgebunden und mehrdeutig. Nur in der ganzheitlichen Betrachtung von verbaler und nonverbaler Äußerung in einer konkreten Kommunikationssituation können wir der Bedeutung der Körpersprache tatsächlich auf die Spur kommen. Deutungshinweise sind deshalb immer nur als Annäherungen zu verstehen.

Sprachbezogene Mittel

Zu den sprachbezogenen Mitteln (paraverbale Mittel), die von der Paralinguistik erforscht werden, gehören Erscheinungen der Sprechweise, der Stimme und der Schreibweise. Zur **Sprechweise** (Intonation) rechnet man alle Veränderungen des Sprechtones nach Höhe, Stärke und Dauer. Sie bezieht sich nicht auf einzelne Laute (Phoneme), sondern größere Einheiten wie Silben, Wörter und Sätze, und leistet einen wichtigen Beitrag zur Unterscheidung der Bedeutung sprachlicher Äußerungen.

- *Sprechmelodie*: Die Satzmelodie ist weitgehend vorgegeben und verweist auf die Satzart und die Beziehung der Satzteile untereinander (Abb. 3.5). Unabhängig davon beeinflussen Gefühle und Stimmungen die Art der Melodiegestaltung. Eine stark wechselnde Melodie lässt auf Erregung oder auch Interesse schließen, eine gleichbleibend-monotone auf Langeweile, Befangenheit oder Sachorientierung. Freude ist eher durch eine ansteigende, Trauer durch eine abfallende Melodie gekennzeichnet. Eine rhythmisch schwankende Melodie wirkt lebendig und ausgeglichen, eine unrhythmische unsicher und unausgeglichen.
- *Lautstärke*: Das subjektive Lautstärkeempfinden entspricht nicht unbedingt der tatsächlichen Schallstärke. Bei Erregung oder Freude spricht man eher lauter, bis hin zum Schreien. Manchmal soll mit lautem Sprechen auch die eigene Schwäche übertönt oder einer Aussage ein besonderer Nachdruck verliehen werden. Eine gedämpfte Stimme weist auf Geheimnisse, Trauer, Angst oder Unsicherheit hin, kann aber auch als Mittel eingesetzt werden, die Aufmerksamkeit

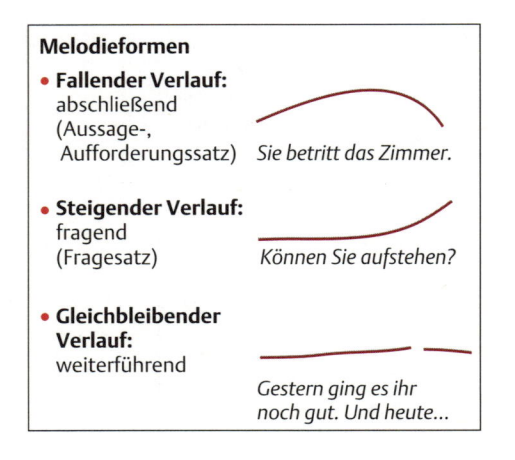

Melodieformen
- **Fallender Verlauf:**
abschließend
(Aussage-,
Aufforderungssatz)   *Sie betritt das Zimmer.*

- **Steigender Verlauf:**
fragend
(Fragesatz)   *Können Sie aufstehen?*

- **Gleichbleibender Verlauf:**
weiterführend
Gestern ging es ihr noch gut. Und heute...

Abb. 3.5 Satzmelodie.

auf sich zu ziehen. Eine stark wechselnde Lautstärke wirkt gefühlsbetont, eine gleichbleibende eher sachlich-diszipliniert.
- *Betonung*: Die Hervorhebung einer bestimmten Stelle im Wort oder eines Wortes in einem Redeabschnitt nennt man Akzent. Im Deutschen werden Akzente vorwiegend durch Steigerung der Lautstärke (dynamischer Akzent), weniger – wie in anderen Sprachen – durch Veränderung der Tonhöhe (musikalischer Akzent) oder der Tondauer (temporaler Akzent) gesetzt. Der *Wortakzent* ist weitgehend vorgegeben und liegt bei Wörtern deutscher Herkunft meist auf der ersten Silbe bzw. dem Wortstamm, wenn eine Vorsilbe vorausgeht:
    Kra̱nk/heit, be/ra̱/ten (. kurzer Vokal, _ langer Vokal)
Zur Verdeutlichung normalerweise nicht betonter Wortbestandteile kann jedoch von dieser Regel abgewichen werden. Der *Satzakzent* ist frei verfügbar und kann, je nach Aussageabsicht des Sprechers, auf jedes Wort des Satzes gelegt werden.
    Haben Sie Ihre Medikamente eingenommen (oder nicht)?
    (Zweifel, ob sie überhaupt eingenommen wurden)
    Haben Sie Ihre Medikamente eingenommen?
    (direkte Ansprache des Empfängers unter Bezugnahme auf den Bettnachbarn)
    Haben Sie Ihre Medikamente eingenommen (oder die eines andern)?
    (Unklarheit, ob die richtigen eingenommen wurden)
    Haben Sie Ihre Medikamente eingenommen?
    (als Alternative zu Bonbons)
    Haben Sie Ihre Medikamente eingenommen?
    (Interesse oder Erstaunen)
- *Sprechtempo*: Schnelleres Reden kann Dringlichkeit, Zielstrebigkeit und Selbstsicherheit (bei ungestörtem Rhythmus), Befangenheit (bei gestörtem Rhythmus) oder Nervosität und Aufregung (sich überschlagende Stimme) bedeuten, langsameres Würde, Bedeutsamkeit, Gelassenheit, Befangenheit, Trägheit, Zögerlichkeit oder Trauer. Wer angestrengt nachdenkt oder etwas Neues mitzuteilen hat, spricht langsamer; Bekanntes wird schneller übermittelt.
- *Pausengliederung*: Sprechpausen, die in geschriebener Sprache durch Satzzeichen gekennzeichnet werden, bestimmen die Bedeutung der Rede mit:
    Ich war's, nicht er. – Ich war's nicht, er.
Außerdem entstehen Pausen, wenn man nach einem treffenden Ausdruck sucht. Sie werden aber auch bewusst eingesetzt, um die Aufmerksamkeit und Anspannung des Hörers zu steigern (Abb. 3.**6**).
- *Sprechrhythmus*: Durch den Wechsel betonter und unbetonter (Akzent), langer und kurzer Silben (Tondauer), steigender und fallender Redeteile (Melodie), die Art der Pausengliederung und Schwankungen im Sprechtempo erhält das Sprechen einen charakteristischen Rhythmus. Eine kurze, abgehackte Redeweise vermittelt Verärgerung oder Distanz (Befehlston), eine runde, fließende Wärme und Weichheit, eine stotternde oder stockende Unsicherheit, eine flüssige Sicherheit, eine gedehnte Zögern oder Anteilnahme, eine streng taktmäßige Sachlichkeit und Diszipliniertheit. Ein gleichmäßiger Sprechrhythmus verweist auf Ausgeglichenheit und Unkompliziertheit, aber auch auf Trauer, ein unrhythmischer auf Freude, Erregung, Lebhaftigkeit oder Unberechenbarkeit.

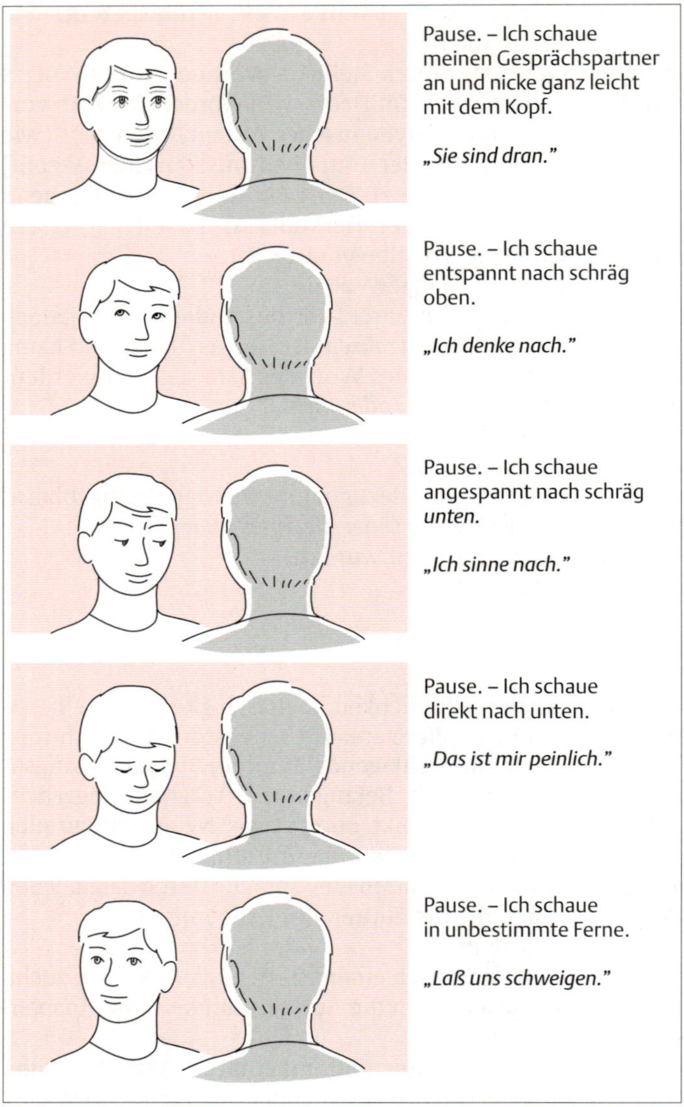

Pause. – Ich schaue meinen Gesprächspartner an und nicke ganz leicht mit dem Kopf.

„Sie sind dran."

Pause. – Ich schaue entspannt nach schräg oben.

„Ich denke nach."

Pause. – Ich schaue angespannt nach schräg *unten*.

„Ich sinne nach."

Pause. – Ich schaue direkt nach unten.

„Das ist mir peinlich."

Pause. – Ich schaue in unbestimmte Ferne.

„Laß uns schweigen."

Abb. 3.**6** Blickverhalten in Verbindung mit einer Gesprächspause (nach Weisbach).

- *Aussprache*: Eine klare und deutliche Aussprache signalisiert Sicherheit und Selbstkontrolle, eine undeutlich-verschwommene Unsicherheit, Nachsicht und Weichheit. Überartikulation wirkt gekünstelt.
- *Laut- und Stimmbildung*: Hierzu gehören Flüstern, Singen, Nuscheln, Murmeln, Räuspern, Hauchen, Schluchzen, Stöhnen, Hüsteln, Lachen, Weinen, Gähnen, Brummen, Summen, Pfeifen, Sprechen mit gerundeten Lippen (Babysprache) u. v. a.

- *Sprachgebrauch*: Auch Sprachunregelmäßigkeiten und sprachliche Fehlleistungen (Versprecher, Stottern, Wiederholungen, Auslassungen, Ausdruckslaute wie *äh, öh* u. a.), individuelle Sprachprägungen (z. B. Vorliebe für bestimmte Ausdrücke), das Hervortreten dialektaler oder muttersprachlicher Aussspracheeigenheiten beim Sprechen einer Fremdsprache, ebenfalls Akzent genannt, besitzen einen eigenen Ausdruckswert.

Unter die *Stimmmerkmale* fallen die Eigenheiten der Stimmlage, der Stimmstärke und des Stimmklangs. Eine tiefe Stimme wird mit Kraft, Gelassenheit und Würde, eine hohe, schrille eher mit Erregung und Angst in Verbindung gebracht. Die Kopfstimme wirkt eher künstlich und rational, die Bruststimme eher natürlich-gefühlsbetont. Eine weiche, farbige, volle, reiche Stimme wird als angenehm, eine harte, dünne, rauhe, flache als unangenehm empfunden. Der Stimmklang kann außerdem dunkel oder hell, kalt oder sanft, scharf oder dumpf, barsch, schneidend, kreischend, metallisch oder blechern sein.

Die innere Situation eines Menschen beeinflusst auch das *Schriftbild*. Die Graphologie (Schriftpsychologie), die aus der persönlichen Handschrift Schlüsse hinsichtlich innerer Vorgänge und persönlicher Eigenschaften zu ziehen sucht, hält wissenschaftlichen Ansprüchen jedoch bisher kaum Stand.

Außersprachliche Mittel

Ein zweiter Ausdrucksbereich sind die **außersprachlichen Mittel** (extraverbale Mittel). Sie sind Forschungsgebiet der Kinesik.

- *Äußere Erscheinung*: Schon die Körpergestalt, die Körpergröße und das Körpergewicht, die Gesichtsform, die Hautfarbe und andere Körpermerkmale wirken auf Menschen in einer bestimmten Weise. Durch die Gestaltung des Körpers, z. B. durch Kleidung, Frisur, Kosmetik oder Schmuck, nach den geltenden Geschmacksvorstellungen oder in Abgrenzung von ihnen wird der Ausdruck bewusst gestaltet. Von äußeren Merkmalen auf Charaktereigenschaften zu schließen, wie es früher die Physiognomik getan hat, wird heute jedoch nicht mehr als sinnvoll angesehen.
- *Körperhaltung*: Die Haltung von Kopf, Rumpf, Armen und Beinen im Stehen, Gehen, Sitzen und Liegen sagt etwas über die Stimmungslage und die Einstellung gegenüber dem Partner aus. Eine offene Körperhaltung, also Hinwendung zum Partner, ausgebreitete Arme, offene Beine, nach außen gerichtete Handflächen, Festhalten der Taille, weist auf Selbstsicherheit, Entspannung oder Zugewandtheit, eine geschlossene Körperhaltung mit Abwendung vom Partner, verschränkten Armen, übergeschlagenen Beinen, eng aneinandergedrückten Knien, steifem oder schlaffem Rumpf, geballten Fäusten, Umfassen des Rumpfs mit den Armen auf verdeckte oder offen gezeigte Angst, Aggressivität oder Abwehr hin. Ein erhobener Kopf, straffe Schultern und Gliedmaßen, ein aufrechter Rumpf, ein elastisch-federnder Gang drücken Selbstbewusstsein, Kraft und Leistungsfähigkeit aus, ein gesenkter Kopf, hängende Schultern, kraftlos herabhängende Glieder, ein gebeugter Rücken, ein schleppender Gang hingegen Niedergeschlagenheit, Trauer und Müdigkeit.

- *Blickverhalten*: Das Blickverhalten gehört zu den wichtigsten und zugleich am wenigsten bewussten körpersprachlichen Mitteln. Das Anblicken des Partners signalisiert Gesprächsbereitschaft oder Gesprächswunsch. Das Wegblicken bedeutet Ablehnung oder Abbruch des Gesprächs, kann aber auch Reaktion auf eine äußere Störung sein. Ein nicht konstanter Blickkontakt drückt Desinteresse, Langeweile, Unaufmerksamkeit aus, ein gesenkter Blick Scham, Angst, ein schlechtes Gewissen oder Unsicherheit. Weiterhin kann der Blick scheu, ausweichend, fragend, freudig, drohend, fixierend, erwartungsvoll, ausdruckslos usw. sein (vgl. Abb. 3.**6**).
- *Gesichtsausdruck* (Mimik): Als Mimik bezeichnet man die Gesamtheit der Ausdrucksbewegungen des Gesichts (Mienen), vor allem des Mund-Nasen-Bereichs, der Augenbrauen und der Stirn. Das Gesicht kann aufgrund seiner äußerst differenzierten Muskulatur sehr feine Nuancen bezüglich der Einstellung zum Thema und zum Partner ausdrücken. Ausdrucksmerkmale des Gesichts sind z. B. verängstigt, verzerrt, verbittert, verkrampft, teilnahmslos, müde, abgekämpft, verwirrt, abwesend, versteinert, verschlossen, heiter, läppisch, erwartungsvoll, verzweifelt, entstellt, fröhlich, entspannt, zornig, erschrocken, muffig, offen, lächelnd usw. (Abb. 3.**7**).
- *Körperbewegung* (Gestik): Unter Gestik versteht man alle Einzelbewegungen des Körpers (Gesten), vor allem solche der Hände und Arme, z. B. streicheln, des Kopfes und Halses, z. B. den Kopf schütteln, der Füße und Beine, z. B. stramm marschieren, und der Schultern, z. B. mit den Achseln zucken. Sie sagen etwas über Gestimmtheit und innere Haltung aus. Außerdem können wir mit ihnen Gegenstände und Sachverhalte symbolisch darstellen, z. B. ein Dreieck in die Luft malen, uns bekreuzigen, eine sprachliche Äußerung unterstreichen oder mit Zeigegesten unmittelbar auf Gegenstände hinweisen. Die Intensität der Gestik ist abhängig von Persönlichkeit, sozialem Status und kultureller Prägung. Extrovertierte haben eine ausgeprägtere Gestik als Introvertierte. Entsprechendes gilt für Südeuropäer und Lateinamerikaner im Vergleich zu Nord- und Mitteleuropäern und Nordamerikanern. Untergeordnete Personen machen in der Kommunikation mit übergeordneten von gestischen Mitteln vorsichtiger Gebrauch. Körperbewegungen als gestischer Ausdruck sind z. B. fahrig, hastig, lebhaft, aufgeregt, ängstlich, anmutig, hölzern, ungelenk, zitternd, vorsichtig, unharmonisch, gehemmt, apathisch u. v. a.
- *Raumverhalten* (Proxemik): Der äußere Abstand, den wir gegenüber einem Partner halten, zeigt, wie nah oder fern uns dieser innerlich steht. Es gibt sogar rela-

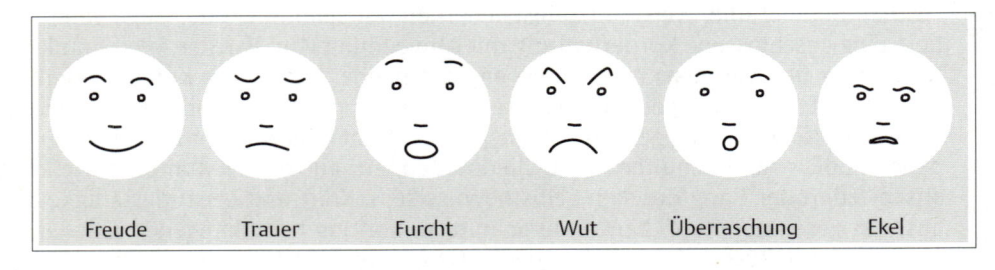

| Freude | Trauer | Furcht | Wut | Überraschung | Ekel |

Abb. 3.**7** Die kulturunabhängigen, genetisch vorgegebenen Grundemotionen im mimischen Ausdruck.

tiv feste Distanzzonen (Abb. 3.**8**), deren Umfang aber wiederum von individuellen, sozialen und kulturellen Faktoren abhängig ist. Introvertierte Menschen bevorzugen eine größere räumliche Distanz als Extrovertierte. Im Status Höheren, z.B. dem Chef, gewährt man einen größeren persönlichen Raum als Rangniedrigeren. In unterentwickelten Ländern ist der persönliche Bereich des einzelnen aufgrund der beengten Lebensverhältnisse erheblich knapper bemessen als in den wohlhabenden Industriegesellschaften. Den Distanzzonen entsprechen Verhaltensweisen, die sich auf den Nahbereich, also z.B. Wohnung oder Büro beziehen (Territorialverhalten). Während man etwa vertraute Menschen vorbehaltlos in die eigene Wohnung oder das Dienstzimmer einlässt, hält man fremde zunächst an der Tür auf, bis man ihre Vertrauenswürdigkeit geprüft hat. Mit dem Raumverhalten stehen Faktoren des Geruchs- (Körpergeruch, Mundgeruch, Parfüm, Raumduft u.a.) und Wärmeempfindens (z.B. Raumtemperatur) in Verbindung.

- *Körperkontakt* (Haptik): Formen der körperlichen Berührung sind z.B. Anfassen, Drücken, Stoßen, Schlagen, Streicheln, die Hand geben, die Hände auflegen, Umarmen, Zwicken, Kitzeln und Küssen. Die Berührung ist die intensivste Kommunikationsform überhaupt und steht in engem Zusammenhang mit dem Wärmeempfinden (z.B. kalte, warme Hände). Sie unterliegt relativ strengen Konventionen. Der Körperkontakt ist bestimmten Situationen intimer (Sexualität, Partnerschaft, Erwachsener-Kind-Verhältnis u.a.), zweckgerichteter (Pflege, ärztliche Behandlung, Besuch beim Frisör usw.), spielerischer (z.B. Tanzen,

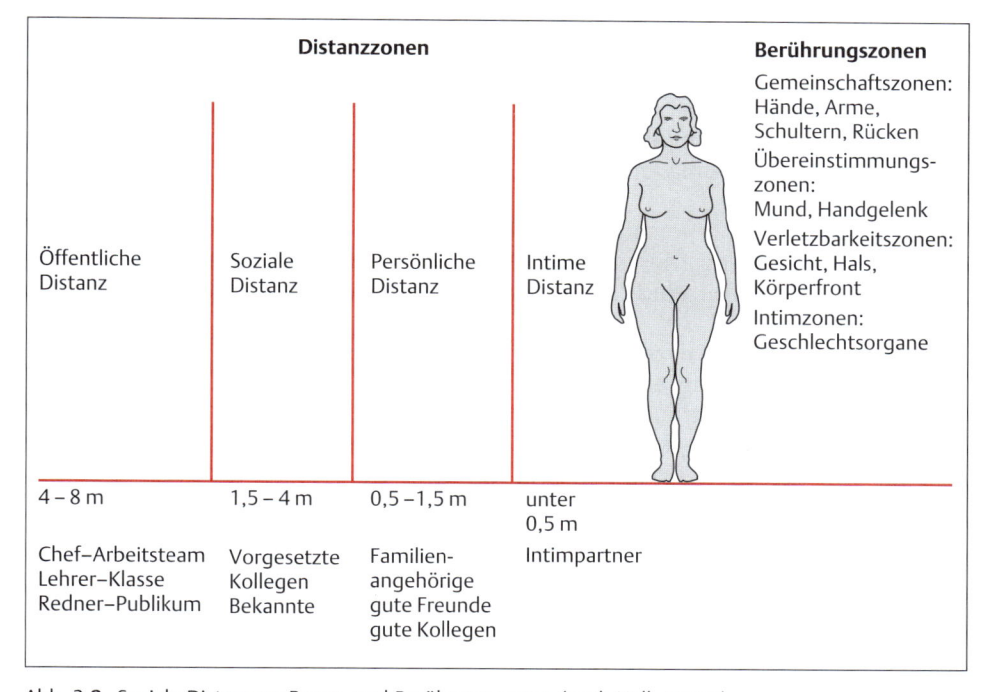

Distanzzonen				Berührungszonen
Öffentliche Distanz	Soziale Distanz	Persönliche Distanz	Intime Distanz	Gemeinschaftszonen: Hände, Arme, Schultern, Rücken Übereinstimmungszonen: Mund, Handgelenk Verletzbarkeitszonen: Gesicht, Hals, Körperfront Intimzonen: Geschlechtsorgane
4–8 m	1,5–4 m	0,5–1,5 m	unter 0,5 m	
Chef–Arbeitsteam Lehrer–Klasse Redner–Publikum	Vorgesetzte Kollegen Bekannte	Familienangehörige gute Freunde gute Kollegen	Intimpartner	

Abb. 3.**8** Soziale Distanzen: Raum- und Berührungszonen (nach Hall, Morris).

Sport) oder ritueller Art (z. B. Handauflegen beim Segnen) vorbehalten. Zudem hängt es von der Art der Beziehung ab, welche Körperteile der Kommunikationspartner berühren darf und welche nicht (vgl. Abb. 3.**8**). Körperliche Übergriffe und gewaltsame Berührungen, z. B. bei Körperverletzung, sexuellem Missbrauch oder Folter, werden vom Opfer als massiver Eingriff in die persönliche Integrität erlebt. Berührungen können aber auch wohltuende und heilende Wirkung haben, wie z. B. Massage, Basale Stimulation oder Berührungstherapie. Menschen pflegen bedeutet, soziale Grenzen ständig zu übertreten, nicht nur in der Intimpflege. Behutsames Vorgehen ist deshalb Pflicht. Wichtig ist aber auch, hilfreiches Berühren als Mittel der Pflege gezielt einzusetzen.

3.4.5 Zusammenhang zwischen Laut- und Körpersprache

Die körpersprachlichen Ausdrucksformen stehen in einem engen Verhältnis zur Lautsprache. Nach dem Grad der Abhängigkeit unterscheidet man sprachgebundene (Sprechweise, Schreibweise), sprachgetragene (Stimme), sprachbegleitende (Mimik), spracherweiternde (Gestik, Proxemik, Haptik) und sprachunabhängige, persönlichkeitsdarstellende Formen (äußere Erscheinung, Mode). Die **Körpersprache** übernimmt gegenüber der Lautsprache verschiedene Aufgaben:

- *Ordnung*: Sie bereitet das Gespräch vor, gliedert den Redefluss, lenkt den Verlauf der Kommunikation und macht es dadurch dem Empfänger leichter, das Gesagte aufzunehmen und zu behalten. So signalisieren Blickkontakt und körperliche Zuwendung Gesprächsbereitschaft. Die Sprachmelodie kennzeichnet die Satzart. Sprechpausen geben der Rede eine Struktur. Durch Betonung werden neue und wichtige Informationen hervorgehoben. Hand- und Körperbewegungen untermalen das Gesagte.
- *Erweiterung*: Die Körpersprache unterstreicht und bekräftigt das sprachlich Ausgedrückte, verdeutlicht also den Inhalt der Äußerung. Z. B. entspricht dem Zuruf *Komm doch!* eine einladende Geste. Ein *Hallo!* wird durch einen Wangenkuss verstärkt.
- *Abwandlung*: Die Körpersprache bewertet und verändert die sprachliche Bedeutung einer Äußerung. Dies ist etwa der Fall, wenn jemand der Behauptung seines Gegenübers stirnrunzelnd (Bedenken) oder ironisch lächelnd (Entwertung) mit *Ja* zustimmt.
- *Widerspruch*: Die Körpersprache kann in einem Gegensatz zum Gesagten stehen oder eine Verneinung ausdrücken. Beispiel: Eine Patientin äußert ihren Verwandten gegenüber traurig, ihr gehe es sehr gut.
- *Ersetzung*: Körpersprache kann die Sprache ganz ersetzen. Kopfschütteln kann z. B. an die Stelle eines verbalen *Nein* treten.

Lautsprache und Körpersprache als alternative Kommunikationssysteme
Die Sprache ist das zentrale Kommunikationsmittel des Menschen, dem die körpersprachlichen Ausdrucksmittel zugeordnet sind. In bestimmten Situationen, wie zum Beispiel bei der Kommunikation mit schwerkranken und sterbenden Menschen, übernimmt jedoch die Körpersprache, vor allem in ihrer taktilen Form, weitgehend die Aufgabe der Lautsprache. Die Sprache des Körpers ist der Lautsprache mitunter da überlegen. wo die Beziehung zum Partner ganz im Vordergrund steht.

3.5 Wie kann man Kommunikation verbessern?

3.5.1 Kommunikationsprobleme

Die völlig störungsfreie Kommunikation ist ein Ideal, das im Alltag längst nicht immer erreicht wird. *Kommunikationsstörungen* können auf allen Ebenen des Verständigungsprozesses auftreten (Tab. 3.**2**). Sie entstehen ohne Absicht, z. B. durch das Benutzen eines unverständlichen Wortes, oder werden bewusst herbeigeführt wie das Auspfeifen eines Redners. Wenn der Empfänger durch falsche Informationen oder gefühlsmäßige Beeinflussung in seiner Reaktionsweise nicht mehr frei ist, liegt Manipulation vor. Übertragungsstörungen betreffen die natürlichen Gegebenheiten des Kanals (z. B. Umgebungslärm), Verarbeitungsstörungen physiologische und psychologische Aspekte der En- und Dekodierung (z. B. Sprachstörungen, siehe Kap. 2.5), Beziehungsstörungen die Einstellung gegenüber dem Partner.

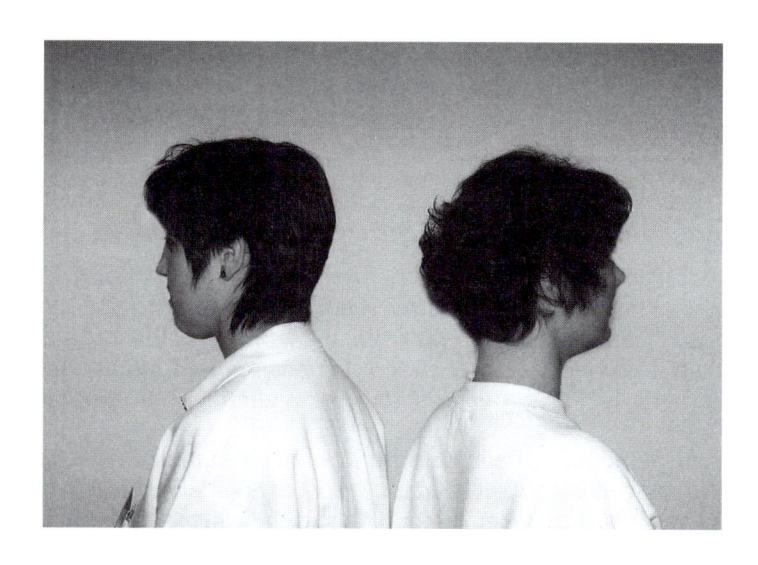

Tabelle 3.2 Kommunikationsstörungen.

Übertragungs-störungen	Verarbeitungsstörungen		Beziehungsstörungen
(physikalische Störungen)	Physiologische Störungen	Kognitive Störungen	(einstellungsbedingte Störungen)
• Ungünstiger Ort (z. B. Lärm, Ablenkung, große Distanz, Hitze, Feuchtigkeit, Gestank) • Ungünstige Zeit (z. B. Zeitknappheit, Stress)	• Sprachstörungen • Sprechstörungen • Stimmstörungen • Schreibstörungen • Lesestörungen • Störungen der Körpersprache • Hörstörungen • Sehstörungen • Störungen des Tastsinns • Störungen des Geruchssinns • Störungen des Geschmackssinns	• Unterschiedliche Erfahrungen und Sichtweisen der Partner (z. B. Fachwissen, Bildung, Interessen, Schicht) • Verschiedene Kodes (Sprachen, sprachliche, körpersprachliche Stile) • Unterschiedliche emotionale Bedeutung von Ausdrücken • Unklare, mehrdeutige, widersprüchliche Äußerungen • Absichten werden nicht erkannt, Zusammenhänge nicht durchschaut, verbale oder nonverbale Signale nicht oder falsch verstanden • Verfälschung der Wahrheit (Täuschung, Lüge) • Emotionale Beeinflussung (Wecken von Bedürfnissen, Angsterzeugung)	• Gestörtes Selbstbild (Hemmungen, Angst, Unsicherheit, Scham- und Schuldgefühle, Schüchternheit) • Gestörtes Fremdbild (falsche Erwartungen, Fehleinschätzung des Partners, Vorurteile, Tabus) • Fehlende oder gestörte Beziehung (Desinteresse, starre Hierarchie, Machtansprüche, Rivalitäten usw.) • Rollenunsicherheit • Verweigerung oder Entwertung der Kommunikation, innerliche Distanzierung • Versteckte Vorwürfe, verdeckte Appelle • Offene Aggression • Abwertung des anderen, Schuldzuweisungen, Prophezeiungen • Beziehungsblindheit • Ich-Bezogenheit

Störungen der Beziehung zwischen den Kommunikationspartnern kommen auf verschiedene Weise zustande.

- Eine Botschaft, häufig eine nonverbale, wird *falsch gedeutet*: Schwester Beate hat zahlreiche Neuzugänge auf der Station zu bewältigen und kann deshalb nicht auf jeden einzelnen Patienten besonders eingehen. Ein Patient schließt daraus, sie könne ihn persönlich nicht leiden und verhält sich ihr gegenüber von nun an reserviert.
- Die Kommunikationspartner nehmen beim Kommunizieren eine *unterschiedliche Interpunktion* vor: Ein Angehöriger sucht das Gespräch mit der Stationsschwester. Diese geht auf Distanz, indem sie im Vorbeieilen *Keine Zeit, keine Zeit!* ausruft und entschwindet. Der Angehörige ist verärgert. Oder: Eine Krankenschwester nimmt aufgrund schlechter Erfahrungen grundsätzlich eine

Verteidigungshaltung gegenüber den Angehörigen von Patienten ein, mit der Folge, dass ihre Negativerfahrungen immer wieder bestätigt werden. Hierbei handelt es sich um eine sich selbst erfüllende Voraussage.
- *Verborgene Beziehungsprobleme* werden auf der Sachebene ausgetragen: Zwei Kolleginnen streiten schon länger um eine relativ unwichtige Sachfrage. Dahinter steht unausgesprochen ein gegenseitiger Konkurrenzneid.
- Die *Bilder*, die die Partner von ihrer Beziehung haben, *stimmen nicht überein*: Eine Führungskraft versteht sich als fürsorgliche Vorgesetzte, während sie bei ihren Mitarbeitern als autoritär gilt. Selbst gut gemeinte Gesprächsangebote interpretieren diese deshalb als Forderung oder Drohung. Die Mitarbeiter haben prinzipiell drei Handlungsmöglichkeiten: sich mit dem Missverhältnis abzufinden, es zur Sprache zu bringen und damit den ersten Schritt zur Veränderung zu machen oder die Kommunikation abzubrechen.
- Ein Konflikt in einer symmetrischen Beziehung (z. B. einer Ehe oder unter Kolleginnen) eskaliert, weil jeder für sich eine Vorrangstellung beansprucht. Oder: Ein Partner hält starr an einer komplementären Beziehung fest, obwohl sich die *Beziehungsstruktur* längst *verändert* hat. Z. B. bleiben Schülerinnen in der Pflege nicht immer Schülerinnen. Sie sind irgendwann ausgebildet, wollen auf der Station neue Ideen einbringen und Dinge verändern. Manchmal bekommen sie dann zu hören: *Das machen wir schon immer so.*
- Von *paradoxer Kommunikation* oder Beziehungsfalle spricht man, wenn in einer komplementären Beziehung der eine Partner an den von ihm abhängigen Partner widersprüchliche Aufforderungen richtet. Diese Inkongruenz kann zwischen verbalen Äußerungen oder verbalen und nonverbalen Äußerungen auftreten. Der Partner wird dadurch verunsichert. Eine länger andauernde paradoxe Konstellation (Doppelbindung) führt beim unterlegenen Partner durch die fehlende Möglichkeit, sich zurückzuziehen oder sich mit seinem Gegenüber auseinanderzusetzen, zu Ohnmachtsgefühlen und längerfristig zur Gefährdung seiner psychischen Stabilität. Beispiel: Eine Stationsleiterin äußert einer engagierten Mitarbeiterin gegenüber immer wieder den Satz: *Mir sind selbständig arbeitende Pflegekräfte außerordentlich wichtig.* Auf der nonverbalen Ebene signalisiert sie jedoch: *Nur ich entscheide, was getan wird.*

Unter Umständen überlagert eine gestörte Beziehung die Bearbeitung von Sachfragen so stark, dass ein Ergebnis nicht mehr erzielt werden kann. Deshalb ist es wichtig, den Sachbereich rechtzeitig zu verlassen und sich an die offene Klärung der Beziehung zu machen. Diese Kommunikation über Kommunikation nennt man *Metakommunikation.* Sie setzt die Bereitschaft zur Auseinandersetzung mit sich selbst und zum Zugeben von Schwächen voraus. Ein gesteigertes Maß an Metakommunikation ist freilich ebenso wie die Unfähigkeit dazu Anzeichen einer gestörten Beziehung. In diesen Fällen ist Hilfe von außen nötig (Supervision, Therapie).

> **Eine Hilfe zur Einschätzung kommunikativer Vorgänge**
> Die Transaktionsanalyse (TA), die auf den amerikanischen Psychiater Eric Berne (1910–1970) zurückgeht, kann helfen, Kommunikationsprozesse besser zu verstehen und unangemessenes Verhalten zu verändern (Berne 1997). Eine **Transaktion** ist das Verhältnis von Reiz und Reaktion zwischen den Ich-Zuständen (Gefühle, Gedanken und Verhalten) zweier Personen. Um sie einordnen zu können, wird von einem dreistufigen Persönlichkeitsmodell, bestehend aus Eltern-, Erwachsenen- und Kindheits-Ich ausgegangen (Abb. 3.**9**).
>
> - Bei *Paralleltransaktionen* erfolgen Reiz und Reaktion aus demselben Ich-Zustand. Die Transaktion ist stimmig. Beispiel: Zwei Krankenschwestern klären miteinander ein fachliches Problem (Ebene des Erwachsenen-Ichs).
> - Bei *Kreuztransaktionen* kommt die Reaktion nicht aus dem Ich-Zustand, auf den der Reiz zielte. Die dadurch hervorgerufene Unterbrechung verlangt von den Partnern, ihr Verhältnis zu überdenken. Beispiel: Eine Krankenschwester sagt zu ihrer Kollegin ohne jeglichen Vorwurf: *Ich glaube, bei Herrn Fink entwickelt sich ein Dekubitus.* (Ebene des Erwachsenen-Ichs) Diese antwortet beleidigt: *Ich bin daran nicht schuld. Anna ist dafür verantwortlich.* (Reaktion vom Kindheits- zum Eltern-Ich)
> - Konfliktträchtig sind vor allem *verdeckte Transaktionen*, bei denen zwei Ich-Zustände gleichzeitig angesprochen werden. Beispiel: Die Krankenschwester sagt zu ihrer Kollegin in vorwurfsvollem Ton: *Ich glaube, bei Herrn Fink entwickelt sich ein Dekubitus.* (verbal Ebene des Erwachsenen-Ichs, paraverbal Reiz vom Eltern- zum Kindheits-Ich) Diese antwortet beleidigt: *Ich bin daran nicht schuld. Anna ist dafür verantwortlich.* (Reaktion vom Kindheits- zum Eltern-Ich)

3.5.2 Grundsätze für das Gelingen sozialer Kommunikation

Der amerikanische Philosoph H. Paul Grice geht davon aus, dass freie Kommunikation auf der vernünftigen Zusammenarbeit der Partner beruht. Aus diesem Kooperationsprinzip leitet er vier Konversationsmaximen (Maxime = Leitsatz) ab, deren oft unbewusste Einhaltung das Gelingen von Kommunikation gewährleistet (Grice 1975). Beiträge zur Kommunikation sollen 1. wahr, 2. informativ, 3. zweckgerichtet und 4. verständlich sein (Tab. 3.**3**).

Beispiele für **Verstöße gegen die Konversationsmaximen** sind:

- *Wahr*: Wenn die zu spät in den Unterricht gekommene Schülerin sich schon zum dritten Mal innerhalb einer Woche mit der Begründung entschuldigt, die Straßenbahn sei mit einem Auto zusammengestoßen, kommt dem Lehrer allmählich der Verdacht, dass da etwas nicht stimmt.
- *Informativ*: Wenn ich meine Arbeitskollegin nach der Uhrzeit frage und sie mit *Fünf vor* antwortet, ist der Informationsgehalt dieser Aussage so gering, dass ich noch einmal nachfragen muss: *Vor was?*
- *Zweckgerichtet*: Wenn ich meine Kollegin nach der Uhr frage und sie mit einem Redeschwall antwortet – *Fünf vor fünf. Mensch, ich muss noch schnell was einkau-*

Wie kann man Kommunikation verbessern?

kritisch
fordernd
bevormundend
helfend
fürsorglich
wohlwollend

Eltern-Ich ⟷ Eltern-Ich

Werte, Ideale,
Normen, Gesetze,
Gebote, Verbote

vernünftig
sachlich
realistisch

Erwachsenen-Ich ⇢ Erwachsenen-Ich

zweckorientierte Vernunft
sachliche
Auseinandersetzung

spontan
natürlich
unbefangen
angepasst
gehorsam
brav
trotzig
unwillig
rebellisch

Kindheits-Ich   Kindheits-Ich

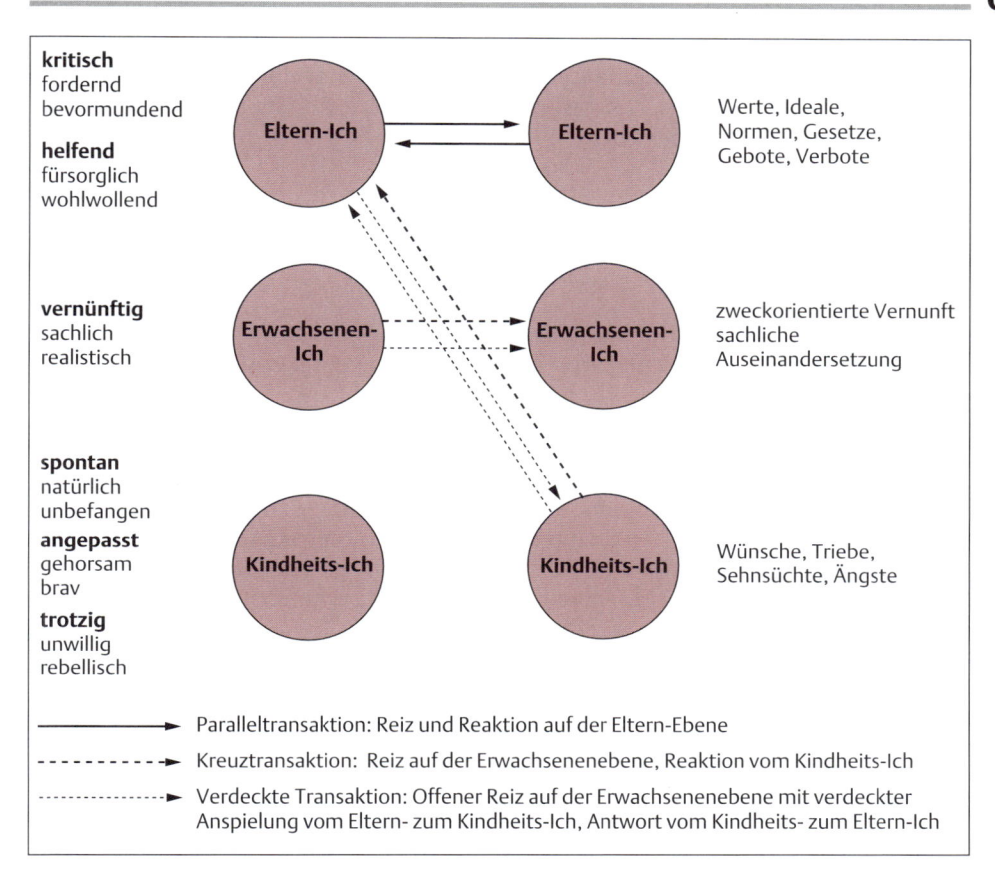

Wünsche, Triebe,
Sehnsüchte, Ängste

⟶ Paralleltransaktion: Reiz und Reaktion auf der Eltern-Ebene
⇢ Kreuztransaktion: Reiz auf der Erwachsenenebene, Reaktion vom Kindheits-Ich
⋯▸ Verdeckte Transaktion: Offener Reiz auf der Erwachsenenebene mit verdeckter Anspielung vom Eltern- zum Kindheits-Ich, Antwort vom Kindheits- zum Eltern-Ich

Abb. 3.9 Transaktionen (nach Berne).

fen. Meine Schwiegermutter kommt heute Abend. Ich habe noch gar nichts vorbereitet... – dann denke ich mir, dass sie ganz schön unter Druck steht, ärgere mich aber auch zugleich, weil ich das alles gar nicht wissen wollte und selber ziemlich fertig von der Arbeit bin.

Tabelle 3.3 Konversationsregeln nach Grice.

Grundsatz der Zusammenarbeit (Kooperation)	Richte deinen Beitrag am Zweck und Verlauf des Gesprächs aus.
Leitsatz der Güte (Qualität)	Sag die Wahrheit. Oder gib an, wie wahrscheinlich das Gesagte ist.
Leitsatz der Menge (Quantität)	Sag so viel wie nötig, nicht zu wenig und nicht zu viel.
Leitsatz der Bedeutung (Relevanz)	Äußere nur, was für dich oder den anderen wichtig ist.
Leitsatz der Art und Weise (Modalität)	Äußere dich klar und deutlich. Vermeide Unbestimmtheit, Mehrdeutigkeit und Weitschweifigkeit.

- *Verständlich*: Wenn die Krankenpflegeschülerin beim mündlichen Examen trotz mehrmaliger Aufforderung, lauter zu sprechen, weiterhin kaum zu verstehen ist, beginnt der Prüfer sich zu ärgern und stellt Fragen, die er unter normalen Umständen nicht gestellt hätte.

3.6 Pflegerische Sicht der Kommunikation

Die meisten Pflegemodelle berücksichtigen Kommunikation als wesentlichen menschlichen Lebensbereich. Zwei unterschiedliche Blickwinkel werden dabei eingenommen:

Bedürfnismodelle

Bedürfnismodelle (Vertreterinnen: Virginia Henderson (*1897), Nancy Roper (*1918), Dorothea Orem (*1910), Liliane Juchli (*1933)) betrachten Kommunikation als grundlegendes Bedürfnis, das durch Krankheit oder Pflegebedürftigkeit beeinträchtigt ist. Die Pflege sucht, soweit möglich, entsprechende Defizite auszugleichen und Kommunikationsmöglichkeiten zu erhalten.

> **Zitat**
>
> „Die individuellen Lebensgewohnheiten des Patienten sollten während der Krankheit möglichst beibehalten werden, sofern sie nicht für die Gesundheit des Patienten schädlich sind. Daher sollte die Krankenschwester über diese Gewohnheiten Bescheid wissen und dieses Wissen bei einem individualisierten Pflegeplan anwenden. Über das, was der Patient kann und nicht kann, sollte sich die Krankenschwester anhand der folgenden Fragen ein Bild verschaffen.
>
> - Wie sind die Kommunikationsgewohnheiten des Patienten?
> - Welche Faktoren beeinflussen die Art und Weise, wie der Patient kommuniziert?
> - Was weiß der Patient über die Kommunikation?
> - Welche Einstellung hat der Patient zur Kommunikation?
> - Hatte der Patient je Schwierigkeiten mit dem Kommunizieren und wie hat er diese bewältigt?
> - Hat der Patient im Moment irgendwelche Probleme mit dem Kommunizieren oder werden Probleme voraussichtlich entstehen?
>
> Vor allem im Krankenhaus ist das Kommunizieren das einzige Mittel des Patienten, Genaueres über seine Krankheit zu erfahren, dem Personal seine Probleme mitzuteilen, mit seinen Angehörigen in Kontakt zu bleiben und mit seinen Mitpatienten zu verkehren. Wie gut die kommunikativen Fähigkeiten auch sein mögen, aus einem Gewöhnungsprozeß an eine neue Umgebung wie die des Krankenhauses ergeben sich doch oft Schwierigkeiten." (Roper u. Mitarb. 1993)

Beziehungsmodelle

Beziehungsmodelle (Vertreterinnen: Ida Jean Orlando Pelletier, Joan Riehl Sisca) verstehen Kommunikation als Kraftquelle, die einen wesentlichen Beitrag zur Beurteilung und Bewältigung der Krankheit und ihrer Folgen durch den Kranken selbst (Coping) leisten kann. Nach diesem Verständnis ist Pflege vom Grund her ganzheitliche Beziehungsarbeit und beruht auf gegenseitigem Vertrauen, Wertschätzung und Toleranz. Sie besitzt therapeutische Qualität.

Zitat

„Das wichtigste Instrument für den Therapeuten ist (...) die Fähigkeit zu kommunizieren, und zwar so, daß die Inhalte unmißverständlich deutlich werden. Das Gespräch mit dem Patienten gibt dem Pflegenden die Information an die Hand, mit deren Hilfe der Pflegeprozeß in Gang gesetzt werden kann. Werden die einzelnen Schritte aufmerksam verfolgt, können sie therapeutisch wirksam, aber auch wirksamer Teil einer Gesamttherapie sein. Zugleich dient die eindeutige Kommunikation dem Aufbau einer Beziehung zwischen Patient und Pflegeperson. (...) Dem Patienten wird geholfen, in Unordnung geratene Lebensaktivitäten neu und klar zu reflektieren und damit ‚in Ordnung' zu bringen. Diese Vorstellung scheint mir sehr hilfreich, wenn es darum geht, im Pflegebereich eigene therapeutische Qualitäten wiederzuentdecken. (...) Therapie gewinnt damit eine neue, über unser heutiges Verständnis hinausgehende Bedeutung: *Therapieren* heißt nicht mehr allein *erhalten* und *wiederherstellen* (was oft als Heilerfolg gesehen wird), sondern auch *akzeptieren* und *begleiten* in Situationen, die sich nicht mehr beeinflussen lassen. In letzter Konsequenz heißt dies: nicht unbedingtes Verhindern des Todes, sondern Annahme und Begleitung bis zum Ende, bis zur natürlichen Grenze des Lebens. (Kellermann 1994)

Literaturempfehlungen

Delhees, K. H.: Soziale Kommunikation. Psychologische Grundlagen für das Miteinander in der modernen Gesellschaft. Westdeutscher Verlag, Opladen 1994

Schulz von Thun, F.: Miteinander reden, Bd. 1. Rowohlt, Reinbek 1994

Welche Rolle spielen Fachsprachen in der Pflege?

4 Professioneller Sprachgebrauch im Beruf: Fachsprachen

„Kann eigentlich Fremdwörter nicht leiden. Aber mitunter sind sie doch ein Segen. Wenn ich so zwischen Hydropsie und Wassersucht die Wahl habe, bin ich immer für die Hydropsie. Wassersucht hat so was kolossal Anschauliches."

(Dubslav in Theodor Fontanes Roman „Der Stechlin")

4.1 Was heißt *Puerperalfieber*?

Unterricht

Im Unterricht wird die Geschichte der Krankenhaushygiene behandelt. die Lehrerin, Frau Schmidt, fragt zu Beginn der Stunde, ob der Klasse der Begriff *Puerperalfieber* bekannt ist. Kerstin meldet sich: „Das bedeutet, glaub' ich, äh, *Kindbettfieber* - oder?" Frau Schmidt: „Genau! Das *Kindbett-* oder *Wochenbettfieber* ist eine Infektion der Geburtswege nach der Geburt. Schlimmstenfalls kommt es zu einer schweren Blutvergiftung, einer Puerperalsepsis. das ist sehr gefährlich. Deshalb ist sie auch meldepflichtig." Corinna fragt nach: „Isch des net vom Semmelweis entdeckt worda?" Julia bestätigt: „Ja, der österreichisch-ungarische Frauenarzt Ignaz Semmelweis entdeckte um die Mitte des letzten Jahrhunderts die Infektiosität des Kindbettfiebers und führte die Asepsis als Schutz- und Vorbeugemaßnahme ein. Seitdem waschen die Ärzte ihre Hände in einer Desinfektionslösung, bevor sie die Gebärenden untersuchen." Die vor kurzem aus Kasachstan nach Deutschland übergesiedelte Swetlana ist im Deutschen noch nicht ganz sicher. Vor allem Fachbegriffe machen ihr manchmal Schwierigkeiten. Dann schaut sie in einem deutsch-russischen Wörterbuch nach, das sie immer dabei hat. Auch jetzt nimmt sie es vor. Ihr Nebensitzer Frank hilft suchen. *Wochenbett* heißt im Russischen „послеродовой период". Frank flüstert ihr zu: „Echt cool das Wort."

Das Beispiel zeigt, wie vielfältig die Sprechweisen im Unterrichtsalltag sind. Hochdeutsch, Umgangssprache, Dialekt, Jugendjargon, Fachwörter, unterrichtssprachliche und fremdsprachliche Bestandteile mischen sich durcheinander. Ähnlich ist es in den praktischen Arbeitsbereichen der Pflege. Auch dort begegnen den Pflegekräften die unterschiedlichsten Sprachformen und Ausdrucksweisen.

4.2 Gliederung des Deutschen

4.2.1 Sprachebenen

Das Deutsche wird als Muttersprache von ca. 90 Mio. Menschen in Deutschland, Österreich, der Schweiz und Liechtenstein und als Mutter- oder Zweitsprache von ca. 40 Mio. Menschen in Frankreich (Elsass), Italien (Südtirol), Belgien, Rumänien, Polen, den GUS-Staaten und verschiedenen außereuropäischen Einwanderungsländern (USA, Kanada, Argentinien u. a.) gesprochen. Es ist nicht völlig einheitlich, sondern gliedert sich in mehrere sich überlagernde *Sprachebenen* (Sprachvarianten). Sie werden nach sozialen, regionalen, funktionalen und situativen Gesichtspunkten eingeteilt.

Träger sozial definierter *Gruppensprachen* (Soziolekte) sind Altersgruppen (z. B. Jugendjargon, Studentensprache), Gesinnungsgruppen (z. B. Sprache der Kirche, der Parteien), Freizeitgruppen (z. B. Sportlersprache), geschlechtsspezifische Gruppen (Frauen-, Männersprache), soziale Schichten (z. B. Unterschicht-, Oberschichtsprache) u. a. Charakteristisch für diese mündlichen Sprachformen ist vor allem der besondere Wortschatz.

Dialekte (Mundarten) werden in einem begrenzten Gebiet gesprochen (Abb. 4.1). Die deutschen Dialekte sind älter als das Hochdeutsche. In der modernen Industriegesellschaft ist ihre Bedeutung jedoch zurückgegangen. Unter dem Einfluss der Massenmedien und durch die hohe Mobilität der Bevölkerung haben sich örtliche Eigenheiten angeglichen. Andererseits wird im privaten Bereich weiterhin oft Dialekt gesprochen. Im süddeutschen und österreichischen Raum ist er ohnehin bis in den öffentlichen Bereich hinein gegenwärtig. In der Schweiz steht er gleichwertig neben dem Hochdeutschen.

In bestimmten Bereichen der Gesellschaft vorkommende *Zwecksprachen* (Funktiolekte) sind die Hochsprache, die Umgangssprache, die Sprache der Verwaltung und der Gesetze, der Literatur, der Medien und die Fachsprachen. Als Hochsprache (Standardsprache) gilt die überregionale, schriftliche und auch mündliche Sprachform der Mittel- und Oberschicht. Sie dient als öffentliches Verständigungsmittel und ist in Wortgebrauch, Grammatik, Aussprache und Rechtschreibung weitgehend normiert. Die sprachlichen Regeln werden durch die Medien und vor allem die Schule vermittelt und kontrolliert. Das Beherrschen der Hochsprache wird als wesentlicher Bestandteil von Bildung angesehen. Das Hochdeutsche hat seinen Ursprung in der frühen Neuzeit (15.–17. Jahrhundert), wo sich im Zusammenhang mit der Reformation und Martin Luthers (1483–1546) Bibelübersetzung, der Erfindung des Buchdrucks und dem Aufstieg des Bürgertums erste Ansätze einer noch regional begrenzten Einheitssprache entwickelten. Erst im 18. Jahrhundert entstand durch den Ausgleich zwischen Nord- und Süddeutschland eine einheitliche Schriftsprache. Die Umgangssprache (Alltagssprache) wird in mündlichen, eher informellen, privaten Situationen gesprochen. Sie ist vom regionalen Dialekt beeinflusst, vermeidet aber ausgeprägtere Dialekteigentümlichkeiten. Wie dieser hat sie einen natürlichen, spon-

Abb. 4.1 Die deutschen Dialekte.

tanen Charakter und verwendet gerne Kraftausdrücke und bildhafte Redewendungen.

Der Sprachgebrauch ist auch abhängig von der *Kommunikationssituation.* Man unterscheidet mündliche und schriftliche, informelle (z. B. Gespräch mit den Eltern, Smalltalk auf einer Party) und formelle (z. B. Schreiben an eine Behörde, Arbeitsvertrag), vorbereitete und unvorbereitete Situationen, in denen man jeweils anders spricht oder schreibt. Im Schnittpunkt der verschiedenen Sprachformen steht der Einzelne mit seinen sprachlichen Fähigkeiten und Eigenheiten (Eigensprache), der sich des Sprachregisters (Sprachstils) bedient, das der Situation angemessen ist. Bei der Förderung der sprachlichen und kommunikativen Kompetenz in der Schule geht es darum, das *Sprachrepetoir* der Schülerinnen und Schüler zu erweitern und ihnen dadurch mehr Handlungsmöglichkeiten zu eröffnen.

4.2.2 Sprachbarrieren

Eingeschränkte sprachliche Fähigkeiten (Sprachdefizite) und von der Norm des Hochdeutschen abweichende Arten des Sprachgebrauchs sind häufig mit sozialer Benachteiligung verbunden. Man spricht dann von einer *Sprachbarriere*.

Defizite werden oft den Sprechern von Dialekt und Umgangssprache zugeschrieben. Der englische Soziologe Basil Bernstein stellte um 1960 die Behauptung auf, die Angehörigen der Unterschicht benutzten eine eingeschränkte Sprache, die durch einfache, oft unvollständige Sätze, geringe Abwechslung im Wortgebrauch und eine Häufung klischeehafter Redewendungen gekennzeichnet sei. Differenzierter sei dagegen die in Schule, Beruf und Öffentlichkeit als Maßstab geltende Sprachform der Mittelschicht (Bernstein 1972). Diese Defizithypothese löste in den 70er Jahren eine heftige Diskussion über den Stellenwert von Umgangssprache und Dialekt im Bildungswesen aus und mündete in die Forderung nach einer *kompensatorischen Spracherziehung*, die die schichtbedingten Nachteile ausgleichen und Chancengerechtigkeit herbeiführen sollte. Heute ist man davon weitgehend abgerückt. Denn Dialekt und Umgangssprache besitzen eine erstaunliche Vielfalt an Ausdrucksmöglichkeiten und schneiden im Vergleich zur Hochsprache keinesfalls immer schlechter ab. Für die Bewältigung handlungs- und gruppenbezogener Situationen eignet sich die Umgangssprache oft besser als die eher an schriftlicher Kommunikation orientierte Hochsprache. Für die Schule bedeutet dies, Dialekt und Umgangssprache nicht als minderwertig abzuqualifizieren, sondern ihren Sprecherinnen und Sprechern das Erlernen eines weiteren, für den Erfolg in Beruf und Gesellschaft unumgänglichen Registers (Hochsprache) neben der Muttersprache zu ermöglichen.

Mit einer echten Sprachbarriere sind hingegen Ausländer und Aussiedler mit geringen Deutschkenntnissen konfrontiert. Die als Erwachsene nach Deutschland Zugezogenen gelangen meist nicht über eine bruchstückhafte Form des Deutschen hinaus. Einschränkungen zeigen sich in der Grammatik, im Wortschatz, in der Aussprache, die sich an der Herkunftssprache orientiert, und im Kommunikationsstil, z. B. in der Verwendung der Du-Anrede. Man nennt diese aus einer schwierigen kulturellen Lage heraus entstandene Sprachvariante *Pidgin-Deutsch*, in Anlehnung an die in Ostasien zur Kolonialzeit geläufige chinesisch-englische Mischsprache (*pidgin* = chin. Aussprache von engl. „business"). Sie ist oft Anlass zu sozialer Diskriminierung und verhindert die gesellschaftliche Eingliederung ihrer Sprecher. Deren Kinder hingegen haben – mit Unterstützung durch Sprachunterricht – gute Chancen, sich das Deutsche ziemlich schnell anzueignen. Für die in Deutschland geborene und aufgewachsene Generation ist es Muttersprache neben der Sprache ihrer Eltern (Bilingualismus = Zweisprachigkeit).

Ein recht hoher Anteil der Pflegekräfte in den Krankenhäusern ist nicht deutschsprachiger Herkunft, so dass man vielerorts von multikulturellen Pflegeteams auszugehen hat. Dies hängt mit dem Pflegenotstand Anfang der 90er Jahre und weitreichenden gesellschaftlich-politischen Veränderungen wie der Rückwanderung deutscher Aussiedler aus Osteuropa, der Aufnahme von Bürgerkriegsflüchtlingen aus dem ehemaligen Jugoslawien und dem Zustrom aus den Entwicklungsländern zusammen. Die Deutschkenntnisse dieser Pflegekräfte sind nicht immer ausreichend.

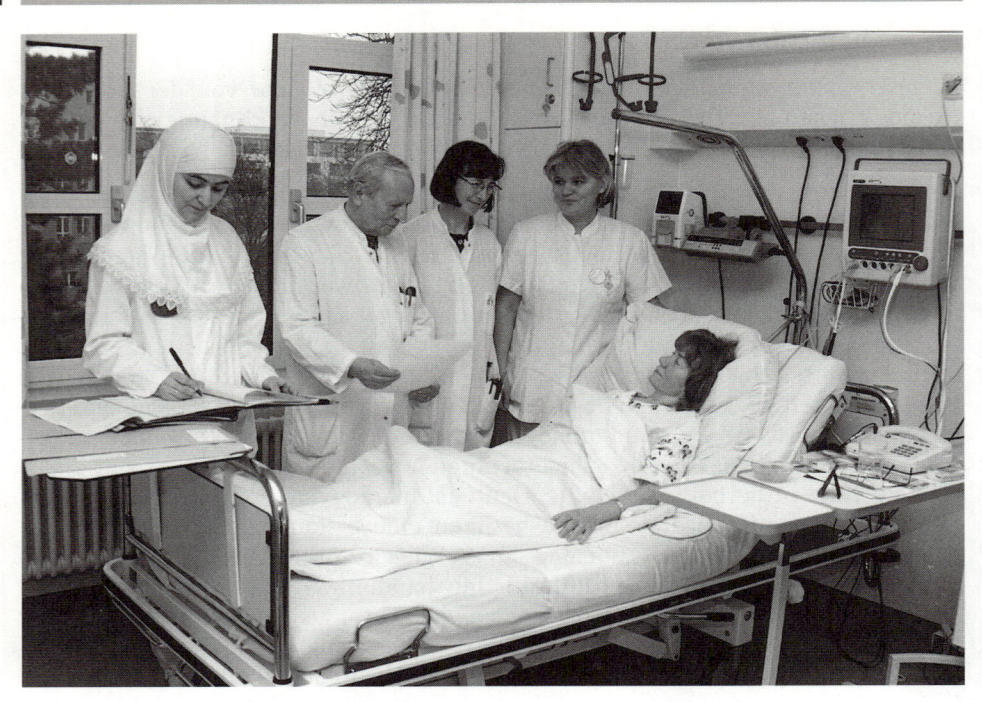

Da Pflegequalität und berufliche Professionalität gute Sprachfähigkeiten voraussetzen, darf die Schulung ihrer sprachlichen Fähigkeiten nicht vernachlässigt werden.

> **Anregungen zur sprachlichen Integration ausländischer Mitarbeiterinnen in der Pflege**
> - Untersuchen Sie, welche Kommunikationsprobleme entstehen, z. B. mit der Pflegedokumentation und im Verhältnis zu Patienten und Mitarbeiterinnen, und wie sie behoben werden können.
> - Informieren Sie sich, wo einschlägige Sprachkurse angeboten werden, welche Zielgruppe (z. B. Anfänger, Fortgeschrittene), Zielsetzung (z. B. Vermittlung allgemeiner oder fachsprachlicher Deutschkenntnisse) und Konzeption (Zeiteinsatz, Gruppengröße, Inhalte, Sprachlernmethode usw.) diese Kurse haben.
> - Grundlegende Deutschkenntnisse für den Beruf vermittelt das Lehrbuch Firnhaber-Sensen, U., G. Schmidt: Deutsch im Krankenhaus. Berufssprache für ausländische Pflegekräfte. Langenscheidt, Berlin 1994 (mit Begleitkassette).

Der unterschiedliche kulturelle Hintergrund, sprachliche Probleme und soziale Barrieren, z. B. bei der Intimpflege, erschweren teilweise auch die Arbeit mit ausländischen Patienten und ihren Angehörigen. Das Konzept der *transkulturellen Pflege* will deshalb das Verstehen kulturell anders geprägter Menschen fördern und den Blick für deren besondere sprachliche und menschliche Situation schärfen.

> **Hinweise zur Kommunikation mit nicht deutschsprachigen Patienten**
> Auf den Stationen sollten mehrsprachige Formulare, Beschriftungen und Informationsmaterialien vorhanden sein. Wenn auf Deutsch keine Verständigung möglich ist, kann man auf eine den Beteiligten bekannte Fremdsprache ausweichen. Auch Sprachtafeln mit Abbildungen z. B. des Körpers und fremdsprachigen Stichworten helfen weiter. Wichtige krankenhausspezifische Begriffe in fremdsprachiger Übersetzung, von den europäischen Sprachen bis zum Türkischen und Arabischen, enthält:
> Deschka, M., C. Roovers, O. Windholz: Taschendolmetscher Pflege. Ullstein Mosby, Berlin 1996 (Quickies).
>
> Auch mit nonverbalen Mitteln (Zeigen, Vormachen u. Ä.) können Informationen, z. B. über die Einnahme von Medikamenten, übermittelt und Maßnahmen wie z. B. Blutabnahme oder Infusion erklärt werden. Selbst wenn die Patienten und Patientinnen gar nichts verstehen, darf auf Kommunikation nicht verzichtet werden. Gefordert ist eine einfache, klare Sprache, auf keinen Fall ein Pseudo-Pidgin (*Du nix verstehn?* o. Ä.). Zu Übersetzungsdiensten können sprachgewandte Mitarbeiterinnen, Angehörige, Mitpatienten oder bei schwierigen Angelegenheiten, z. B. der Aufklärung über eine Operation, professionelle Dolmetscher oder Dolmetscherinnen herangezogen werden. Spezielle Klinikdolmetscher gibt es in Deutschland im Unterschied zu anderen Ländern kaum. Eine Adressenliste mit geeigneten Übersetzern oder Übersetzerinnen sollte der Pflegedokumentation beigefügt oder im Dienstzimmer ausgehängt werden. Mancherorts werden spezielle Fremdsprachenkurse für Pflegekräfte angeboten.
>
> Besonders schwierig ist die Situation nicht deutsch sprechender Kinder. Wenn möglich, sollten Kinder gleicher Sprache auf eine Station gelegt werden, sodass sie und ihre Eltern sich gegenseitig unterstützen können. Eine große Bedeutung für die Erklärung von Zusammenhängen und die Aufarbeitung von Problemen hat das Spiel, das die Sprache als Mittel der Kommunikation weitgehend ersetzen kann.

4.3 Anredeformen und Berufsbezeichnungen

4.3.1 Anredeformen

In der Art der Anrede zeigt sich das Verhältnis zum Kommunikationspartner. *Du* und Vorname benutzt man in persönlicheren symmetrischen Kommunikationssituationen, z. B. mit Verwandten, Freunden oder Bekannten, aber auch in komplementären, die durch ein starkes Gefälle gekennzeichnet sind (Anrede von oben nach unten). Das distanziertere *Sie* sowie die Anrede mit *Herr* oder *Frau* und Nachname, eventuell noch in Verbindung mit einem Titel, einer Dienst- oder Funktionsbezeichnung, z. B. *Prof. Dr., Chefarzt, Pflegedirektorin*, wird in formelleren symmetrischen und in komplementären Situationen (Anrede von unten nach oben) verwendet. Eine Besonderheit ist die Anrede von Krankenschwestern mit dem Wort *Schwester*.

Die zwanzigjährige Krankenschwester Birgit Bußmann wird im Stationsalltag auf verschiedenste Weise angeredet:

- Eine Patientin: *Schwester Birgit, ich habe solche Schmerzen.* (beruflich bestimmte Beziehung)
- Ein Patient: *Schwesterchen, heute müssen Sie sich aber mehr um mich kümmern.* (Abwertung durch Verniedlichung)
- Ein leitender Verwaltungsmitarbeiter: *Guten Morgen, Schwester!* (anonyme Sachlichkeit)
- Ein junger Patient: *Birgit, mir ist gar nicht gut.* (persönliche Annäherung)
- Ein Stationsarzt: *Birgit, bringen Sie mir doch bitte die Patientenunterlagen.* (Über-/Unterordnung)
- Ein Kollege: *Schwester Birgit, könntest Du mir einen Gefallen tun?* (kollegiale Nähe)
- Die Pflegedienstleiterin in einem dienstlichen Schreiben: *Sehr geehrte Frau Bußmann.* (offizielle Höflichkeit)
- Ein Mitarbeiter des Gewerbeaufsichtsamts, der die schwangere Birgit Bußmann auf der Station besucht: *Frau Bußmann, werden die Vorschriften des Mutterschutzgesetzes eingehalten?* (amtliche Sachlichkeit)

Zur Diskussion

Ist die Anrede mit Schwester out?

Die der Verwandtschaftsbezeichnung entlehnte Anrede mit *Schwester* hat ihren Ursprung in den schwesternschaftlichen Gemeinschaften (Mutterhäuser) konfessioneller (katholische Ordensfrauen, evangelische Diakonissen) und nichtkonfessioneller Prägung (Rotes Kreuz u. a.), die im 19. Jahrhundert das Bild der Pflege prägten. Ihre Mitglieder sind nicht nur untereinander Schwestern, sondern auch gegenüber den Patienten. Pflege ist für sie eine Form der christlichen Nächstenliebe, die sich in der persönlichen Hingabe an den Hilfsbedürftigen äußert. In Verbindung mit der besonderen Lebensform fordert die Bezeichnung von Außenstehenden besondere Achtung.

Gegen die überlieferte Anredeform wird eingewandt:

- Das traditionelle Bild von Pflege stimmt nicht mit dem Selbstverständnis der heutigen, meist nicht mehr schwesternschaftlich gebundenen Pflegekräfte überein. Sie gewinnen ihre berufliche Identität nicht aus der persönlichen Hingabe, sondern aus fachlicher Kompetenz. Der Begriff der *Schwester* orientiert sich an dem alten Rollenbild, das der Frau den Bereich der zwischenmenschlichen Beziehung zuweist. Männliche Pflegekräfte sind diesem Bild nicht unterworfen. Folgerichtig gibt es für sie auch keine der *Schwester* entsprechende Anredeform.
- Die Anrede mit *Schwester* und Vorname steht der fachlich-professionellen Kommunikation mit den Patienten im Weg. Sie gibt eine persönliche Nähe vor, die diese zur unzulässigen Überschreitung sozialer Grenzen veranlassen kann.
- Außerdem reduziert sie, zusammen mit der einheitlichen Dienstkleidung, die einzelnen Krankenschwestern in den Augen der Patienten und pflegefremden

Mitarbeiter zu kaum voneinander unterscheidbaren, anonymen Wesen ohne eigene Individualität.

Die Befürworter der Anrede betonen, dass es sich bei ihr im Unterschied zu fast allen anderen Berufsbezeichnungen (meist Bildung mit der Nachsilbe *in*, z. B. *Lehrer-in*, *Arzthelfer-in*) um eine eigenständige weibliche Bildung handelt. Auch heute noch signalisiert sie im positiven Sinn Fürsorge, Wärme und Zuwendung. In ihr kommen das Verhältnis zu den Kranken und der Status der Pflegenden angemessen zum Ausdruck, da sie menschliche Nähe (Pflege als zwischenmenschliche Beziehung) und professionelle Distanz (Schutz vor Übergriffen) miteinander verknüpft. Die Anrede mit *Frau* und Familienname drückt dagegen bloß kühle Fachlichkeit aus und erschwert den Bezug zum einzelnen Patienten.

4.3.2 Berufsbezeichnungen

Die Berufsbezeichnungen der Krankenpflegeberufe sind staatlich geschützt. So schreibt das **Krankenpflegegesetz (KrPflG)** von 1985 vor:

Gesetz

§ 1 (1)
Wer eine der Berufsbezeichnungen
1. „Krankenschwester" oder „Krankenpfleger",
2. „Kinderkrankenschwester" oder „Kinderkrankenpfleger" oder
3. „Krankenpflegehelferin" oder „Krankenpflegehelfer"
führen will, bedarf der Erlaubnis.
§ 2 (1)
Eine Erlaubnis nach § 1 Abs. 1 ist auf Antrag zu erteilen, wenn der Antragsteller
1. die durch dieses Gesetz vorgeschriebene Ausbildungszeit abgeleistet und die staatliche Prüfung bestanden hat,
2. sich nicht eines Verhaltens schuldig gemacht hat, aus dem sich die Unzuverlässigkeit zur Ausübung des Berufs ergibt, und
3. nicht wegen eines körperlichen Gebrechens, wegen Schwäche seiner geistigen oder körperlichen Kräfte oder wegen einer Sucht zur Ausübung des Berufs unfähig oder ungeeignet ist.
§ 25
Ordnungswidrig handelt, wer ohne Erlaubnis nach § 1 Abs. 1 eine der folgenden Berufsbezeichnungen führt:
1. „Krankenschwester" oder „Krankenpfleger",
2. „Kinderkrankenschwester" oder „Kinderkrankenpfleger",
3. „Krankenpflegehelferin" oder „Krankenpflegehelfer".
Die Ordnungswidrigkeit kann mit einer Geldbuße bis zu fünftausend Deutsche Mark geahndet werden.

Die Geschichte der pflegerischen Berufsbezeichnungen spiegelt das bis heute anhaltende Ringen um das Selbstverständnis der Pflege wider. Die erwerbsmäßig Pflegenden hießen im 18. und 19. Jahrhundert *Krankenwärter(innen)*. Sie kamen aus der Unterschicht und waren als meist nicht nennenswert Ausgebildete dem Dienstpersonal gleichgestellt. Die Bezeichnung *Schwester* war nur den Mitgliedern der Schwesternschaften vorbehalten, die ihre Arbeit nicht als Erwerbsberuf verstanden. *Pfleger(in)* bzw. *Krankenpfleger(in)* wurde wohl als Oberbegriff für alle Pflegenden verwendet. Der geringe Status der nicht schwesternschaftlich gebundenen Pflegekräfte kam in moralisch aufgeladenen Benennungen wie *weltliche* oder *wilde Schwester* oder *Unterpersonal* zum Ausdruck. Agnes Karll (1868–1927), die Begründerin der Berufsorganisation der Krankenpflegerinnen Deutschlands (1903), kämpfte für die Gleichberechtigung der „freien" Pflegerinnen mit den Schwestern der Mutterhäuser, auch hinsichtlich ihrer Benennung. Die Mutterhäuser standen ihren Forderungen, die Krankenpflege durch eine staatlich geregelte Ausbildung und Prüfung zu einem „normalen" Beruf weiterzuentwickeln und die Bezeichnung *Schwester* allgemein einzuführen, großenteils ablehnend gegenüber. Umgekehrt hielt Marie Cauer (1861–1950), eine Mitstreiterin Agnes Karlls, die Bezeichnung für nicht vereinbar mit dem Ziel der beruflichen Selbständigkeit. Doch Agnes Karll setzte sich gegen diese Vorbehalte durch.

Die staatliche Regelung der Ausbildung und Prüfung brachte dann die allgemeine Anerkennung der Krankenpflege als Beruf und den gesetzlichen Schutz der Berufsbezeichnung. 1907 wurde in Preußen und in den folgenden Jahren auch in den anderen Ländern die Bezeichnung *staatlich anerkannte Krankenpflegeperson* festgeschrieben. Seit 1927 dürfen sich alle staatlich geprüften Pflegekräfte *Krankenschwester* bzw. *Krankenpfleger* nennen. Die *Säuglingspflegerin*, erstmals 1917 in Preußen staatlich anerkannt, wurde in den 30er Jahren zur *Säuglings- und (Klein-)Kinderschwester* und mit dem Krankenpflegegesetz von 1957 zur *Kinderkrankenschwester*. 1985 erst kam der *Kinderkrankenpfleger* hinzu. Die Bezeichnungen *Krankenpflegehelferin* bzw. *Krankenpflegehelfer* wurden 1965 ins Krankenpflegegesetz aufgenommen. *Schwester, Pflegerin, Pflegehelferin* oder *Schwesternhelferin* unterliegen nicht den Schutzbestimmungen.

> **Zur Diskussion**
>
> **Berufsbezeichnung gesucht**
> 1997 bat der Bundesausschuss der Länderarbeitsgemeinschaften der Lehrerinnen und Lehrer für Pflegeberufe die Pflegenden öffentlich um Vorschläge für eine Berufsbezeichnung, die alle Pflegeberufe einschließt, Kompetenzen verdeutlicht und Professionalität signalisiert. Erfüllen *Gesundheitspfleger(in), Pflegetherapeut(in)* oder *Pflegesorgende(r)* diese Anforderungen?

4.3.3 Eine Sprache für Männer und Frauen

Vor allem in offiziellen Texten werden häufig nur männliche Sprachformen verwendet, auch wenn Männer und Frauen angesprochen sind. So etwa in einem **Kommentar zum Krankenpflegegesetz** (§ 2 Abs. 1):

> **Kommentar**
>
> Der Bewerber muß die vorgeschriebene Ausbildung absolviert und die staatliche Prüfung erfolgreich abgelegt haben und charakterlich, körperlich und geistig zur Ausübung des Berufs geeignet sein. Bei Vorliegen dieser Voraussetzungen hat er einen Rechtsanspruch auf die Erteilung der Erlaubnis. (Kurtenbach u. Mitarb. 1994)

Die Gleichberechtigung von Frau und Mann sollte auch im Sprachgebrauch deutlich werden, selbst wenn dies in der Praxis nicht immer einfach ist.

Vorschläge für eine frauenfreundliche Sprache
- Wählen Sie Paarformen (Schrägstrich-Lösung: *die Mitarbeiterinnen/Mitarbeiter*, I-Lösung: *MitarbeiterInnen*; Klammer-Lösung: *Mitarbeiter(innen)*; und/oder-Lösung: *Mitarbeiterinnen und Mitarbeiter*) oder geschlechtsübergreifende Ausdrücke anstatt rein männlicher Formen (z. B. *Mitarbeiterschaft* anstatt *Mitarbeiter*, *teilgenommen haben* anstatt *Teilnehmer*).
- Ersetzen Sie Ausdrücke wie *man, jeder, mancher*, sofern möglich, durch geschlechtsübergreifende Formulierungen (z. B. *es wird vermutet* anstatt *man vermutet*, *jeder und jede wird gefragt* anstatt *jeder wird gefragt*).
- Achten Sie besonders bei Berufs- und Funktionsbezeichnungen darauf, dass die männliche und die weibliche Form verwendet wird (nicht *Wahl des Klassensprechers*, sondern *Wahl der Klassenvertretung* oder *der Klassensprecherin/des Klassensprechers*).
- In längeren Texten bietet es sich an, zwischen weiblichen und männlichen Formen immer wieder abzuwechseln.

4.4 Aufgaben und Merkmale der Fachsprachen

4.4.1 Zweck und Entwicklung

Fachsprachen dienen der möglichst genauen, zweckmäßigen Beschreibung fachlicher Erkenntnisse und der Verständigung darüber (Fluck 1996). Ihre Entstehung hängt mit der beruflichen Arbeitsteilung und der Aufteilung des Wissens in Fachgebiete zusammen. Während die praktischen Berufe wie z. B. Bauer, Handwerker usw. im Mittelalter einen volkssprachlichen Fachwortschatz entwickelten, knüpften die Wissenschaften an die vom Lateinischen und Griechischen bestimmte antike Überlieferung an. Bis ins 19. Jahrhundert wurde im wissenschaftlichen Bereich lateinisch gesprochen und geschrieben. Nach dem Zweiten Weltkrieg entwickelte sich durch die wachsende Bedeutung der USA im Bereich der Wissenschaft und Forschung das Englische zur internationalen Wissenschaftssprache.

Die Ausweitung des Wissens und die zunehmende Aufspaltung der Fachgebiete führten zu einem ungeheuren Wachstum der Fachsprachen. Die Zahl der Fachwörter geht in die Millionen und übersteigt den Umfang des deutschen Allgemeinwortschatzes (300 000–400 000 Wörter) um ein Vielfaches. Der Einfluss der Fachsprachen auf das allgemeine Denken und Sprechen nimmt dadurch ständig zu. Zahlreiche Fachwörter sind im Zuge der Popularisierung von Fachgebieten in die Allgemeinsprache eingegangen, aus der Medizin z. B. *Infarkt, Therapie, Stress*, aus den Sozialwissenschaften *Kommunikation, Gruppe, Verdrängung*. An Genauigkeit büßen sie dann aber häufig ein.

4.4.2 Wortschatz

Die Fachsprachen unterscheiden sich in der Grammatik kaum von der Allgemeinsprache (Hochsprache, Umgangssprache, Dialekt). Was sie besonders auszeichnet, ist ihr spezieller Wortschatz (*Fachwortschatz*). Auch die Allgemeinsprache enthält viele Wörter und Ausdrücke für die Zusammenhänge, die Gesundheit und Krankheit betreffen (Tab. 4.**1**). Der Hauptunterschied zwischen allgemeinsprachlichem Wort und Fachwort liegt im Bereich der Bedeutung. Die Allgemeinsprache verwendet Wörter, die oft mehrdeutig und ungenau sind und dadurch zu Missverständnissen Anlass geben. Ihre Bedeutung verändert sich entsprechend dem Gebrauch durch die Sprecher (Bedeutungswandel), während die Bedeutung vieler Fachwörter durch Definition festgelegt ist. Solche Fachbegriffe oder Termini sind frei von Konnotationen, sind also situationsunabhängig und eindeutig. Unklarheiten und Missverständnisse sind dadurch weitgehend ausgeschlossen.

Oft wird allgemeinsprachlich und fachsprachlich ein und dasselbe Wort verwendet, jedoch teilweise mit ganz unterschiedlicher Bedeutung oder Wertung.

- Wo liegt der Blinddarm? – Der funktionslose Fortsatz am Dickdarm wird in der Alltagssprache *Blinddarm* genannt, in der medizinischen Fachsprache *Wurmfortsatz* oder – lateinisch – *Appendix* („Anhängsel"). *Blinddarm* wiederum meint in der Medizin den blind endenden Teil des Dickdarms, der auch mit dem lateinischen *Caecum* („ das blinde [Stück des Darms]") bezeichnet wird. Allgemeinsprache und Fachsprache stimmen hier also nicht überein (Abb. 4.**2**).

Tabelle 4.**1** Medizinisches auf Schwäbisch.

Brifaadbazient	Privatpatient	*Oißa*	Furunkel
Buggl	Rückgrat	*Ranzawaih*	Bauchschmerzen
durmelich	schwindelig	*raude Flegga*	Masern
Fuaß	Bein	*Reißmaddeis*	Rheuma
Gnechl	Knöchel	*Riaßl*	Nase, Mund
Grampfodra	Krampfadern	*Schädlwaih*	Kopfschmerzen
Grangahaus	Krankenhaus	*Schlägle*	Schlaganfall
Greiz	Rücken	*Schweschder*	Krankenschwester
Gsiachd	Gesicht	*Wochadibbl*	Mumps
Hendra	Gesäß	*Zaia*	Zeh(en)
Hubbl	Schwellung	*Zenga*	Nase
Oiderbebbale	Eiterbläschen		

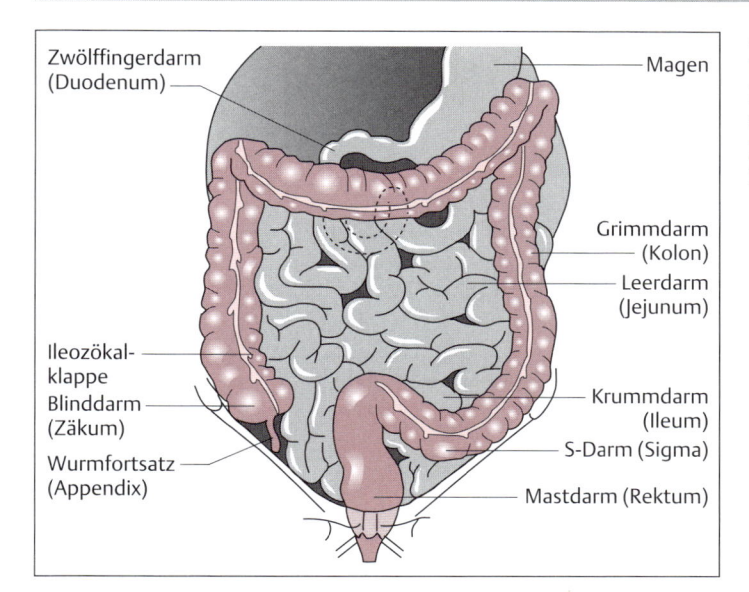

Abb. 4.2 Magen-Darm-Trakt (aus J. S. Schwegler: Der Mensch – Anatomie und Physiologie, 2. Aufl. Thieme, Stuttgart 1998).

- Was bedeutet *Herz*? – Im Alltag bedeutet *Herz* dasselbe wie in der Anatomie, nämlich das entsprechende Organ. Die allgemeine, situationsunabhängige Grundbedeutung dieses Wortes, seine Denotation, ist klar. Aber was schwingt dabei nicht alles an Gefühlen, Wertvorstellungen, Erfahrungen, Wünschen mit, von der Liebe über die Herzensbildung bis zur Angst vor dem Herzinfarkt! Allgemeinsprachliche Wörter haben über ihren eigentlichen Bedeutungskern hinaus eine Nebenbedeutung oder Konnotation. Sie ist teilweise individuell geprägt, teilweise konventionell vorgegeben und oft wichtiger als die reine Denotation. Sie macht die Sprache lebendig, führt aber auch zu Unklarheiten darüber, was wirklich gemeint ist. Deshalb sagt der Anatom lieber *cor*, was ebenfalls (lateinisch) „Herz" heißt, aber nicht mit Gefühlen belastet ist. Denn der medizinische Laie kennt dieses Wort in der Regel nicht.
- Wo tut der Bauch denn weh? – Wenn das Kind über Bauchweh klagt, wird die Mutter nachfragen, wo der Schmerz sitzt. Die Bedeutung des allgemeinsprachlichen Wortes *Bauch* ist jedoch ziemlich unbestimmt. Wo fängt der Bauch an, wo hört er auf? Auch der Arzt sucht die Schmerzen genauer zu lokalisieren. Sein Vorteil: Anatomisch ist der *Bauchraum* (lat. *abdomen*) genau umgrenzt und in mehrere, begrifflich erfasste Abschnitte eingeteilt (Abb. 4.**3**).

4.4.3 Begriffsbestimmungen

Definitionen legen die begriffliche (denotative) Bedeutung eines Wortes fest, indem sie etwas Unbekanntes (das zu Definierende) einem Bekannten (dem Definierenden) nach dem Muster „X entspricht Y" zuordnen (Tab. 4.2). Sie kommen vor allem in der Theorie vor und sollen die Eindeutigkeit von Begriffen gewährleisten. Aber auch im praktischen Leben spielen sie eine wichtige Rolle, zum Beispiel

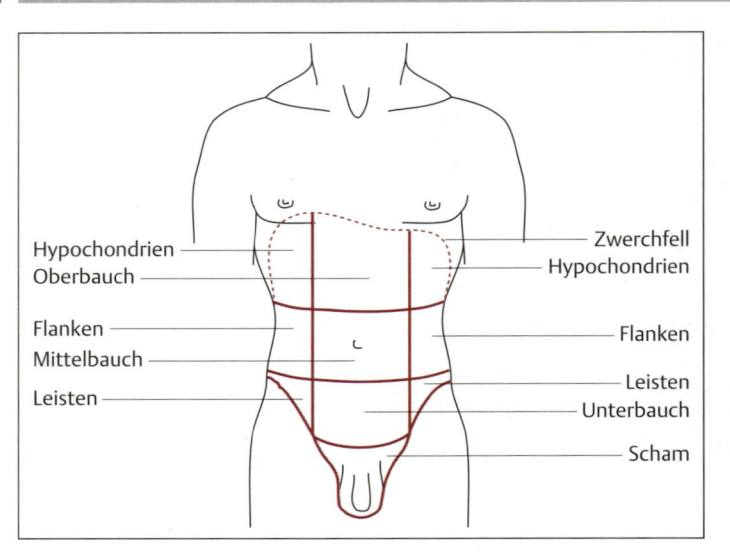

Abb. 4.3 Einteilung des Bauchraums.

Hypochondrien
Oberbauch
Flanken
Mittelbauch
Leisten

Zwerchfell
Hypochondrien
Flanken
Leisten
Unterbauch
Scham

Tabelle 4.2 Arten der Definition.

Hinweisende Definition	Sprachliche Definition					
	Wort-definition	Sachdefinition				
		Wesens-bestimmung	Umfangs-bestimmung	Inhalts-bestimmung	Handlungs-anweisung	
Zeigen anhand von Beispielen (reale Gegenstände, Abbildungen usw.)	Regelung des Sprachgebrauchs	Angabe des Oberbegriffs und des charakteristischen Unterscheidungsmerkmals	Aufzählung der unter den Begriff fallenden Erscheinungen (Begriffsumfang)	Angabe der Merkmale, die den Begriff charakterisieren (Begriffsinhalt)	Angabe des Herstellungs- oder Messverfahrens	
„Das ist ein *Betäubungsmittelrezept*"	„*Eine Spritze verabreichen* heißt in der Fachsprache *Injektion*"	„*Angst* ist eine gefahrenbezogene Emotion, die sich (im Unterschied zur *Furcht*) nicht auf eine eindeutig bestimmbare Gefahr bezieht"	„*Krankenpflegeberufe* sind die Krankenpflege, die Kinderkrankenpflege und die Krankenpflegehilfe"	„Vom *Parkinson-Syndrom* spricht man, wenn die drei Hauptsymptome Akinese, Rigor und Tremor feststellbar sind"	„*Pflegequalität* liegt vor, wenn die Bedürfnisse der Patienten angemessen berücksichtigt wurden"	

wenn jemand als *schwieriger Patient* oder überhaupt als *krank* eingestuft wird. Es kann deshalb nicht schaden, sich bewusst zu machen, wer jeweils die Definitionsmacht besitzt und welche Auswirkungen dies hat.

> **Das Wortfeld *Krankenpflegeberufe***
> Unter einem Wortfeld versteht man eine Gruppe von Wörtern derselben Wortart, die verwandte Bedeutungen haben. Die unterschiedliche Ausbildungsstruktur in den Krankenpflegeberufen in Großbritannien und Deutschland zeigt sich z. B. in der Gliederung des Wortfeldes *Krankenpflegeberufe* bzw. *nursing care*. Im Deutschen umfasst es die Wörter *Krankenpflege*, *Kinderkrankenpflege* und *Krankenpflegehilfe* (vgl. *Krankenpflegegesetz*). Im Englischen gliedert es sich in *adult branch* („Erwachsenenkrankenpflege"), *nursing care of the child* („Kinderkrankenpflege"), *nursing care of persons with learning disabilities* („Geistigbehindertenpflege") und *mental health nursing* („Psychiatriepflege"). *Behindertenpflege* (*Heilerziehungspflege*) wird dagegen in Deutschland nicht der *Krankenpflege* zugerechnet. *Psychiatriepflege* ist ein Unterbegriff von *Kranken-* bzw. *Kinderkrankenpflege*.

> **Zur Diskussion**
>
> **Patient oder Kunde?**
> Neuerdings wird der aus der Wirtschaft stammende Begriff des *Kunden* auch im Sozial- und Gesundheitsbereich verwendet. Man will damit die wirtschaftliche Entscheidungsfreiheit der Patienten und Pflegebedürftigen hervorheben. Sie sollen von Objekten der Behandlung und Betreuung zu frei handelnden Subjekten werden. Gegen dieses Kundenkonzept wird eingewandt, dass es nur eingeschränkt wirksam werden kann. Vor allem schwer kranke und pflegebedürftige Menschen könnten aufgrund ihrer Abhängigkeitssituation die Wahlfreiheit gar nicht oder nur sehr begrenzt ausüben. Zudem stehe es im Gegensatz zum beruflichen Selbstverständnis der Pflegenden, deren Interesse nicht dem Verkauf einer Dienstleistung, sondern der Hilfe für Notleidende gelte. Pflegende ließen sich von der humanitären, nicht von der ökonomischen Motivation leiten.
> Aber auch am Begriff des *Patienten* wird Kritik geübt. Von seiner lateinischen Bedeutung her (*patiens* „Leidender, Duldender") verbindet er Kranksein mit Abhängigkeit und Passivität, geht also von einem stark defizitorientierten, nicht ressourcenorientierten Pflegeverständnis aus. Auf kranke Menschen im Krankenhaus mag er zutreffen. Menschen die im Altenpflegeheim leben, sollten jedoch nicht *Patient(inn)en*, sondern *Bewohner(innen)* genannt werden.

4.4.4 Sprachstil

Fachtexte zeichnen sich durch einen sachlich-distanzierten Sprachstil aus. Neben der Verwendung spezieller sprachlicher (Fachwörter, Abkürzungen, Personennamen, einzelne Buchstaben) und nichtsprachlicher Zeichen (Ziffern, Formeln, nonverbale Symbole, Tabellen, Grafiken) tragen dazu auch **Besonderheiten im Satzbau** bei:

- Fachsprachliche Sätze sind relativ kurz und einfach gebaut. Sehr häufig werden *Hauptsätze* verwendet.
- *Substantive* treten gehäuft auf (Nominalstil). Oft werden sie durch Adjektive und andere Attribute (Beifügungen) näher bestimmt, wie z. B. *sichere Pflege, die Behandlung des an Pleuritis erkrankten Patienten*.
- Sog. *Funktionsverbgefüge* (Verben, die in einer festen Verbindung zu einem Substantiv stehen) werden häufig benutzt, etwa *zur Durchführung bringen* anstatt *durchführen*, *in Anspruch nehmen* anstatt *beanspruchen*.
- Charakteristisch ist ein *unpersönlicher Stil*. Das persönliche Subjekt (Satzgegenstand) mit *ich* oder *wir* wird vermieden und durch unpersönliche Bildungen mit *es* ersetzt. Z. B.: *Es ist ersichtlich...* oder indirekt *Daraus ist ersichtlich...* anstatt *Wir können daraus ersehen...*
- Damit hängt auch die relative Häufigkeit von *Passivformen* (Passiv = Leideform) der Verben zusammen, z. B. *Schülerinnen werden vom Pflegeteam wahrgenommen als...* anstatt im Aktiv (= Tatform) *Das Pflegeteam nimmt Schülerinnen wahr als...*
- Fachtexte weisen eine strenge *äußere Gliederung* (Nummerierung, Absätze usw.) auf. Wichtige Textstellen werden im Druckbild oft besonders hervorgehoben, etwa durch Fett- oder Kursivdruck.

4.4.5 Sprachschichten

Die Eindeutigkeit in der Begriffswahl gilt uneingeschränkt nur für die strenge Form der Fachsprache, die *Wissenschaftssprache* (Theoriesprache), die hauptsächlich in der Fachliteratur vorkommt. Da mit ihr Experten kommunizieren, wird die Kenntnis der einschlägigen Fachausdrücke vorausgesetzt. Sie ist abstrakt-theoretisch und weist einen hohen Grad an begrifflicher Genauigkeit auf. Fachsprachen bestehen jedoch aus weiteren Schichten (Tab. 4.**3**); zur Gliederung der pflegerischen Fachsprache siehe Abb. 4.**4**.

Unter Kollegen und mit Angehörigen benachbarter Berufe wird *Fachjargon* (fachliche Umgangssprache) gesprochen. Seine Merkmale sind: Anpassung an die alltäg-

Tabelle 4.**3** Schichten der Fachsprache.

Situation	schriftlich	mündlich	Funktion
Kommunikation Experte-Experte (Innensprache)	**Theoriesprache** (Wissenschaftssprache)	**Fachjargon** (Fachumgangssprache)	Beschreibung
Kommunikation Experte-Lernender (Lehrsprache)	**Lehrbuchsprache**	**Unterrichtssprache**	Vermittlung
Kommunikation Experte-Laie (Außensprache)	**Verteilersprache**		Übersetzung
Kommunikation Laie-Experte Laie-Laie	**Allgemeinsprache** (Patientensprache)		

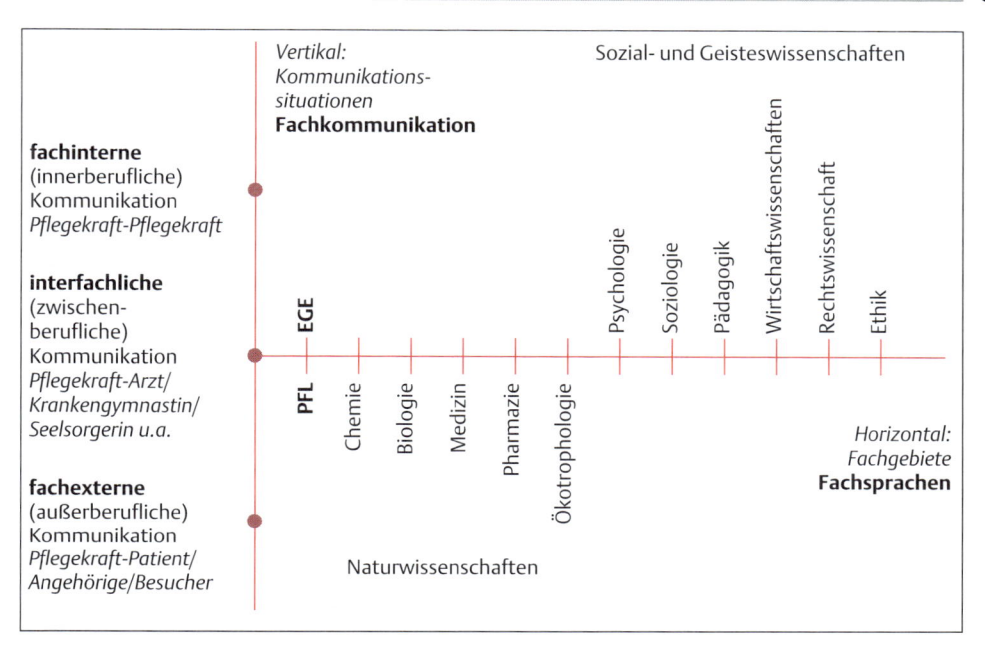

Abb. 4.4 Gliederung der Fachsprache am Beispiel der Pflege und benachbarter Fachgebiete.

lichen Erfordernisse des Berufs, bildhaft-konkrete, durch Auslassungen stark verkürzte und vereinfachte, gefühlsmäßig aufgeladene und oft lockere, spielerisch-ironische Sprechweise und umgangssprachliche oder dialektale Färbung.

Beispiele

Aus einem Fachbuch:
„Der Faktor p · c wird als Wellenwiderstand Z bezeichnet; er ist eine Gewebskonstante und entscheidet darüber, wie die Druckenergie bzw. Schallenergie beim Übergang von einem Gewebe zum anderen verteilt wird. Für Fettgewebe beträgt der Wert des Wellenwiderstands $1{,}42 \cdot 10^5$ g/cm²s, für Muskelgewebe $1{,}63 \cdot 10^5$ g/cm²s (Wessels u. Weber 1983)." (Braun 1997)

Gespräch auf der Station:
Der Stationsarzt zur Krankenschwester: „Morgen kommt der Magen von 23 in den OP. Geben Sie ihm heute Abend eine halbe Rohypnol!" – Die Krankenschwester: „O.K. Und was ist mit unserem Problemkandidaten mit der Prostata?" – Der Arzt: „Dem sollten wir einen 10er-Katheter verpassen."

In Lernsituationen geht es darum, vom Nichtwissen zum Wissen zu gelangen. Fachwörter werden deshalb in der *Lehrsprache* – je nach Lernstand und Vorkenntnissen der Lernenden – teilweise vorausgesetzt, teilweise neu eingeführt. Dies geschieht mit Hilfe allgemeinsprachlicher Erklärungen. Schriftliche Lehrbuchsprache und mündliche Unterrichtssprache müssen am Lernenden orientiert sein.

Beispiele

Aus einen Pflegelehrbuch:
„Bei den Aktivitäten des täglichen Lebens haben wir es mit Grundbedürfnissen zu tun, die in der alltäglichen Wirklichkeit erfüllt werden wollen. Das bedeutet, daß Bedürfnisse vorerst einen Mangel anzeigen. Das Bedürfnis wird aber gleichzeitig auch als treibende Kraft erlebt, als Antrieb zum Handeln. Mit anderen Worten, es wird ein Prozeß in Gang gesetzt, der zur angemessenen Realisierung des Bedürfnisses führt. Unterstützt wird dieser Vorgang nicht in erster Linie von außen, also von einer Drittperson, die mir dieses Bedürfnis erfüllt, sondern durch innere Fähigkeiten und Kräfte (Ressourcen), wie ausreichende Gesundheit, Wissen, Sachverstand, Entschlußkraft, Handlungskompetenz usw." (Juchli 1994)

Unterricht in Gesetzeskunde:
Der Lehrer zur Klasse: „Die Schweigepflicht von Schwestern und Pflegern ist sehr wichtig, weil man bei der Arbeit ja viele persönliche Geheimnisse von Patienten erfährt. Dass da ein Vertrauensverhältnis zwischen Patient und Pflegenden entsteht, ist, denke ich, klar. Deshalb dürfen Sie Informationen über die Patienten nicht so einfach weitergeben. Und zwar gilt das für medizinische und außermedizische Dinge. Was anderes ist es, wenn der Patient von sich aus zustimmt. Dann handelt es sich um eine Entbindung von der Schweigepflicht; dann darf man reden."

Die der fachexternen Kommunikation dienende *Verteilersprache* hat die Aufgabe, Informationen so zu übersetzen, dass sie fachlich nicht Vorgebildete verstehen können. Da davon auszugehen ist, dass diese die Begriffe und Zusammenhänge nicht kennen, wird Umgangssprache verwendet. Sachverhalte werden anhand von Beispielen und Vergleichen erläutert. Entscheidendes Kriterium ist das sprachliche und geistige Aufnahmevermögen der Partner. Im Hinblick auf fachliche und sprachliche Genauigkeit müssen oft Abstriche in Kauf genommen werden. Trotzdem dürfen die Sachverhalte nicht verfälscht oder unvollständig dargestellt werden.

Beispiel

Gespräch Arzt – Patient:
Der Patient: „Mir tut der Bauch so weh. Hier unten besonders. Da habe ich ein solches Ziehen und Stechen. Das ist nicht zum Aushalten." – Der Oberarzt: „Herr Maier, Sie müssen den Blinddarm unbedingt herausnehmen lassen. Es ist dringend."

4.4.6 Soziale Funktion

Fachsprachen sind immer auch **Sprachen sozialer Gruppen**, meist Berufsgruppen. Dies ist daran erkennbar, dass die reine Fachsprache dem Laien in der Regel nicht zugänglich ist.

- Durch ihre Sprache *grenzt sich die Gruppe der Fachleute von den Laien ab*. Dahinter kann ein elitäres Selbstverständnis oder ein Gefühl der Überlegenheit stehen. In den Gesundheitsberufen ist die Fachsprache oft auch ein Schutz angesichts der

teilweise hohen Emotionalität der Beziehung zum Patienten und der Tatsache, dass Grenzüberschreitungen zum Berufsalltag gehören.
- Die Fachsprache, vor allem der Fachjargon, trägt wesentlich zur *Gruppenbildung* bei. Sie fördert das Wir-Gefühl und verstärkt die Identifikation mit der eigenen Berufsgruppe. Außerhalb des Arbeitsplatzes ist mit ihr eine Art Wiedererkennungseffekt verbunden, der selbst mit unbekannten Personen die Kontaktaufnahme erleichtert.
- Die Fachsprache leistet einen wichtigen Beitrag zur Wirkung eines Faches nach außen. Je weniger verständlich sie ist, desto höher ist nicht selten ihr *Ansehen in der Öffentlichkeit*. Manchmal wird eine allzu esoterische Fachsprache aber auch als „Fachchinesisch" abgelehnt oder belächelt.

Die Fachsprache ist letztlich Ausdruck der *Macht der Experten*: Sie kann zum Herrschaftsinstrument werden, wenn Menschen die Teilhabe an fachlichem Wissen verwehrt wird, Erkenntnisse nicht angemessen vermittelt oder einfach übergestülpt werden, ohne dass sie überprüft und in ihrer Bedeutung eingeordnet werden können. Die Manipulationsgefahr ist dann groß. Deshalb sind Vermittler und Übersetzer gefragt. Von Berufs wegen leisten diese Arbeit hauptsächlich Lehrer und Fachjournalisten. Aber auch die Fachleute selbst müssen bereit und in der Lage sein, ihre Erkenntnisse in die Sprache der Laien zu übertragen. Auf der Station kommt oft den Pflegenden die Aufgabe zu, Übersetzungsarbeit für die Patienten zu leisten, da sie ihnen näher sind als die Ärzte. Die angestrebte Beteiligung des „mündigen Patienten" am Behandlungsgeschehen (Compliance) setzt Verstehen und Sich-Akzeptiert-Fühlen voraus.

4.5 Besitzt die Pflege eine eigene Fachsprache?

4.5.1 Von der Berufssprache zur Theoriesprache

Ohne Zweifel hat die Pflege eine eigene Fachsprache. Sie ist aber noch weitgehend die Sprache eines praktischen Berufs, kaum Wissenschaftssprache. Denn die pflegerischen Fachwörter sind zum großen Teil nicht eindeutig definiert, d. h. terminologisiert. Bezeichnend ist, dass es im deutschsprachigen Raum bis 1998 kein pflegerisches Fachwörterbuch gab (vgl. Georg u. Frowein 1999).

Die **Entwicklung der Pflege** erfordert eindeutige Begriffe. Deshalb ist die Terminologisierung des Pflegewortschatzes angesichts der aktuellen Entwicklungen unumgänglich.

- Durch die zunehmende Auffächerung des pflegerischen Berufsfeldes und die damit verbundene *Spezialisierung* wächst der Bedarf an Fachbegriffen.
- Pflegerische Tätigkeiten müssen aus wirtschaftlichen, organisatorischen und qualitativen Gründen (Effizienzsteigerung, Rationalisierung, Qualitätssicherung) überprüfbar, vergleichbar und mit einheitlichen Bezeichnungen versehen sein. Dies alles fasst man unter dem Begriff *Standardisierung* zusammen.

- Der Einsatz von *Computern* im Gesundheitswesen verlangt EDV-taugliche Begriffe und Sprachregelungen.
- Die sich in Deutschland langsam etablierende *Pflegewissenschaft* mit eigener Forschung zur Erklärung und Unterstützung der Praxis benötigt eindeutig definierte wissenschaftliche Termini.
- Die fortschreitende *internationale Öffnung* im Hinblick auf Berufsausübung, Ausbildung und Forschung setzt ein allgemein anerkanntes Begriffssystem voraus.
- Die Terminologisierung des Fachwortschatzes ist ein wichtiger Faktor für die *professionelle Weiterentwicklung* der Pflege.

4.5.2 Herkunft und Bildung von Fachbegriffen

Es gibt verschiedene Möglichkeiten, Fachbegriffe zu bilden:

1. *Präzisierung* allgemeinsprachlicher Wörter (Erbwörter) durch Definition, z. B. *Krankheit*, *Wunde*;
2. Schaffung neuer Ausdrücke (*Neubildungen*):
   - Bildung auf der Grundlage muttersprachlicher Bestandteile, z. B. *Pflegekasse* in Anlehnung an *Krankenkasse*,
   - Bedeutungsübertragung (Fachmetaphorik) aufgrund gleicher oder ähnlicher Merkmale, z. B. *Linse* als Bestandteil der Pflanze und des Auges (Tab. 4.**4**),

Tabelle 4.**4** Herkunft pflegerischer und medizinischer Fachbegriffe.

Militär, Krieg	*Glandula thyroidea (lat. thyroideus „schildartig/-förmig"), Invasion von Bakterien, Krankheitsbekämpfung, Mobilisation, Operation, Pflegeintervention, Pflegestützpunkt, sagittal (in Pfeilrichtung, lat. sagitta „Pfeil"), Stabsschwester, Vagina (lat. „Scheide")*
Polizei, Gefängnis	*Krankenwärterin, Pflegeheiminsasse, Selbstmord*
Geheimdienst, Spionage	*Informationen verschlüsseln, Kameras und Sonden einschleusen, Krankenbeobachtung, Patienten abhorchen/überwachen, Reflexe notieren, Sekret (lat. secretum „geheimes Treffen"), sondieren*
Verwaltung, Recht	*austherapiert, Bettenauslastung, Betten schließen/sperren, Pflegemaßnahmen, Fehl-/Überbelegung der Betten, Pflegefall, Pflegepersonal*
Handwerk, Technik	*eine Drainage abklemmen, einen Katheter legen, Incus (Amboss), Malleus (Hammer), mit Antibiotika abdecken, Skalpell (lat. scalpellum „Messer"), Patienten bewässern/trockenlegen/pulverisieren, Wartung von Patienten*
Transportwesen, Warenproduktion	*Einlieferung, Kranken-/Patientengut, Krankentransport*
Musik	*Paukenhöhle, Tuba eustachii (Ohrtrompete, lat. tuba „Trompete"), Tuba uterina (Eileiter)*
Hauswirtschaft, Küche	*Acetabulum (Gelenkpfanne des Hüftgelenks, lat. „Essigschälchen"), Aszites (Bauchwassersucht, griech. askos „Wein-, Ölschlauch"), Eileiter, Lens cristallina (Augenlinse, lat. lens „Linse"), Ohrläppchen, Placenta (Mutterkuchen, lat. „Kuchen"), Nucleus (Zellkern, lat. „Kern")*
Tier- und Pflanzenwelt	*Bauchfell, Eierstock, Karzinom (gr. „Krebs"), Lupus (lat. „Wolf"), Muskel (lat. musculus „Mäuschen"), Ohrmuschel, Trommelfell*

- Entlehnung aus einer toten (Griechisch, Latein) oder lebenden Fremdsprache entweder durch direkte Übernahme als Fremdwort (z. B. *immun* von lat. *immunis* „frei, rein"), durch Anpassung des fremden Wortes an die Muttersprache (Lehnwort, z. B. *Fieber* von lat. *febris*) oder durch muttersprachliche Nachahmung des fremden Wortes (Lehnbildung, z. B. *Bezugspflege* nach engl. *primary nursing*),
- Erfindung von Kunstwörtern, meist unter Verwendung griechischer oder lateinischer Bestandteile (z. B. *Leukozyten, Insulin*);
3. Entwicklung einer *künstlichen Sprache* (z. B. mathematische Formelsprache, Programmiersprache für Computer).

Durch die Verwendung von Fremdwörtern, Kunstwörtern und Elementen künstlicher Sprachen können Mehrdeutigkeiten am besten ausgeschaltet werden.

4.5.3 Wortschatz der Pflege

Der in der Pflege verwendete **Wortschatz** entstammt unterschiedlichen Fachgebieten.

- *Pflegerische Fachwörter*: Die traditionellen Pflegefachwörter haben ihren Ursprung im konkreten Erfahrungswissen der Praxis (z. B. *Mundpflege, Krankenbeobachtung, Dekubitusprophylaxe*). Die neuen Pflegefachwörter, meist Neubildungen aus dem Deutschen oder Übernahmen aus dem angloamerikanischen Raum mit dem Wortbestandteil *Pflege* (*Pflegeprozess, Pflegeplanung, Pflegehandlung, Pflegeforschung, Pflegequalität, Prozesspflege, Selbstpflege* u. v. a.), basieren auf pflegewissenschaftlicher Forschung.
- *Fachwörter aus benachbarten Fachbereichen*: Zahlreiche Wörter kommen aus den Naturwissenschaften, vor allem der Medizin, aber auch der Pharmazie, Biologie, Chemie, Ökotrophologie (Ernährungswissenschaft) u. a. (z. B. *präoperative Pflege, Mobilisation, Antibiotikum, Plasma, Natriumchlorid, Diät*). Andere entstammen sozial- und geisteswissenschaftlichen Fächern wie Psychologie, Soziologie, Pädagogik, Wirtschaftswissenschaften, Rechtswissenschaft und Philosophie (z. B. *Konflikt, Institution, Führungsstil, Pflegemanagement, Körperverletzung, Verantwortung*).

Einen besonderen Stellenwert im Blick auf die Professionalisierung der Pflege haben die neuen Pflegefachwörter, da sie Pflege als professionelle Arbeit bestimmen und sich von der Pflege selbst, nicht von der Medizin oder einem anderen Fachgebiet herleiten. Dabei ergeben sich aber auch **Probleme**:

- *Unklare Fachwörter*: Wie unterscheiden sich die Begriffe *Pflegetheorie, Pflegemodell* und *Pflegekonzept*? – Ist *Pflegefähigkeit* die Fähigkeit zur Pflege oder die Fähigkeit der Pflege? – Sind die Begriffe *patientenzentrierte, patientenorientierte, individuelle, individualisierte, integrative, ganzheitliche, rehabilitative Pflege* und *Bezugspflege* gleichbedeutend?
- *Entleerte Fachwörter*: Was genau bedeutet *Ganzheitlichkeit*? – Der am amerikanischen Sprachgebrauch orientierte Begriff *Pflegephilosophie* hat nichts mit Philosophie zu tun, sondern meint schlicht ein *Leitbild* der Pflege. – Wird in Zeiten des Leistungsabbaus im Gesundheitswesen vermehrt von *Qualitätssicherung* gesprochen?

- *Importierte Fachwörter*: Manche scheinbar pflegeeigenen Begriffe wurden von außen, v. a. von wirtschaftlicher Seite, in die Pflege eingebracht, z. B. das Begriffspaar *Grundpflege* (als nicht arztbezogene, „einfache" Tätigkeit) und *Behandlungspflege* (als anspruchsvollere, weil arztbezogene und zur Gesundung beitragende Tätigkeit), *pflegebegründende Diagnose* (an der medizinischen Diagnose orientierte Kategorie der Pflegeversicherung) oder *Pflegeservice* (Übernahme aus dem Dienstleistungsbereich).
- *Unauffällige Fachwörter*: Als allgemeinsprachliche Wörter mit fachspezifischer Bedeutung führen sie ein „Doppelleben", das Unklarheiten mit sich bringen kann. Beispiele: *Selbständigkeit, Ekel, Leiden, Sinn finden im Werden – Sein – Vergehen* (Juchli 1997).
- *Falsche Freunde*: Bei Lehnübersetzungen (Form der Lehnbildung, bei der ein fremdsprachlicher Ausdruck ins Deutsche übersetzt wird) aus dem angloamerikanischen Sprachraum werden kulturelle und strukturelle Unterschiede häufig nicht berücksichtigt. So wird *selfcare* meist als *Selbstpflege* übersetzt. *Care* bedeutet jedoch im Englischen nicht *Pflege*, sondern *Fürsorge* und umfasst *health care* („Gesundheitsversorgung") und *nursing care* („Krankenpflege"). Die korrekte Übersetzung lautet also *Selbstfürsorge*.

Wortfamilie Pflege

Eine *Wortfamilie* ist eine Gruppe von Wörtern, die denselben oder einen ähnlichen Wortstamm (z. B. *pfleg*) besitzen und wortgeschichtlich (etymologisch) auf dieselbe Grundform zurückgehen. Das mit *Pflicht* verwandte germanische Wort *pflegen* bedeutet in der frühesten Sprachstufe des Deutschen, dem Althochdeutschen (8.–11. Jh.), „für etwas einstehen, sich für etwas einsetzen". Daraus entwickelten sich bald die Bedeutungen „sorgen für, betreuen, hegen" und „sich abgeben mit, betreiben, gewohnt sein". Aus der ersten Variante entstanden noch im Althochdeutschen *Pfleger* („Fürsorger, Betreuer, Krankenwärter") und *Pflege* („Sorge, Betreuung, Obhut"), im Mittelhochdeutschen (11.–15. Jh.) *pfleglich* und *pflegsam* und im Neuhochdeutschen *(un)gepflegt* und *pflegeleicht* (20. Jh.) (Duden Etymologie 1997).

Das Substantiv *Pflege* meint im weiteren Sinn den sorgsamen Umgang mit Lebewesen, Gegenständen und Gegebenheiten jeglicher Art (z. B. *Gesichtspflege, Tierpflege, Landschaftspflege, Autopflege, Denkmalpflege, Raumpflege, Kontaktpflege*). Im engeren Sinn bezieht es sich auf die berufliche Arbeit an und mit Menschen, die aufgrund von Krankheit (*Krankenpflege, Kinderkrankenpflege*), Behinderung (*Behindertenpflege, Heilerziehungspflege*), Schwangerschaft (*Entbindungspflege*), Alter (*Kinderpflege, Jugendpflege, Altenpflege*) oder einer familiären Notlage (*Haus- und Familienpflege*) Unterstützung benötigen. Der Begriff *Gesundheits- und Sozialpflege* umreißt die Bandbreite dieses Berufsfeldes, dessen Zielsetzung sich mit jeweils unterschiedlicher Gewichtung zwischen den Polen körperlich-seelische Gesundung und soziale Eingliederung bewegt. Entsprechende Adjektive sind *pflegerisch, pflegeintern, pflegespezifisch, pflegebedürftig* u. a. Das Leitwort *Pflege* wird im Sinn von Berufsstand (die *Pflegeberufe*), Tätigkeit (das *Pflegen*) oder (seltener) Wissenschaft (*Pflegewissenschaft*) verwendet. Der Sprache der Sozialverwaltung und des Rechts gehören die Wörter *Pflegeamt, Pflegeeltern, Pflegekind, Pflegschaft* usw. an.

Die Zahl der **Wortbildungen** mit dem Wortteil *Pflege* hat mit der Differenzierung der beruflichen Pflege in den letzten Jahrzehnten stark zugenommen. Sie lassen sich einteilen nach:

- Pflegearten: z. B. *Körperpflege, Zimmerpflege, Hauspflege*, auch als Mehrwortbildung: z. B. *häusliche Pflege, aktivierende Pflege*;
- Pflegeaufgaben: z. B. *Pflegedokumentation, Pflegemaßnahme, Pflegevisite*; teilweise ist eine Bildung mit dem Adjektiv *pflegerisch* möglich: z. B. *pflegerische Maßnahme*;
- Pflegeperson: z. B. *Pflegekraft, Pflegende(r), Pfleger(in)*; auch als Sammelbezeichnungen: z. B. *Pflegepersonal, Pflegeteam*;
- Pflegeinstitutionen: z. B. *Pflegeeinrichtung, Pflegeabteilung, Pflegekasse*.

4.5.4 Verantwortlicher Sprachgebrauch

In der öffentlichen und pflegeinternen Diskussion um Sprachkultur und Sprachpflege versteht man unter einem sogenannten *Unwort* einen Ausdruck, der ethische, logische oder grammatische Normen verletzt. Sprache existiert nicht in einem wertfreien Raum, sondern ist im Zusammenhang individueller und gesellschaftlicher Wertvorstellungen über angemessenen und richtigen Sprachgebrauch zu sehen. Logisch anfechtbar sind z. B. die Ausdrücke *Vollschwester, hochaseptisch, Sprachhygiene, Geräte einweichen, große Krankenpflege*. Grammatisch nicht korrekt ist der Jargonausdruck *auf Station* (richtig: *auf der Station*). Bedeutsamer aber ist die Frage nach dem ethisch verantworteten Gebrauch der Sprache. Denn mit ihr können wir nicht nur trösten und aufbauen, sondern auch verletzen, diskriminieren, lügen, drohen und manipulieren. Unsere Sprache offenbart unsere Einstellung zum Kommunikationspartner.

Zur Diskussion

Windel oder *Inkontinenzmaterial?*
Das Titelblatt der Pflegezeitschrift 48/10 (1995), das das Anlegen einer *Windelhose* zeigt, löste unter den Leserinnen und Lesern eine monatelange Diskussion über die Zulässigkeit dieses Wortes und den allgemeinen Sprachgebrauch in der Pflege aus. Folgende Meinungen wurden vertreten:

- *Kontra*: Der Gebrauch des Wortes *Windel* in der Erwachsenenkrankenpflege ist moralisch fragwürdig, weil der Patient dadurch auf die Stufe eines unmündigen Säuglings gestellt wird. Stattdessen sollten neutrale Fachwörter wie *Inkontinenzmaterial* oder *Inkontinenzslip* verwendet werden.
- *Pro*: In den kritisierten Wörtern kommt eine patientenorientierte, fürsorgliche Grundhaltung zum Ausdruck, während die technisch klingenden Alternativbegriffe kühle Distanziertheit ausstrahlen. Hinter der Kritik verbirgt sich ein überzogener Moralismus, der jede Natürlichkeit im Sprachgebrauch unterdrückt.
- *Kompromiss*: Unter Fachleuten sollte man *Inkontinenzmaterial*, gegenüber den Patienten *Schutzhose* sagen.

Der **Krankenhaus- und Pflegejargon** neigt dazu, die Abhängigkeitssituation, in der sich die Patienten befinden, zu überzeichnen. Dies zeigt sich in folgenden Tendenzen:

- Verkindlichung (Babysprache, vor allem gegenüber alten Menschen): langsames Sprechtempo, erhöhte Stimme, übertriebene Betonung, kurze, einfache Sätze, Wiederholung von Ausdrücken, Verkleinerungsformen (z. B. *unsere Leutchen, Omi/Opi*), Du-Anrede, Ausdrucksweisen aus der Säuglingspflege und Kindererziehung (z. B. *füttern, Latz*);
- Vereinnahmung (Pflege-Wir): *wir* und *uns* anstelle von *Sie* und *Ihr* (z. B. *Wir wollen jetzt schön was essen, Jetzt stehen wir aber auf, unsere Frau Schmidt*). Beim sogenannten Autorenplural setzt der Sender aufgrund seiner stärkeren Position die Zustimmung des Empfängers als gegeben voraus;
- Verdinglichung: z. B. *Patienten betten, übergeben, vorbereiten, fertig machen, Blasentraining, mit Verbänden arbeiten*;
- Überwältigung: z. B. *pflegerischer Eingriff, Pflegeintervention, Maximaltherapie fahren*;
- Abwertung: *Die spinnt, ein armer Tropf, Wir haben nur Müll auf der Station*;
- Beschönigung (Euphemismus): *Überalterung, Gesundheitskasse, Sterbefreudigkeit, präfinale Pflege.*

Dieser Sprachstil kann verschiedene Ursachen haben: berufliche Frustration und Überlastung, Distanzierung vom täglich hautnah miterlebten Leid, Desinteresse am Menschen und Gedankenlosigkeit. Teilweise liegen ihm sogar gute Absichten zugrunde. So wollen Pflegekräfte mit der Babysprache oft eine besondere Fürsorglichkeit zum Ausdruck bringen. Von den Angesprochenen wird dieses Sprachverhalten deshalb auch nicht immer negativ empfunden. Im Hinblick auf deren Würde bleibt es trotzdem fragwürdig.

4.5.5 Pflegeterminologie der Zukunft

Die Fachbegriffe eines Wissenschaftsgebiets bilden eine Terminologie. Ein terminologisches System liegt vor, wenn die Begriffe hierarchisch aufeinander aufbauen (Abb. 4.**5**), eine Nomenklatur, wenn nur Namen für Gegenstände und Sachverhalte aufgelistet werden wie in der Chemie, Biologie und Anatomie. Für die Entwicklung einer Pflegeterminologie kommt den Pflegediagnosen eine große Bedeutung zu. Man versteht darunter verbindliche, klar definierte Beschreibungen von Pflegeproblemen, aus denen Pflegemaßnahmen und -ziele abgeleitet werden. Sie gehen nicht von medizinischen Diagnosen oder pflegerischen Handlungen aus, sondern von Verhaltensmustern. Ein Beispiel:

> **Pflegediagnose**
>
> „Hoffnungslosigkeit: Ein subjektiver Zustand, bei dem ein Mensch begrenzte oder keine Alternativen sieht oder keine Wahl hat und unfähig ist, Energien zu mobilisieren." (Gordon 1994)

Auf dem Weg zu einer internationalen Pflegeterminologie sind bereits die ersten Schritte getan. 1989 beschloss der Weltbund der Krankenschwestern und Kranken-

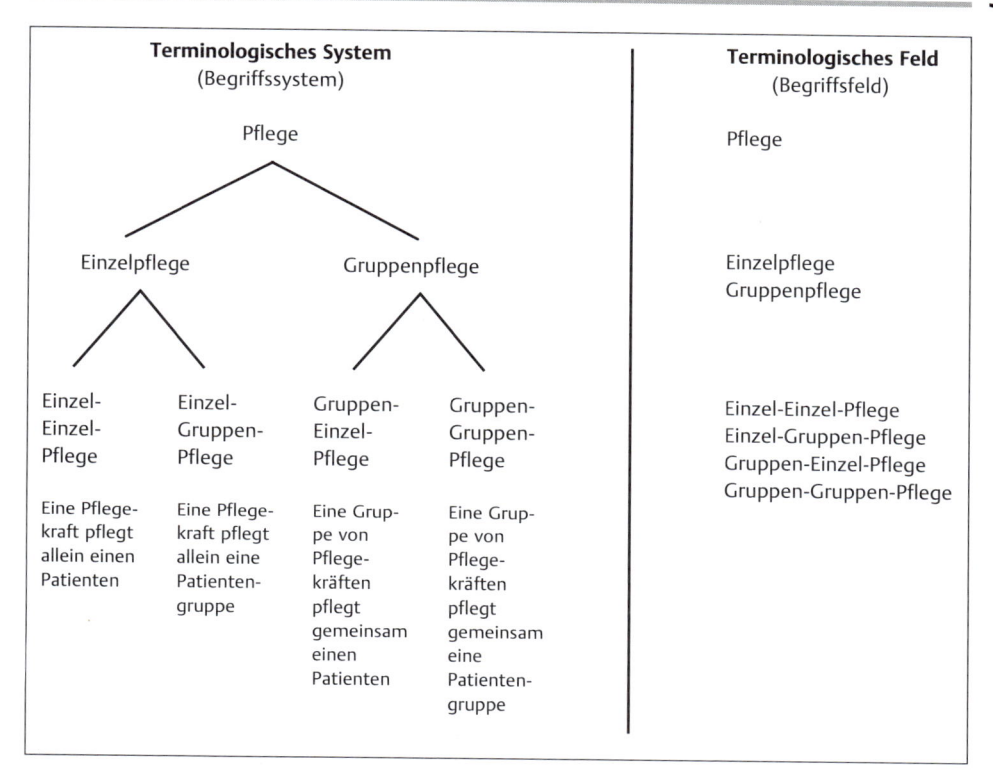

Terminologisches System (Begriffssystem)	Terminologisches Feld (Begriffsfeld)
Pflege	Pflege
Einzelpflege / Gruppenpflege	Einzelpflege Gruppenpflege
Einzel-Einzel-Pflege / Einzel-Gruppen-Pflege / Gruppen-Einzel-Pflege / Gruppen-Gruppen-Pflege	Einzel-Einzel-Pflege Einzel-Gruppen-Pflege Gruppen-Einzel-Pflege Gruppen-Gruppen-Pflege
Eine Pflegekraft pflegt allein einen Patienten / Eine Pflegekraft pflegt allein eine Patientengruppe / Eine Gruppe von Pflegekräften pflegt gemeinsam einen Patienten / Eine Gruppe von Pflegekräften pflegt gemeinsam eine Patientengruppe	

Abb. 4.5 Aufbau einer Terminologie (Beispiel nach Bessai 1991). Die unten stehenden Begriffe (Unterbegriffe = Hyponyme) schränken den gemeinsamen Oberbegriff (Hyperonym) durch besondere Bedeutungsmerkmale ein.

pfleger (International Council of Nurses, ICN) in Seoul/Südkorea, in Zusammenarbeit mit der Europäischen Union (EU) ein System von Pflegediagnosen, -interventionen und -ergebnissen (International Classification for Nursing Practice, ICNP) zu entwickeln, das die Weltgesundheitsorganisation (WHO) bei der Wahrnehmung ihrer gesundheitspolitischen Aufgaben unterstützen soll. Das Projekt hat eine dreifache Zielsetzung:

- Entwicklung einer computergerechten, normierten, hierarchisch aufgebauten *Terminologie* auf der Grundlage genauer Beschreibung und Gliederung des pflegerischen Wissens und Könnens;
- Entwicklung eines umfassenden *Dokumentationssystems* der klinischen Krankenpflege;
- Verknüpfung von Klassifikation und Dokumentation mit Hilfe moderner Informationstechnologie (EDV) mit dem Ziel der Wiederverwertung der Daten in der Pflegepraxis (*elektronische Patientenakte*).

> **Zur Diskussion**
>
> **Braucht die Pflege eine wissenschaftliche Terminologie?**
> Manche sehen das Selbstverständnis der Pflege durch die Modernisierungsbemühungen gefährdet. Sie befürchten, dass die Theorie sich immer mehr von der beruflichen Praxis entfernt, die Patientenbeziehung als Kern der Pflege Schaden nimmt und die „Nestwärme" im Pflegeteam verloren geht. Anonyme, rationalisierte Arbeitsformen könnten an die Stelle der personbezogenen Pflege treten. Andere sprechen sich dafür aus, die Zukunftschancen verantwortlich wahrzunehmen. Gerade damit der kranke und pflegebedürftige Mensch und die ihn Pflegenden nicht an den Rand gedrängt werden, müsse sich die Pflege den neuen Herausforderungen stellen.

4.6 Grundlagen der medizinischen Terminologie

4.6.1 Begriffliche Normierung

Nach der Schätzung von Porep u. Steudel (1983) besteht der Kernbereich des medizinischen Fachwortschatzes aus etwa 80 000 Namen für Medikamente, 60 000 Namen für Krankheiten, Untersuchungsverfahren und Operationsmethoden, 20 000 Namen für Organfunktionen und 10 000 Namen für Körperteile, Organe und Organteile. Mit allen Randgebieten kommt er auf ca. 500 000 Wörter. Die Allgemeinsprache verfügt über ungefähr 500 Wörter für medizinische Sachverhalte. Ein Mediziner sollte nach Porep u. Steudel 6000–8000 Fachwörter aktiv beherrschen. Der aktive Wortschatz eines durchschnittlichen Sprechers der Allgemeinsprache besteht aus etwa 1500 Wörtern.

Schon im Mittelalter gab es für viele anatomische Sachverhalte mehrere bedeutungsgleiche oder -ähnliche Wörter (Synonyme), so dass eine begriffliche Vereinheitlichung notwendig wurde. Aber erst 1895 einigte man sich auf einem internationalen Anatomenkongress in Basel auf eine *verbindliche Nomenklatur*, die Baseler Nomina Anatomica (BNA). Ihr folgten 1935 die Jenaer Nomina Anatomica (JNA), die sich international jedoch nicht durchsetzen konnten, und 1955 die Pariser Nomina Anatomica (PNA). Letztere sind bis heute gültig und werden alle fünf Jahre ergänzt und korrigiert. Für den Bereich der klinischen Medizin wurde 1968 die International Classification of Diseases, Injuries and Causes of Death (ICD) der WHO vom Statistischen Bundesamt für Deutschland als verbindlich anerkannt.

4.6.2 Schreibung und Aussprache der Fachwörter

1. Fremdwörter weisen hinsichtlich Schreibung und Lautung eine unterschiedliche **Nähe zum Deutschen** auf:
   - Anfangsstufe: Reine Fremdwörter werden in der fremden Schreibweise belassen. Lateinische Formen kommen vor allem in der Biologie, Anatomie und Pharmazie vor, wie z. B. *Uterus, Ductus cysticus, Extrinsic factor, Petit mal.*
   - Übergangsstufe: Es existieren Doppelformen, da sich eine eindeutige deutsche Schreibweise, etwa bei *c/k, ph/f, ae/ä/e, oe/ö/e, rh/r, th/t, y/i, -ia/-ie, -osis/-ose, -io/ion,* noch nicht herausgebildet hat (z. B. *Caecum/Cecum/Zäkum/Zökum, Corpus ventriculi/Corpus ventrikuli*).
   Teilweise wird aus Gründen internationaler Vereinheitlichung der Fachtermini und fachsprachlicher Kennzeichnung das lateinische *c* bewusst beibehalten, etwa in der Chemie bei *Calcium* (neben *Kalzium*), *cyclisch* (neben *zyklisch*), *Nicotin* (neben *Nikotin*).
   Bei einigen Wörtern wird nach den neuesten Rechtschreibregeln der eingedeutschten Form Vorrang eingeräumt, z. B. bei *differenziell/differentiell, Katarr/Katarrh, Oxid/Oxyd, Hämorriden/Hämorrhoiden.*
   Innerhalb eines Textes sollte in jedem Fall eine einheitliche Schreibweise gewählt werden.
   - Endstufe: Eingedeutschte Fremdwörter haben sich an die deutsche Schreibweise angepasst. Dies ist besonders dann der Fall, wenn das Wort keine dem Deutschen fremden Laute enthält, wie *Insuffizienz, Mortalität, präoperativ.*

2. **Groß- und Kleinschreibung** von Fachwörtern:
   - Der Anfangsbuchstabe wird in der Regel groß geschrieben. Anatomische Namen schreibt man im anatomischen Gebrauch klein, z. B. *Leukämie, Diskus* (auch *diskus*).
   - Bei aus zwei Wörtern bestehenden Ausdrücken wird, mit Ausnahme von Eigennamen, das erste Wort groß, das zweite klein geschrieben, wie etwa *Ductus deferens, Extrinsic factor, Morbus Parkinson,* aber: *in vivo.*

3. **Trennung** mehrsilbiger Fremdwörter:
   - Mehrsilbige einfache Fremdwörter werden in der Regel wie einfache deutsche Wörter nach Sprechsilben, d. h. wie es sich beim Sprechen ergibt, getrennt, wie z. B. *Ma-mil-la, Pfle-ge-pro-zess, Rhi-ni-tis.*
   - Nicht getrennt werden die Buchstabengruppen *ch, ph, rh, th* sowie *ae* und *oe*, weil es sich um Einzellaute handelt, etwa in *Mammogra-phie, Ste-thoskop, Foe-tus.*
   - Die Buchstabengruppen *bl, pl, gl, cl, kl, phl, br, pr, dr, fr, vr, gr, cr, kr, phr, str, thr, gn, kn* wurden bisher aus sprachgeschichtlichen Gründen nicht getrennt, können gemäß den neuen Rechtschreibregeln nun aber getrennt werden, z. B. *Lepra* oder *Le-pra, Neph-ritis* oder *Ne-phritis, Zyk-lus* oder *Zy-klus.*
   - Aus mehreren Wortteilen bestehende Fremdwörter werden nach den Wortteilen getrennt. Aber auch die Trennung nach Sprechsilben ist jetzt möglich, sofern dadurch der Leseablauf nicht gestört wird, wie etwa bei *Ad-re-na-lin, Dia-gno-se* oder *Di-ag-nose, Dia-rrhö* oder *Di-ar-rhö.*

4. Aussprache griechischer und lateinischer **Fremdwörter:**
- Griechischen Ursprungs sind folgende Buchstaben und Buchstabenverbindungen: *ch* (gesprochen *ch* oder *k*), *ph* (gesprochen *f*), *rh* bzw. *rrh*, *s-ch* (getrennt gesprochen), *th*, *y* (gesprochen *ü*) wie in *Chirurg, chronisch, Pharynx, Rheumatismus* (aber: *Rachitis*), *Diarrhö, Is-chämie, Therapie, Typhus*.
- Der Buchstabe *c* wurde im klassischen Latein als *k* ausgesprochen. In der Medizin wird er gemäß dem mittellateinischen Gebrauch nur als *k* ausgesprochen (und bei Eindeutschung geschrieben) vor *a, o, u, au* und Konsonant, z. B. bei *acutus/akut, Cornea, Laktose*.
Er wird als *z* ausgesprochen (und bei Eindeutschung geschrieben) vor *e, i, y, ae* und *oe* (bzw. eingedeutschtem *ä* und *ö*), z. B. bei *cerebralis/zerebral, Nervus facialis/Fazialnerv*.
- Die Buchstabenverbindungen *-tia, -tio, -tium* wurden im klassischen Latein *-ti-* gesprochen. In der Medizin werden sie als *-zia, -zio, -zium* ausgesprochen und bei Eindeutschung am Wortende mit *z* geschrieben, z. B. *Adventitia, fraktioniert, Strontium, substantia/Substanz*.
- Der lateinische Buchstabe *v* wird als *w* ausgesprochen wie in *Vasodilatation, Vene*.
- Die Diphthonge *ae* und *oe* werden als *ä* bzw. *ö* ausgesprochen, wie etwa bei *aerob, Dyspnoe*.
- Treffen die Vokale *e-y, e -i, o-i* oder *u-i* aufeinander, werden sie getrennt ausgesprochen. Manchmal weist ein Trema (zwei Punkte über dem ersten Buchstaben) ausdrücklich darauf hin (z. B. *Peritone-um, Re-infarkt, Thyre-o-iditis, Flu-idum, Thë-in*).
- Bei lateinischen Wörtern liegt die Wortbetonung immer auf der vorletzten oder der drittletzten Silbe (. = kurzer Vokal, _ = langer Vokal), z. B. *gyrus su/pra/mar/gi/na̱/lis, mu̱s/cu/lus*.

4.6.3 Wortbildung

Die wichtigsten Arten der Wortbildung sind:

1. **Einfaches Wort** (Simplex):
Hierbei handelt es sich um ein aus einem Element bestehendes Wort (Wortstamm), an das eine Flexionsendung (Flexion = Beugung) zur Kennzeichnung von Kasus (Fall) und Numerus (Zahl) angehängt sein kann, wie z. B. *Naht* (Nominativ Plural: *Näht-e*), *Trieb* (Genitiv Singular: *Trieb-es*), *Crus* (Nominativ Plural: *Crur-a*), *Os* (Nominativ Plural: *Oss-a*).

2. **Zusammensetzung** (Komposition):
Zusammengesetzte Wörter (Komposita) bestehen aus zwei oder mehr selbständig vorkommenden Wörtern bzw. Wortstämmen (Tab. 1 im Anhang), die an der Nahtstelle (Wortfuge) meist durch ein Fugenzeichen (bei griechischen und lateinischen Wörtern *-i-, -u-* oder *-o-*, bei eingedeutschten Wörtern *-s-*) miteinander verbunden werden.

Wort +	(Fugenzeichen) +	Wort
Oste-	o	-porose
Zentr-	i	-fuge
Gran-	u	-lation
Kompression-	s	-fraktur
Pflege-		-anamnese

Am häufigsten sind Zusammensetzungen aus Substantiven. Andere Wortarten kommen seltener vor. Der letzte Teil der Zusammensetzung entscheidet über die Wortart des gesamten Wortes. Bei der determinativen Zusammensetzung gibt das letzte Glied (das Grundwort) die Bedeutungsrichtung des ganzen Wortes vor, während das vorausgehende Glied (Bestimmungswort) die Bedeutung des Grundwortes näher bestimmt, wie z. B. bei *Neuro-tomie* (Durchtrennung eines Nervs), *Nieren-becken-entzündung* (Entzündung des Beckens der Niere).

Bei der selteneren kopulativen Zusammensetzung stehen beide Glieder gleichberechtigt nebeneinander. Sie können mit *und* verbunden werden, z. B. *Gastroenteritis* (Magen- und Dünndarmentzündung.

Wenn die Wortglieder verschiedenen Sprachen angehören, spricht man von einer hybriden Bildung, wie bei *Immun-system* (lat.-griech.), *Schädel-fraktur* (dt.-lat.).

Häufig sind auch Zusammensetzungen mit Ziffern, Buchstaben und Sonderzeichen, z. B. *Alpha-2-H-Globulin*, H_2O-*Abspaltung, 10%ig*.

3. **Ableitung** (Derivation):
Abgeleitete Wörter (Derivata) entstehen durch Verbindung eines selbständig vorkommenden Wortes bzw. Wortstammes mit einer nicht selbständig vorkommenden Ableitungssilbe (Affix). Dem Stamm werden eine oder auch mehrere Vorsilben (Präfixe) vorangesetzt und/oder eine Nachsilbe (Suffix) angehängt (Tab. 2 und 3 im Anhang). Vor- und Nachsilbe bestimmen in unterschiedlicher Weise die Bedeutung des Wortstammes (determinative Funktion). Die Nachsilbe legt zudem die Wortart fest.

Vorsilbe(n) +	Wortstamm +	Nachsilbe
Ver-	band	
Hyper-	tonie	
	Pfleg	-er
	Hepat	-itis
de-	press	-iv
Anti-dia-	bet	-ika

4. **Mehrwortbildung:**
In einigen Fällen gehen Substantive eine feste Verbindung mit einem oder mehreren anderen Wörtern ein.

Beifügung +	Substantiv +	Beifügung
	Ulcus	ventriculi
	Morbus	Alzheimer
akute	Appendizitis	
atonisches	Erbrechen	

Im Fachjargon entfällt die Beifügung meistens. So entstehen Trivialbezeichnungen, z. B. *Appendizitis* (anstatt *akute Appendizitis*).

5. Bildung von **Abkürzungen:**
Aus Gründen der Sprachökonomie werden Wörter auf einzelne Buchstaben verkürzt (Abbreviation) (Tab. 4 im Anhang). Sie werden im eigentlichen Wortlaut, nach dem Lautwert der einzelnen Buchstaben oder als zusammenhängendes Wort ausgesprochen, z. B. *bakt. = bakteriell, EKG = Elektrokardiogramm, Aids = acquired immune deficiency syndrome.*

6. Wortbildungen mit **Eigennamen:**
Für die Bezeichnung von speziellen Krankheitsbildern und Verfahren wird häufig auf Eigennamen zurückgegriffen (Eponym), wie z. B. bei *Alzheimer-Krankheit, Röntgen, pasteurisieren.*

4.6.4 Beugung

Fremdwörter werden normalerweise wie deutsche Wörter gebeugt. Dabei treten jedoch oft Übergangs-und Mehrfachformen auf.

1. Bei der **Deklination** (Beugung von Substantiv, Adjektiv u. a.) wird teilweise der fremdsprachige Plural verwendet: *die Examina* (häufig: *Examen*), *die Schocks* (selten: *Schocke*), die *Tests* (auch: *Teste*).
Abkürzungen tragen in der Regel keine Wortendung, werden teilweise aber auch mit Endungs-*s* versehen, etwa im Genitiv Singular und im Plural, z. B. *die EKG* oder *die EKGs.*
2. Bei substantivischen Fremdwörtern wird das **Geschlecht** (Genus) aus der Herkunftssprache übernommen. Es wird durch die Wortendung bzw. Nachsilbe bestimmt (vgl. Tab. 3 im Anhang), so z. B. bei *der Stupor, die Agglutination, das Delirium.*

In der Anatomie werden lateinische Wörter entsprechend dem Lateinischen dekliniert. Dazu sind Grundkenntnisse in dieser Sprache erforderlich.

4.6.5 Umgang mit Wörterbüchern

Ein Wörterbuch (Lexikon) verzeichnet die Wörter einer Sprache oder eines Fachgebiets zum Zweck des Nachschlagens. Sachwörterbücher (Sach-, Reallexika) bieten außersprachliche Sachinformationen allgemeiner (Universallexika) oder fachbezogener Art (*Fachlexika*). Bekannte medizinische Fachwörterbücher sind:

– Pschyrembel Klinisches Wörterbuch, 258. Aufl. de Gruyter, Berlin 1998 (1. Aufl. 1894; benannt nach dem langjährigen Herausgeber Willibald Pschyrembel)
– Roche-Lexikon Medizin, 4. Aufl. Urban & Schwarzenberg, München 1998

Sachwörterbücher mit umfassendem Anspruch nennt man Enzyklopädien. Sprachwörterbücher (*Sprachlexika*) enthalten sprachliche Angaben, z. B.:

– Duden Das Wörterbuch medizinischer Fachausdrücke, 6. Aufl. Dudenverlag, Mannheim 1998
– Duden Fremdwörterbuch, 6. Aufl. Dudenverlag, Mannheim 1997

Grundlagen der medizinischen Terminologie

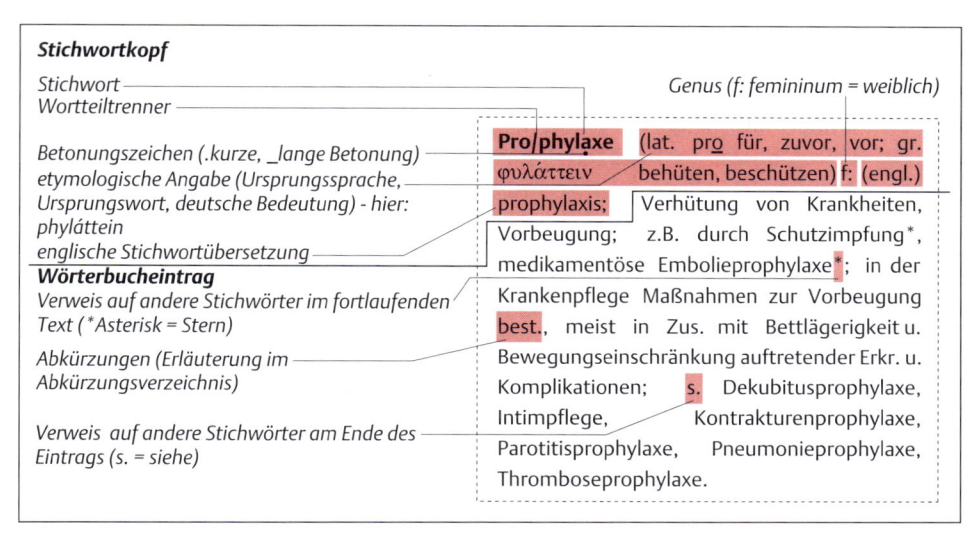

Stichwortkopf
- Stichwort
- Wortteiltrenner
- Genus (f: femininum = weiblich)
- Betonungszeichen (.kurze, _lange Betonung)
- etymologische Angabe (Ursprungssprache, Ursprungswort, deutsche Bedeutung) - hier: phyláttein
- englische Stichwortübersetzung

Wörterbucheintrag
- Verweis auf andere Stichwörter im fortlaufenden Text (*Asterisk = Stern)
- Abkürzungen (Erläuterung im Abkürzungsverzeichnis)
- Verweis auf andere Stichwörter am Ende des Eintrags (s. = siehe)

Pro/phylaxe (lat. pr̲o̲ für, zuvor, vor; gr. φυλάττειν behüten, beschützen) f: (engl.) prophylaxis; Verhütung von Krankheiten, Vorbeugung; z.B. durch Schutzimpfung*, medikamentöse Emboliprophylaxe*; in der Krankenpflege Maßnahmen zur Vorbeugung best., meist in Zus. mit Bettlägerigkeit u. Bewegungseinschränkung auftretender Erkr. u. Komplikationen; s. Dekubitusprophylaxe, Intimpflege, Kontrakturenprophylaxe, Parotitisprophylaxe, Pneumonieprophylaxe, Thromboseprophylaxe.

Abb. 4.**6** Aufbau eines Wörterbucheintrags am Beispiel von Pschyrembel (1998). Dem Wörterbuch ist ein umfangreicher Apparat zur Erleichterung der Benutzung beigegeben (Vorwort, Mitarbeiterliste, Benutzerhinweise, Abkürzungsverzeichnis, Quellenhinweise zu den Abbildungen und Tabellen).

Wörterbücher sind in Wörterbuchartikel gegliedert, die aus einem Stichwort und einem zugehörigen Eintrag bestehen (Abb. 4.**6**). Die **Stichwörter** sind meistens **alphabetisch** (sehr selten systematisch) **geordnet**. Dabei gilt:

- Diphthonge werden entweder als Doppelvokale (z. B. *ä = ae, ö = oe*) oder nach neuerer Konvention wie die entsprechenden Monophthonge (z. B. *ä = a, ö = o*) behandelt.
- *ß* wird wie *ss* eingeordnet.
- Mehrwortbildungen aus Adjektiv und Substantiv erscheinen unter dem Substantiv (z. B. *Syndrom, appalisches*), seltener unter dem Adjektiv (z. B. *Akutes Abdomen*).
- Verwandte Stichwörter werden häufig zu Stichwortgruppen (Wortnestern) zusammengefasst.

Wie eignet man sich Fachbegriffe an?

Fachbegriffe lernt man nur mit dem Fach selbst. Den Lernprozess sollte man jedoch gezielt gestalten.

- Wie beim Lernen fremdsprachlicher Vokabeln kann man eine *Lernkartei* aus Karten, die jeweils einen Begriff, die Übersetzung sowie sprachliche und inhaltliche Erklärungen enthalten, oder ein *Vokabelheft* anlegen. Auch der Computer lässt sich mit Hilfe eines entsprechenden Programms sehr gut für das Vokabellernen nutzen.

- Bei der Lektüre von Fachtexten und der Anfertigung von Unterrichtsaufschrieben sollten wichtige Fachbegriffe bzw. Definitionen besonders hervorgehoben werden (*Unterstreichen, farbige Markierung*). Die Bedeutung sollte man nötigenfalls am Rand vermerken.
- Die *Bedeutung* von Fachwörtern kann man häufig aus ihren Bestandteilen oder verwandten deutschen bzw. fremdsprachlichen Wörtern *ableiten*. Auch der sprachliche Kontext gibt wichtige Hinweise.
- Beim Lernen von Wörtern kommt man um das regelmäßige *Wiederholen* nicht herum. Dabei sollte man nur kurz, aber möglichst oft wiederholen. Es bringt mehr, gleich zu Beginn der Ausbildung mit dem Einprägen von Fachbegriffen anzufangen.
- Für das Selbststudium der medizinischen Terminologie kann auf einschlägige *Lehrbücher* zurückgegriffen werden. Geeignet sind diese Arbeitsmaterialien:
Ruff, P. W.: Einführung in den Gebrauch der medizinischen Fachsprache, 3. Aufl. LAU, Reinbek 1993
Grosche, G.: Übungsheft zur Einführung in die medizinische Fachsprache, 3. Aufl. LAU, Reinbek 1995
Grosche, G.: Übungsheft zur Einführung in die medizinische Fachsprache, Lösungsheft, 3. Aufl. LAU, Reinbek 1991

Literaturempfehlungen

Bartholomeyczik, S.: Über die Wechselwirkung von Sprache und Beruf. Pflege Aktuell 50 (1996) 170

Der kleine Duden Deutsche Grammatik, 2. Aufl. Dudenverlag, Mannheim 1997

Welche Formen sprachlichen Handelns gibt es?

5 Textsorten: Formen sprachlichen Handelns

„Dagegen möchte ich sogleich darauf hinweisen, daß wirkungsvolles Schreiben (ebenso wie Reden) der dauernden und möglichst kontinuierlichen Übung bedarf."

(Gert Ueding)

5.1 Textmerkmale und Textarten

In der Pflege werden zahlreiche mündliche und schriftliche Textsorten verwendet. Der Umgang mit Texten als Formen sprachlichen Handelns gehört zur pflegerischen Kompetenz.

> **Textmerkmale**
> Die Merkmale von Texten lassen sich aus dem Zeichencharakter und der kommunikativen Funktion der Sprache ableiten. Die Untersuchung von Texten auf ihre Merkmale hin bezeichnet man als Textanalyse.
> 1. *Kommunikative Merkmale* (Textfunktion):
>   Mitteilungsabsicht des Senders (Textintention, Textaussage), Erwartungen des Empfängers (Texterwartung), Kommunikationsmedium (Textträger), Kommunikationssituation (Textsituation)
> 2. *Strukturelle Merkmale*:
>   - Textinhalt: Kerngedanke (Textthema), Gedankengang mit Haupt- und Nebengedanken bzw. Ereignisfolge mit den Elementen Person, Ort, Zeit, Handlung (Textaufbau)
>   - Textstil: besondere Sprachgestalt (lautliche bzw. grafische Form, Wortwahl, Satzbau)
>   - Textsorte: charakteristische Verbindung einzelner Textmerkmale

Pragmatische Texte (Gebrauchstexte) verfolgen auf konkrete Gebrauchssituationen gerichtete Zwecke. Sie betreffen neben dem beruflich-fachlichen Bereich (Fachtexte) die wissenschaftliche Forschung (z. B. Abhandlung, Aufsatz), Lehre und Unterricht (z. B. Lehrvortrag, Lehrbuch), den Journalismus (z. B. Reportage, Leitartikel), die kommerzielle und politische Werbung (z. B. Werbeslogan, Flugblatt), die Religion (z. B. Andachtsbuch, Gesangbuch), den persönlichen Bereich (z. B. Privatbrief, privates Tagebuch) u.v.a. Bei *künstlerischen (ästhetischen) Texten* steht nicht der Verwendungszweck, sondern die sprachliche Gestaltung im Vordergrund (produktive Sprachhaltung).

5.2 Gespräch

5.2.1 Wie laufen Gespräche ab?

Nach dem Kommunikationsmedium unterscheidet man geschriebene und gesprochene Texte. Letztere können wiederum in monologische (Reden) und dialogische Formen (Gespräche) unterteilt werden. Ein Gespräch ist die Wechselrede von zwei oder mehr Personen. Für den Sprecherwechsel gibt es zwei Möglichkeiten: Entweder erteilt die Sprecherin einer anderen Person das Wort, indem sie etwas fragt, um eine Äußerung bittet, zum Sprechen auffordert usw. Oft handelt es sich dabei um zusammengehörige, korrespondierende Sprachhandlungen, z. B. fragen und antworten, die Frage zurückweisen, eine Gegenfrage stellen. Oder der andere „ergreift das Wort" von sich aus. Bei mehreren Gesprächsteilnehmern ist dran, wer am schnellsten reagiert.

> **Gesprächsphasen**
> - *Gesprächseröffnung*: Gesprächsbereitschaftssignal (z. B. Blickkontakt, anlächeln, sich ans Krankenbett setzen), Gruß, Vorstellung, Absprachen (Festlegung des Themas, des Zeitrahmens)
> - *Gesprächsmitte*: Themenverlauf, Themenwechsel
> - *Gesprächsbeendigung*: Schlusshinweis (z. B. auf die Uhr schauen, Unterlagen einpacken), Zusammenfassung, Wertung, Ausblick, Verabschiedung

Das Gesprächsverhalten der Partner zeigt sich an der Häufigkeit (Gesprächsbeteiligung), der Dauer, dem Aufbau, der Art und der Abfolge (z. B. Dazwischenreden, gleichzeitiges Sprechen, Unterbrechen, Sprechpause) ihrer Redebeiträge. Von großer Bedeutung ist dabei die Kommunikationssituation. In komplementären Zusammenhängen ergreift häufig der übergeordnete Partner die Initiative und redet mehr, länger und auch lauter als der Untergeordnete. Bei der Steuerung von Gesprächen spielen *Kommunikationsrituale* eine wichtige Rolle. Dies sind soziale, oft geschlechts-, alters- oder statusabhängige Regeln, Gesten (die Hand geben, auf die Schulter klopfen) und formelhafte sprachliche Wendungen (Gruß, Dank, Entschuldigung, Befindensfrage *Wie geht's?*), die vorgeben, wann was wie geäußert werden soll. Sie sind inhaltlich meist wenig bedeutsam, vermitteln aber eine gewisse Handlungssicherheit, weil sie die Situation vorhersagbar machen.

> **Gesprächsarten**
> Gespräche unterscheiden sich nach der Zahl der Gesprächspartner (Einzelgespräch – Gruppengespräch), dem Grad der Vorbereitung (ungeplant – geplant), dem Grad der Lenkung (frei – gelenkt), dem Öffentlichkeitsgrad (persönlich – dienstlich/öffentlich) und dem Zweck (sachbezogen – personenbezogen). Das Spektrum reicht von der oberflächlichen Unterhaltung bis hin zur intimen Begegnung zweier Menschen, die sich durch Teilhabe am Denken und Fühlen des anderen ein Stück weit selber finden. Aber auch unverbindliche Alltagsgespräche

> über das Wetter, den Urlaub, Tagesereignisse oder die Nachbarn sind wichtig. Weil sie kein Ziel verfolgen, fördern sie den sozialen Kontakt und verschaffen emotionale Entlastung.

5.2.2 Gespräche im Krankenhaus

- *Patientengespräche*: Die Patientinnen und Patienten im Krankenhaus befinden sich in einer besonderen Abhängigkeitsituation, die durch ihre Krankheit und die fremde Umgebung bedingt ist. Ihre Gesprächswünsche richten sie zuerst auf die Ärzte, dann auf Familienangehörige, Pflegepersonal und Freunde. Aber auch die Kommunikation mit den anderen Patienten (Interpatienten-Kommunikation) darf nicht unterschätzt werden. Sie bietet Abwechslung und kann die Experten-Information ergänzen und Ängste abbauen helfen, etwa wenn Mitpatientinnen, die bestimmte Behandlungsmaßnahmen und Operationen bereits hinter sich haben, von ihren Erfahrungen berichten. Sie kann aber auch zur Verstärkung der Ängste oder zu Konflikten führen. Bei der Belegung der Patientenzimmer sollten diese Gesichtspunkte beachtet werden.
- *Pflegegespräche*: Je länger Patienten auf der Station liegen, desto vertrauter ist ihre Beziehung zu den Pflegekräften. Für die Eingewöhnung in die neue Umgebung und die Aufnahme von Beziehungen sind Alltagsgespräche besonders wichtig, weil sie eine gewisse Normalität in die Ausnahmesituation des Krankenhausaufenthalts bringen. Pflegende sollten sie deshalb gezielt einsetzen, auch als Einstieg in tiefergehende Gespräche über Sach- oder Lebensfragen. Geplante Gespräche sollten deutlich als solche gekennzeichnet sein (klarer Beginn und Abschluss, genügend Zeit, ruhiger Ort, keine Zuhörerinnen oder Zuhörer, Trennung von anderen Tätigkeiten) sowie vor- und nachbereitet werden (Festlegung bzw. Überprüfung der Gesprächsziele).
- *Mitarbeitergespräche*: Im Unterschied zu persönlichen Gesprächen bei der Arbeit oder in den Pausen sind dienstliche Gespräche mit Angehörigen der eigenen oder einer anderen Berufsgruppe auf fachliche Belange bezogen. Der behandelnde Arzt ist gegenüber den Pflegekräften weisungsbefugt, ihnen aber dienstlich nicht vorgesetzt. In Verbindung mit unterschiedlichen Berufshaltungen (Person- bzw. Krankheitsorientierung) kann dies zu Kommunikationsproblemen führen, etwa wenn Maßnahmen unterschiedlich eingeschätzt werden.

5.3 Informationen sammeln und weitergeben

Informative Texte enthalten sachlich vorgegebene, nachweisbare Daten (Angaben) und Fakten (Tatsachen) und zielen auf die Erweiterung von Wissen ab. Die mündliche oder schriftliche Informationsweitergabe beruht auf der detailgenauen Informationsbeschaffung durch Beobachtung und Befragung. Dabei geht es darum, das Wesentliche zu erfassen. Was als wesentlich betrachtet wird, hängt vom Zweck und vom Empfänger der Information ab. Informationen sind erforderlich, um sich orientieren, angemessene Entscheidungen treffen und zielgerichtet handeln zu können. Fehlende Information führt zu Entscheidungs- und Handlungsunsicherheit, falsche Information zu unangemessenen Entscheidungen. In schwierigen Situationen ist oft das subjektive Informationsbedürfnis (gewünschte Informationen) höher als der objektive Informationsbedarf (zur Bewältigung der Situation notwendige Informationen).

5.3.1 Grundformen des Informierens

Die *Mitteilung* dient der Weitergabe von Gedanken, Aufträgen, Erfahrungen und Vorhaben, wie z. B. die Kurzmitteilung, Hausmitteilung oder Krankmeldung, und beschränkt sich auf wenige Angaben. Im schriftlichen Bereich werden oft handschriftliche Zettel oder Vordrucke verwendet.

Der *Bericht* (Rapport) gibt einmalige Einzelereignisse (Vorgangsbericht, z. B. Unfallbericht) und Ereignisfolgen (Verlaufsbericht, z. B. Lebenslauf) wieder (Tab. 5.**1**). Im Aufbau orientiert er sich an der zeitlichen Abfolge seines Inhalts. Als Tempus (Zeitform) wird das Präteritum (Vergangenheit) verwendet, als Modus (Aussageweise) der Indikativ (Wirklichkeitsform) für Tatsachen, der Konjunktiv (Möglichkeitsform) für Zweifelhaftes.

Die *Beschreibung* (Deskription) bezieht sich auf Zustände, die durch das dauernde Nebeneinander von Merkmalen gekennzeichnet sind, also auf Situationen, Gegenstände oder Personen, sowie auf wiederholbare bzw. regelmäßig wiederkehrende Vorgänge (Tab. 5.**2**). Sie steht immer im Präsens (Gegenwart). Der Aufbau der Zustandsbeschreibung richtet sich nach der Gewichtung der Merkmale (vom Wichtigen zum weniger Wichtigen, vom Gesamten zu den Einzelheiten oder umgekehrt), den Ebenen (von außen nach innen, von rechts nach links, von oben nach unten, von vorne nach hinten oder umgekehrt) oder dem Zusammenbau des Beschreibungsgegenstandes. Die Vorgangsbeschreibung folgt dem zeitlichen Nacheinander der Phasen.

Das Informieren kann mit der Vermittlung oder Vorgabe praktischer Handlungsweisen (*Instruktion*) verbunden sein. Beispiele sind die Anleitung von Schülerinnen, Mitarbeiterinnen oder Patienten, die Arbeitsanweisung und die Bedienungsanleitung. Da es um das Aufnehmen, Verarbeiten und Anwenden von Informationen geht, müssen die Kenntnisse und Fähigkeiten des zu Instruierenden angemessen berücksichtigt werden.

Tabelle 5.1 Pflegebezogene Formen des Berichts.

	Verwendungszweck	Form/Sprache/Stil	Inhalt/Aufbau
Sachbericht (objektiver Bericht)	Sachliche Information, Dokumentation	Vorwiegend schriftlich, sachlich ohne persönliche Stellungnahme	Reine Sachinformationen
Erlebnisbericht (ichbezogener, subjektiver Bericht)	Aufarbeitung eines Erlebnisses (Konfliktgespräch, Supervision)	Vorwiegend mündlich, sachlich mit persönlicher Tönung	Persönliches Erleben, subjektive Sicht, Gefühle, Eindrücke, Selbst- und Fremdwahrnehmung
Tätigkeitsbericht	Darstellung der eigenen Tätigkeit (tatsächlich vollzogene Handlungen)	Schriftlich, Auflistung in Stichworten	1. Name des Berichtenden, Tätigkeitsbezeichnung, 2. Einzeltätigkeiten eines Tages (Tagesbericht), Monats (Monatsbericht) usw. mit Zeitdauer, Arbeitsort, Arbeitsmitteln, 3. Ort, Datum, Unterschrift
Arbeitsbericht	Darstellung des Ausbildungsverlaufs bzw. einzelner Ausbildungsabschnitte	Schriftlich ausformulierter Einzelbericht (Einsatzbericht, Praktikumsbericht) oder Berichtsheft (Sammlung von Einzelberichten oder Formblätter zum Ausfüllen bzw. Checklisten zum Abhaken)	1. Name des Berichtenden, Einsatzstelle, Anleiter/Praktikumsbetreuer, 2. Beschreibung der Einsatzstelle: Träger, Ort, Größe, bauliche Anlage, räumliche, materielle, personelle Ausstattung, 3. Einsatzbedingungen: Zeitraum, Arbeitszeiten, Einsatzbereiche, 4. Zielgruppe: demographische und soziale Daten, Bedürfnisse, Arbeitskonzeption, Methoden, Führungsstil, 5. Eigene Situation: Ausbildungsstand, Erfahrungen mit Patienten/Bewohnern, Kollegen und Vorgesetzten, Lerneffekte, Lernfortschritte, Stärken und Probleme, weiterführende Ziele, 6. Ort, Datum, Unterschrift
Projektbericht	Darstellung der Ergebnisse einer Gruppenarbeit oder eines Projekts	Mündlich oder schriftlich	Thema, Gruppenmitglieder, Arbeitsverlauf, Einzelergebnisse, Zusammenfassung, Bewertung
Unfallbericht	Darstellung des Unfallhergangs (für die Versicherung, als Zeuge vor Gericht usw.)	Mündlich oder schriftlich	Zeit, Ort, beteiligte Personen, Zeugen, Verlauf, Ursachen, Folgen, evtl. Skizze

Tabelle 5.2 Pflegebezogene Formen der Beschreibung.

	Verwendungszweck	Inhalt/Aufbau
Geräte-beschreibung	Bedienungsanleitung, Schadensmeldung, Schüler-, Patientenanleitung	Medizinisch-pflegerische Gebrauchsgegenstände: Art, Größe, Aufbau, Einzelteile, Beschaffenheit, Material, Form, Farbe, Verwendungszweck, Funktionsweise, Zustand, Wert
Orts-beschreibung	Orientierungshilfe, Planung	Klinik, Station, Zimmer (z. B. beim pflegerischen Erstgespräch): Räume, deren Zweck, deren Bedeutung für den Patienten
Weg-beschreibung	Auskunft, Einladung, Auftrag	Weg zur Klinik, innerhalb der Klinik, außerhalb der Klinik: Richtungsangaben, Einzelheiten des Weges, bekannte oder auffällige Punkte, evtl. Skizze
Gegenstands-beschreibung	Verlust-, Fundmeldung	Persönlicher Gegenstand eines Patienten oder Mitarbeiters: Art, Größe, Aufbau, Beschaffenheit, Material, Form, Farbe, Verwendungszweck, Zustand, Wert
Arzneimittel-beipackzettel	Gebrauchsinformation für Patienten, Fachinformation für Fachkreise (gesetzlich vorgeschrieben)	Arzneimittel: Hersteller, Arzneimittelbezeichnung, Zusammensetzung, Anwendungsgebiete, Gegenanzeigen, Nebenwirkungen, Wechselwirkungen mit anderen Mitteln, Dosierungsanleitung, Art und Dauer der Anwendung, Haltbarkeitshinweis, Warnhinweise, Aufbewahrungshinweise (vgl. auch die Verpackungsaufschrift)
Patienten-beschreibung	Krankenbeobachtung	Patient im Zusammenhang mit Behandlung und Pflege: 1. Angaben zur Person, Zeitangaben, 2. Erstbeschreibung, 3. laufende Beobachtung, 4. Bezug zur Pflegeplanung, 5. Stellungnahme; • Name, Geschlecht, Alter • Äußere Erscheinung: Kleidung, Schuhe, Schmuck, Make-up, Frisur, Brille, Abzeichen • Allgemeinzustand: körperliches und seelisches Befinden, Ernährungszustand, Orientierung, Bewusstsein • Körpermerkmale: Körpergestalt, Körpergröße, Körpergewicht, Körperoberfläche, Körperteile (Kopf, Gesicht, Augen, Haare usw.), Körperhaltung, Körperbewegung, Sprechweise, besondere Kennzeichen (z. B. Tätowierung) • Vital- und Körperfunktionen: Körpertemperatur, Kreislauf, Puls, Blutdruck, Atmung, Körperausscheidungen, Sinneswahrnehmung, Schmerzwahrnehmung • Psychische Merkmale: Denken, Gefühle, Einstellungen • Verhalten: Körperpflege, Ernährung, Schlaf, Kommunikation, Beziehungen, Sexualität, Beschäftigung

Tabelle 5.2 (Fortsetzung)

	Verwendungszweck	Inhalt/Aufbau
Stellenbeschreibung	Mittel der Personalführung für den Arbeitgeber (Stellenplanung, Stellenausschreibung, Mitarbeitereinarbeitung und -beurteilung), Absicherung für den Mitarbeiter	Arbeitsstelle: 1. Stellenbezeichnung, Stelleninhaber, Arbeitsbereich 2. Instanzenbild: Eingruppierung, Vorgesetzter, Vertreter, Unterstellte 3. Aufgabenbild: Ziele, Aufgaben, Befugnisse und Verantwortung bzgl. Patienten, Mitarbeitern und Einrichtung, sonstige betriebliche Belange 4. Leistungsbild: schulische und berufliche Qualifikation, Einzelanforderungen 5. Ort/Datum, Unterschriften (Betriebsleiter, Vorgesetzter, Stelleninhaber)
Tätigkeitsbeschreibung	Arbeitsanweisung, Pflegestandard, Schüler-, Patientenanleitung	Pflegetätigkeiten (z. B. Blutdruckmessen, Anlegen eines Wundverbands, Umbetten eines Patienten): Arbeitsschritte (Vorbereitung, Durchführung bzw. Mitwirkung, Nachsorge/Ergebniskontrolle), evtl. schriftlicher Arbeitsablaufplan (Flussdiagramm, Handlungskette)

5.3.2 Grundsätze des Informierens

1. **Sachlichkeit**: Die Informationen sollen frei von persönlichen Gefühlen, Werturteilen, Meinungen und Vermutungen übermittelt werden.

2. **Verständlichkeit**: Beim Empfänger soll eine möglichst klare und vollständige Vorstellung oder wenigstens ein zureichender Eindruck vom Dargestellten entstehen, sodass er dieses wiedererkennen, wiedergeben oder praktisch umsetzen kann. Sachtexte werden verständlich durch:
   - *Natürlichkeit*, *Einfachheit*, *Anschaulichkeit*: durch kurze Hauptsätze, mehr Verben als Substantive, mehr Aktiv- als Passivformen, bekannte Wörter, Erklärung von Fremd- und Fachwörtern, Vergleiche mit bekannten Erscheinungen, Beispiele, grafische Darstellungen (Kurven, Tabellen, Skizzen, Statistiken, Bilder usw.), Verzicht auf sprachliche Ausschmückung;
   - *Klarheit*, *Gliederung*, *Ordnung*: bei mündlichen Texten äußere Übersichtlichkeit durch Bemerkungen zum Textaufbau zu Beginn und im Sprechverlauf, Vorgehen in kleinen Schritten, Hinweis auf Übergänge zwischen Abschnitten, Überprüfung des Verständnisses nach jedem Schritt (Fragen), Hervorhebung wichtiger Stellen durch Betonung, Einräumen von Denkpausen, Ermunterung zum Fragen-Stellen, Wiederholung, zusätzliche Niederschrift; bei schriftlichen Texten klare äußere Form durch Absätze, Überschriften, Seitennummerierung, Rand, lesbare Schrift usw., Hervorhebung wichtiger Stellen durch Unterstreichung, andere Schriftart, Schriftgröße u. Ä.; innere Folgerichtigkeit durch logische Gliederung, logische Reihenfolge der Einzelheiten, Herstellen von Zusammenhängen, Hinweise auf gedankliche Beziehungen durch Vor-, Quer- und Rückverweise;
   - *Prägnanz*, *Kürze*, *Genauigkeit*: durch überschaubare Informationsmenge (bei mündlichen Texten etwa sieben Informationen), kurze, knappe Formulierun-

gen, treffende, eindeutige Wörter, genaue Angabe von Zahlen und Namen, Fachbegriffe, Definitionen, Abkürzungen, Beschränkung auf das Wesentliche. Eine zu gedrängte Übermittlung der Informationen erschwert jedoch das Verständnis. Schwierige Inhalte sollten detaillierter ausgeführt werden.

3. **Lebendigkeit**: Damit die Informationen beim Empfänger ankommen, sollte dessen Interesse durch vorsichtige gefühlsmäßige Ansprache geweckt und aufrechterhalten werden. Sachtexte werden lebendig durch praktische Beispiele, lebensnahe Vergleiche und Assoziationen, bildhafte Ausdrücke, Personifikation abstrakter Begriffe, wörtliche Rede, Abwechslung im Satzbau, Ansprechen mehrerer Sinne (gesprochene, geschriebene Sprache, Visualisierung) und Bezug zur eigenen Person (Betroffenheit, Bedeutsamkeit).

4. Die Darstellung muss auf die Kommunikationssituation, den Informationszweck sowie die Befürfnisse und Voraussetzungen des Empfängers (Aufnahmevermögen, Erwartungen, Interessen, Vorkenntnisse) **abgestimmt** sein.

5.3.3 Mündlich informieren

Unklarheiten können bei *mündlichen Berichten* (z. B. Auskunft, Aussage vor Gericht, Vortrag) durch Rückfragen oder Aussprache besser ausgeräumt werden als bei schriftlichen. Sie später nachzuvollziehen ist dagegen schwer möglich, es sei denn, sie wurden mitprotokolliert oder verschriftlicht, wie z. B. häufig Rechenschaftsberichte.

Für *Informationsgespräche* bietet sich folgender Verlauf an:

1. Informelle Eröffnung, Schaffung einer positiven Gesprächsatmosphäre, Festlegen des Themas;
2. Wecken von Interesse, Aufzeigen der Bedeutung des Themas;
3. Informieren und Klären offener Fragen oder Fragensammlung und -beantwortung;
4. persönlicher Bezug, Ausblick.

Instruktionsgespräche können so ablaufen:

1. Vorgespräch über Ziel, Methode, Kenntnisstand;
2. Vortragen, Vormachen;
3. Wiedergeben-, Nachmachen-Lassen, Überprüfen;
4. Wiederholen-, Üben-Lassen, Bewerten;
5. Nachgespräch über Lernerfolg und Anwendung.

Gegenüber diesem darbietenden Verfahren wird beim entdeckenlassenden Vorgehen der Lernende durch Impulse zur selbständigen Auseinandersetzung mit dem Lerngegenstand angeregt. Ablauf aus der Perspektive des Angeleiteten:

1. Sich-Informieren;
2. Planen, Entscheiden;
3. Durchführung;
4. Überprüfung, Bewertung durch die Anleiteperson.

5.3.4 Schriftlich informieren

Längere *schriftliche Berichte*, z. B. den jährlichen Arbeitsbericht der Pflegeabteilung, gliedert man am besten nach dem Muster:

1. Einleitung (erster Gesamteindruck);
2. Hauptteil (einzelne Beobachtungen);
3. Schluss (vertiefter Gesamteindruck).

Einleitung und Schluss können persönliche Gedanken enthalten.

Eine Variante des schriftlichen Sachberichts ist das *Protokoll* (Niederschrift), das die wesentlichen Elemente einer Veranstaltung, einer Sitzung oder eines Gesprächs (z. B. Verhandlung, Prüfung, Unterrichtsstunde) festhält. Es dient der Ergebnissicherung, ist Gedächtnisstütze für die Beteiligten bzw. Informationsmittel für nicht Anwesende und gilt als juristisches Beweismittel (Dokument). Es wird von einem Protokollführer (Schriftführer) erstellt und muss von diesem und dem Leiter bzw. der Leiterin der Veranstaltung unterschrieben werden. Zusätzlich bedarf es der Genehmigung durch alle Beteiligten, die die Berichtigung von Passagen verlangen können. Seine Form ist standardisiert (Abb. 5.1).

Protokollarten sind:

- Das *Kurzprotokoll* (Gesprächs-, Aktennotiz) ist eine knappe Aufzeichnung über ein Gespräch oder einen Vorfall. Die Angaben orientieren sich an den W-Fragen (Was? Wer? Wann? Wie lange? Wie oft? Wo? Wie? Womit? Warum? Wozu? Woher? Wohin?). Meist reichen Stichworte aus.
- Das *Wortprotokoll* (Verhandlungsstenogramm) gibt den Verlauf einer Verhandlung Wort für Wort wieder. Es wird nur verwendet, wenn der dokumentarische Zweck ganz im Vordergrund steht, z. B. bei Parlamentsdebatten, polizeilichen Vernehmungen oder Gerichtsverhandlungen. Normalerweise reichen Protokolle aus, die das Wesentliche des Sachverhalts sinngemäß wiedergeben.
- Das *Verlaufsprotokoll* informiert über den chronologischen Hergang sowie die Ergebnisse und Beschlüsse einer Veranstaltung. Es wird eingesetzt, wenn es auf den Veranstaltungsverlauf ankommt, z. B. bei Diskussionen. Das *Ergebnisprotokoll* beschränkt sich hingegen auf die tatsächlich erreichten Ergebnisse (Beschlüsse, Entscheidungen, Aufträge) und deren Begründung. Es ist kürzer als das Verlaufsprotokoll, weil es auf die Darstellung des Weges, der zu den Ergebnissen führte, verzichtet. In der Praxis werden beide Formen häufig miteinander kombiniert, indem in groben Zügen der Verlauf und schwerpunktmäßig die Ergebnisse dargestellt werden (Mischprotokoll).
- Für regelmäßig wiederkehrende Sitzungen können *Protokollformulare* verwendet werden. Beschlüsse und Vereinbarungen werden dann nur noch in einen vorgefertigten Rahmen eingetragen.
- Wenn das Mitschreiben nicht möglich ist oder die Notwendigkeit des Mitprotokollierens erst später erkannt wird, kann man nachträglich ein *Gedächtnisprotokoll* erstellen. Es ist freilich von geringerem dokumentarischem Wert.

Krankenpflegeschule	Ausbildungskurs
am _____ -Krankenhaus	
Ort	

UNTERRICHTSPROTOKOLL
(bei Sitzungsprotokollen: *PROTOKOLL ÜBER...*)

Protokollkopf

Fach: (bei Sitzungsprotokollen Anlass, z. B. SMV-Sitzung)
Datum:
Beginn: (Uhrzeit)
Ende: (Uhrzeit)
Ort:
Fachlehrer/in: (bei Sitzungsprotokollen: Vorsitz/Leitung)
Anwesend: (bei Sitzungsprotokollen: Namen, bei großen Gruppen nur Personenzahl)
Abwesend/Entschuldigt:
Protokollführer/in:

Thema: (bei Sitzungsprotokollen: Tagesordnung mit Tagesordnungspunkten TOP 1, 2 usw., letzter TOP meist Verschiedenes)

Protokolltext

- Gliederung nach thematischen Abschnitten (bei Sitzungsprotokollen nach den TOPS)
- Hervorhebung von Anträgen, Beschlüssen und Terminen durch Unterstreichen, Einrückung, Fettdruck usw.
- Bei Abstimmungen genaue Angabe der Zahl der Stimmen bzw. Enthaltungen
- Verweis auf beigefügte Anlagen (z. B. siehe Anlage 1)

Hausaufgaben:

Anlagen: 1. _____
2. _____
3. _____

Protokollfuß

Ort und Datum der Ausfertigung
Unterschrift des Fachlehrers (bei Sitzungsprotokollen des Leiters/Vorsitzenden) und des Protokollführers

Protokollanlage:
Bei der Veranstaltung verwendete Materialien und Unterlagen sind, sofern sie nicht in den Protokolltext eingearbeitet werden, als Anlage beizufügen. Beim Unterrichtsprotokoll sind dies z. B. Textblätter, Arbeitsblätter, Tafelanschriebe, grafische Darstellungen auf Folie, Schülerreferate.

Abb. 5.1 Protokollrahmen.

> **Schreibregeln für Protokolle**
> Namen nur bei wichtigen Beiträgen nennen; auf Überleitungen verzichten (nicht: *Nachdem dieser Punkt ausführlich besprochen ist, wenden sich die Anwesenden der Beschlussfassung zu*, sondern: *Die Anwesenden beschließen …*); wörtliche (direkte) Rede nur verwenden, wenn es auf den Wortlaut einer Äußerung ankommt (sonst indirekte = abhängige Rede). Im Unterschied zum normalen Bericht schreibt man das Protokoll zur Vergegenwärtigung des Geschehens im Präsens.

5.3.5 Mitarbeiter informieren: Notfallmeldung, Übergabe und Visite

Für die Krankenpflegeberufe ist der *Informationsaustausch* unter den Mitgliedern des Pflegeteams wie auch mit den anderen an der Behandlung und Betreuung der Patientinnen und Patienten beteiligten Berufsgruppen von zentraler Bedeutung. Genaue und umfassende Information ist Voraussetzung sicherer Pflege. Sie ermöglicht wirksame Abstimmung (Koordination) und Zusammenarbeit (Kooperation), spart Zeit und steigert die Arbeitsmotivation der Teammitglieder, da diese sich in die Entscheidungsprozesse einbezogen fühlen und so Mitverantwortung übernehmen können.

Bei plötzlich auftretenden Notfällen, z. B. Komplikationen, muss umgehend der zuständige Arzt informiert werden (*Notfallmeldung*). Die Angaben können sich an den W-Fragen orientieren.

Die *Dienstübergabe* (Übergabegespräch oder -bericht) wird bei jedem Schichtwechsel vollzogen. Sie dient der Weitergabe von Informationen von einer Arbeitsschicht zur nächsten, der Festlegung des pflegerischen Vorgehens und der Klärung allgemeiner organisatorischer Fragen. Außerdem trägt sie zur Stärkung des Teamzusammenhalts bei. Sie dauert je nach Arbeitsbereich und -anfall etwa 30–45 Minuten.

> **Verlauf des Übergabegesprächs**
> 1. Kurze Begrüßung, persönliche Einleitung;
> 2. Situationsbericht zu jedem Patienten mit Angaben zur Person, Diagnose, Befinden, Zustandsveränderungen, durchgeführten ärztlichen und pflegerischen Maßnahmen, geplanten Maßnahmen und Anordnungen, zu erledigenden Aufgaben;
> 3. aktuelle betriebs-, pflege- und stationsinterne Informationen, z. B. Neuregelung der Materialbestellung, Fortbildungsteilnahme, Dienstplan;
> 4. persönlicher Abschluss.

Eine Pflegekraft trägt die Informationen anhand des Dokumentationssystems vor. Sie lenkt vorsichtig das Gespräch, bezieht die anderen Teammitglieder durch gezielte Fragen mit ein und fasst deren Ergänzungen, Fragen und Vorschläge zusammen. Wie ausführlich auf die Patienten eingegangen wird, richtet sich nach den jeweils anfallenden Problemen und Aufgaben. Im Mittelpunkt stehen pflegerische, nicht medizinische oder hauswirtschaftliche Fragen. Durch inhaltliche Vorbereitung und sprachliche Genauigkeit kann routinemäßigen Abläufen vorgebeugt werden. Wichtige Daten werden mitprotokolliert. Der vorgesehene Zeitrahmen sollte eingehalten werden. Gegebenenfalls können die Pflegedienstleitung oder andere Berufsgruppen mit teilnehmen.

> **!**
> Störungen bei der Dienstübergabe vermeiden! Da die Übergabe ziemlich störanfällig ist, z. B. im Blick auf die Unterbrechung durch Ärzte, Angehörige, Patienten oder durch Telefonanrufe, Zeitdruck und unaufschiebbare Pflegeaufgaben, sollten feste Übergabezeiten für die gesamte Klinik vorgegeben sein, in denen keine diagnostischen und therapeutischen Maßnahmen durchgeführt werden. Hilfreich ist auch die Einrichtung eines Außen- und Telefondienstes und der Hinweis auf die Übergabe mittels Türschild.

Üblicherweise findet die Dienstübergabe im Stationszimmer statt. Eine Alternative ist die *Dienstübergabe am Krankenbett* (sog. Pflegevisite; *Visite* = Krankenbesuch). Verlauf:
1. Vorbereitung im Stationszimmer (allgemeine Patientendaten);
2. Durchführung im Patientenzimmer (Gespräch mit den Patienten über Befinden, Pflegeprobleme, -ziele und -maßnahmen);
3. Nachbereitung im Stationszimmer (aktuelle und organisatorische Fragen).

Die Vorteile dieses Verfahrens liegen darin, dass die Pflegekräfte sich durch den Augenschein und direkte Befragung ein umfassendes Bild von der Situation der Patientinnen und Patienten machen und diese unmittelbar in den pflegerischen Prozess einbeziehen können. Der pflegerische Bezug zu den Kranken wird dadurch gestärkt. Um zu vermeiden, dass sie durch die Anwesenheit vieler fremder Personen in ihrer Intimsphäre verletzt werden, muss auf die Einhaltung grundlegender Umgangsformen geachtet weden. Bei starker Erregbarkeit und schwerer Erkrankung sollte man auf die Übergabe am Bett verzichten, um den Betroffenen keiner unzulässigen Belastung auszusetzen.

> **!**
> Verhaltensregeln für geplante Pflegegespräche sind: Die Patientin begrüßen und mit Namen anreden; sich vorstellen; auf gleicher Blickhöhe miteinander sprechen; mit ihr, nicht über sie reden; das Mithören von Mitpatientinnen und Besuchern ausschließen (Schweigepflicht); Angehörige mit Zustimmung der Patientin einbeziehen; sich ausdrücklich verabschieden.

In der Regel nehmen Pflegekräfte an der *Arztvisite* teil. Dies gilt für die tägliche Stationsarztvisite ebenso wie für die meist wöchentlich stattfindende Oberarzt- bzw. Chefarztvisite. Zustand und Befinden der Patienten sowie ihre Einstellung zur Krankheit werden im Krankenzimmer überprüft, während medizinische Fragestellungen über Krankheits- und Behandlungsverlauf außerhalb anhand des Dokumentationssystems erörtert werden (Dokumentationsvisite). Die Pflegenden haben hierbei eine Mittlerfunktion: Sie bringen pflegerische Aspekte ein, werden über ärztliche Planungen unterrichtet und beraten und begleiten die Patienten im Anschluss an die Visite, z. B. bei schweren Nachrichten. Außerdem obliegt ihnen die organisatorische Vorbereitung (Patientenunterlagen, Materialien) und Nachbereitung (Terminvereinbarungen für Untersuchungen, Kontakte mit anderen Berufsgruppen, Aktualisierung von Dokumentation und Pflegeplanung). Arzt- und Pflegevisite können, auch unter Einbeziehung weiterer Berufsgruppen, miteinander verbunden werden (interdisziplinäre Visite).

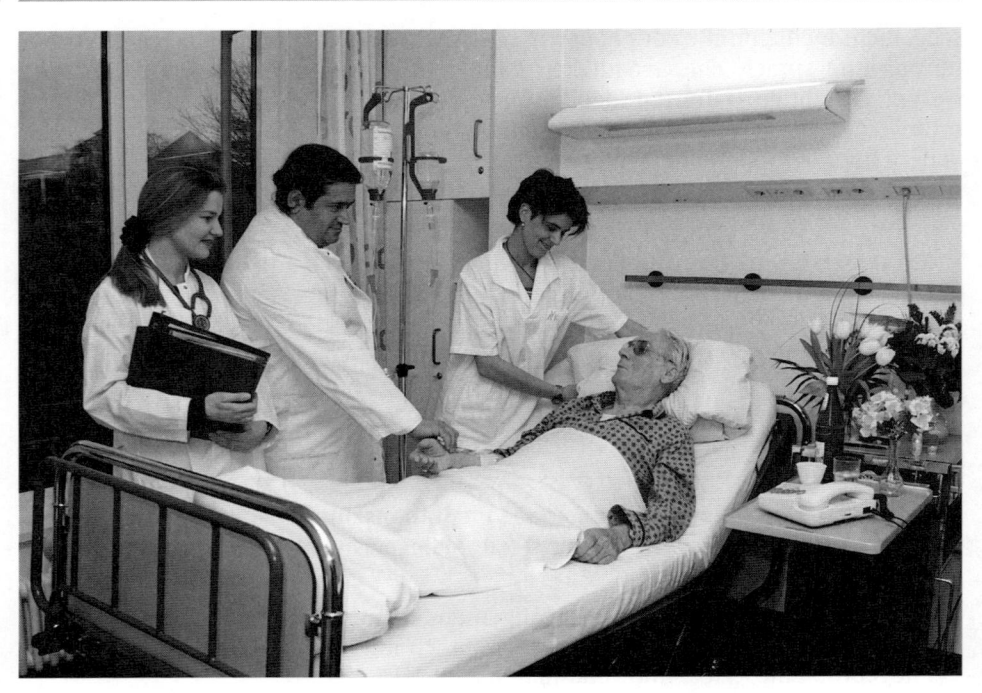

5.3.6 Patienten und Angehörige informieren: Unterrichtung und Aufklärung

Patienten im Krankenhaus haben aufgrund ihrer unsicheren Lebenssituation ein hohes Informationsbedürfnis, das nicht immer angemessen befriedigt wird. Die Gründe sind vielschichtig. Ihre Aufnahmefähigkeit ist oft begrenzt und die Achtung vor den Ärzten so groß, dass sie sich nicht nachzufragen trauen. Andererseits werden Informationen teilweise unter Zeitdruck und in einer unverständlichen Sprache weitergegeben. Angemessenes Wissen ist jedoch von großer Bedeutung, da es sich auf die Einstellung zur Krankheit, die Beteiligung an der Behandlung, die Krankheitsbewältigung und letztlich die Genesung auswirkt. Uninformierte Patienten reagieren unsicher und ängstlich. Jede Patientin und jeder Patient hat einen Rechtsanspruch auf umfassende Aufklärung. Denn nur wer aufgeklärt ist, kann sein

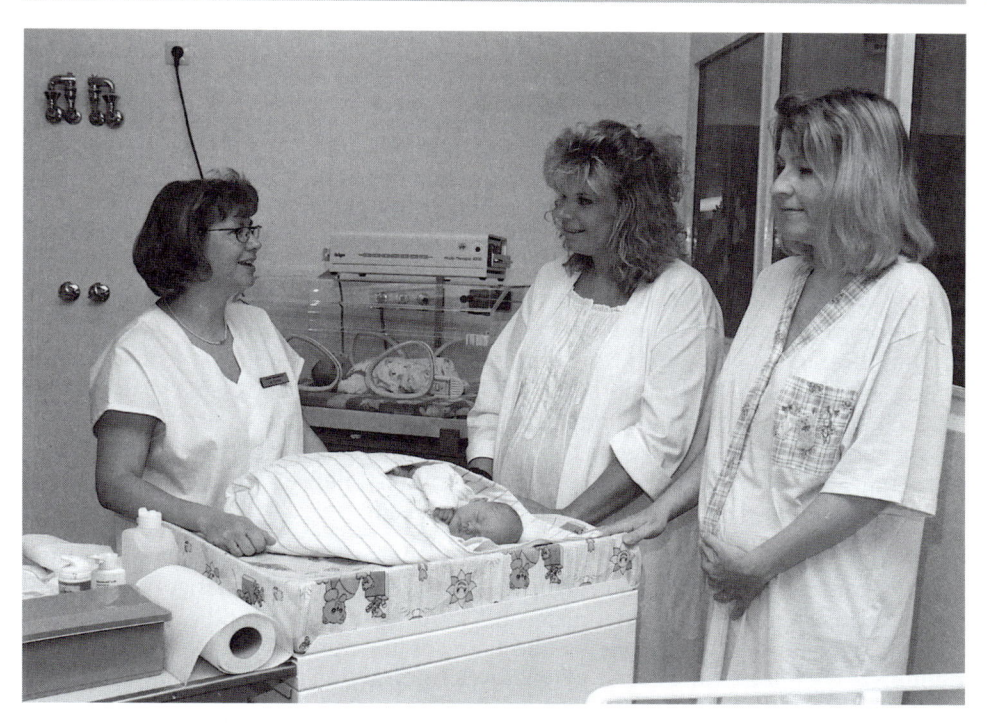

Selbstbestimmungsrecht im Blick auf ärztliche und pflegerische Maßnahmen angemessen wahrnehmen.

Im Unterschied zu schriftlichen Patienteninformationen (Hausordnung der Klinik, Hinweise auf Angebote durch Aushang, Plakate und Handzettel, Merkblätter zur Aufklärung über Behandlungsmaßnahmen und Operationen mit vom Betroffenen zu unterschreibender Einwilligungserklärung) bieten mündliche Informationen die Möglichkeit, auf die persönliche Situation der Patientin oder des Patienten einzugehen. Pflegekräfte können ihr oder ihm durch Vorab-Informationen und die Ermutigung, Fragen zu stellen, entgegenkommen und so Defizitgefühle und unangemessene Reaktionen verhindern. Informationen werden von Pflegekräften oft handlungsbegleitend vermittelt, indem sie ihr Tun erläutern und kommentieren oder allgemeine Dinge mitteilen. Daneben werden **geplante Informationsgespräche** geführt:

- Das *Aufnahmegespräch* dient dem Kennenlernen und der ersten Orientierung. Es schafft eine Vertrauensbasis, vermittelt Sicherheit und fördert die Aufnahmebereitschaft. Inhalte des Aufnahmegesprächs sind: Begrüßung, Vorstellung der Pflegekräfte, besonders der pflegerischen Bezugsperson, und der Mitpatientinnen, der Räumlichkeiten und technischen Einrichtungen (Klingelanlage, Telefon), des Stationsablaufs, der Hausordnung und Besuchszeitenregelung, Übergabe und Erläuterung von Informationsmaterial, Hinweis auf bevorstehende Maßnahmen.

- Beim *Visitengespräch* wird über pflegerische Ziele und Maßnahmen informiert.
- Im Mittelpunkt des *Abschlussgesprächs* stehen mit der Entlassung zusammenhängende Fragen (Betreuungsmöglichkeiten, soziale Dienste usw.).

Das pflegerische Informationsgespräch ist vom ärztlichen *Aufklärungsgespräch* zu unterscheiden. Eine Aufklärungspflicht hat allein der behandelnde Arzt. Sie betrifft alle medizinischen Sachverhalte, also Krankheit, Diagnose, Krankheitsverlauf, Prognose, Therapie und Medikamente. Wenn Pflegekräfte beim ärztlichen Aufklärungsgespräch nicht anwesend waren, müssen sie Patientinnen und Patienten, die Fragen zu ihrer Krankheit stellen, an den zuständigen Arzt verweisen. Sie dürfen nur verdeutlichen, nicht deuten oder ergänzen. Eine Patientin, die eine Maßnahme ablehnt, dürfen sie von deren Notwendigkeit überzeugen. Bleibt sie jedoch uneinsichtig, müssen sie den Arzt herbeiholen. Diese Vermittlerrolle ist nicht unproblematisch, da die Patienten und Patientinnen die rechtliche Lage meist nicht kennen, möglicherweise auf eine Antwort bestehen oder gar Schlimmeres vermuten, wenn sie keine klare Antwort erhalten. Deshalb sollten Pflegekräfte die Patientinnen und Patienten deutlich auf die Rechtslage hinweisen.

Angehörige werden von Pflegenden manchmal als zusätzliche Belastung empfunden. Schwieriges Verhalten von Angehörigen ist jedoch oft auf mangelhafte Information, Unsicherheit und Überforderung zurückzuführen. Abhilfe können eine regelmäßige Stationssprechstunde außerhalb der üblichen Arbeitszeiten, die Einbeziehung bei der Betreuung des Kranken durch Information und Erklärung und Hilfestellungen für die Zeit nach der Entlassung (pflegerische Anleitung, Information über ambulante Dienste) schaffen. Unterstützung geben auch spezielle Gesprächskreise und Selbsthilfegruppen.

5.3.7 Pflegeprozess, Pflegeplan und Pflegebericht

Professionelle Pflege ist geplante Pflege. Die für den einzelnen Patienten vorzunehmende *Pflegeplanung* orientiert sich am Modell des Pflegeprozesses (Abb. 5.**2**). Dieser gliedert sich in verschiedene Schritte, die aufeinander bezogen sind und in ihrer Abfolge einen Regelkreis bilden (Fiechter u. Meier 1992). Es handelt sich um einen Problemlösungs- wie einen Beziehungsprozess. Dieses Modell ermöglicht ein gezieltes, wirksames Vorgehen, stärkt die Pflegekompetenz und fördert die Vereinheitlichung pflegerischen Handelns. Entsprechend dem Beziehungsgedanken soll der Patient möglichst in jedem Abschnitt des Pflegeprozesses mit einbezogen werden.

1. **Informationssammlung:**

Für die Pflege bedeutsame Daten sind:

- *Direkte Daten*: erfragte und spontane Äußerungen des Patienten, Beobachtungen der Pflegekraft
- *Indirekte Daten*: Einweisungsdiagnose, Untersuchungsergebnisse, schriftliche Unterlagen des Hausarztes, frühere Pflegeberichte, Krankengeschichte, Arztaussagen, Auskünfte der Angehörigen, Begleiterinnen, Mitarbeiterinnen u. a.

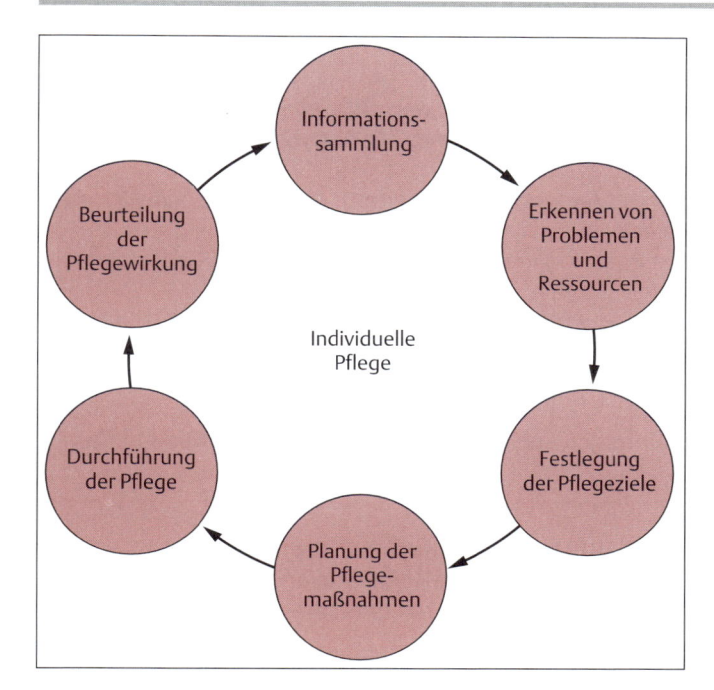

Abb. 5.2 Der Pflegeprozess (nach Fiechter u. Meier).

- *Objektive Daten* (eindeutig mess- und beobachtbar): Größe, Gewicht, Vitalwerte, Lähmungen, verbliebene Fähigkeiten
- *Subjektive Daten* (schwerer fassbar): Empfindungen, Gefühle, Ängste usw.

Das *ärztliche Erstgespräch* (ärztliche Anamnese) erstreckt sich auf medizinisch bedeutsame Daten wie Biographie und Krankengeschichte, Krankheiten in der Familie, Beruf und sozialer Status sowie klinischer Befund. Das *pflegerische Erstgespräch* (Pflegeanamnese) hat dagegen zum Ziel, pflegebezogene Ressourcen, Pflegeprobleme und Pflegebedarf zu klären. Es sollte möglichst am Aufnahmetag in einem gesonderten Raum geführt werden, nachdem die erste Betriebsamkeit der Aufnahme vorbei ist. Häufig fällt es mit dem Aufnahmegespräch zusammen. In der Kinderkrankenpflege wird es mit den Eltern geführt. Die Pflegekraft sollte eine unterhaltende Gesprächsform wählen und abfragendes Vorgehen wie auch Suggestivfragen vermeiden. Das Gespräch sollte nicht länger als 20 Minuten dauern.

Fragetechnik
Eine Frage ist eine sprachliche Äußerung, mit der ein Adressat zur Mitteilung einer bestimmten Information (Antwort) veranlasst werden soll. Sie hat eine das Gespräch lenkende Funktion. Die Fragearten werden eingeteilt
- nach der grammatischen Form von Frage und Antwort:
Entscheidungsfrage (Ja/Nein-Frage): *Haben Sie schlecht geschlafen? – Ja.*
Ergänzungsfrage (W-Frage): *Wie haben Sie geschlafen? – Schlecht.*
Frageimpuls (Aufforderung, Aussage, Denkanstoß): *Sagen Sie mir noch, wie Sie*

> geschlafen haben. – Schlecht habe ich geschlafen.
> - nach der Breite der Antwort:
> Offene Frage (unbegrenzte Antwortmöglichkeit): *Wie fühlen Sie sich?*
> Sondierungsfrage (offene Frage zur Vertiefung der Antwort): *Wie ging es nach dem Krankenhausaufenthalt weiter?*
> Auswahlfrage (mehr als zwei Antwortmöglichkeiten): *Möchten Sie Schwarztee, Kamillentee oder Früchtetee?*
> Alternativfrage (zwei Antwortmöglichkeiten): *Haben Sie regelmäßig Stuhlgang oder nur ganz selten?*
> Geschlossene Frage (eine Antwortmöglichkeit): *Wann sind die Schmerzen zum ersten Mal aufgetreten?*
> Suggestivfrage (Vorgabe der Antwortrichtung): *Ihnen geht es doch nicht gut heute?*
> Rhetorische Frage (Scheinfrage: Antwort wird nicht erwartet): *Was soll denn das?*

Wichtige Daten werden schriftlich festgehalten. Für die Befragung bzw. Aufzeichnung werden häufig krankenhauseigene *Aufnahmeformulare* (Patientenaufnahmebogen) und *Checklisten* (Fragelisten) verwendet, die jedoch nicht den Blick für neue Gesichtspunkte verstellen dürfen.

Inhalte des pflegerischen Erstgesprächs sind:

- Art der Aufnahme, Personalien, Hausarzt, Krankenversicherung, Anschrift und Rufnummer des Angehörigen;
- Diagnose, Medikation, Verordnungen, Therapie;
- Familiensituation, Bezugspersonen;
- Ressourcen und Probleme in verschiedenen Lebensbereichen (z. B. nach den ATL = Aktivitäten des täglichen Lebens, Juchli 1998), Pflegebedarf.

Die Patienten verwenden eine subjektiv ausmalende, mit kleinen Erzählungen durchsetzte Darstellung (*Schilderung*), aus der die wesentlichen Informationen herausgefiltert werden müssen (Tab. 5.**3**).

Tabelle 5.**3** Wörter zur Beschreibung von Schmerzen.

Stärke	gering, leicht, mäßig, stark, heftig, intensiv, quälend, vernichtend, unerträglich, schwankend
Ort	lokalisiert, Kopfschmerz, Brustschmerz, Bauchschmerz, Gelenkschmerz, Nervenschmerz, Phantomschmerz, nicht lokalisierbar, diffus, umschrieben, ausstrahlend, wandernd
Dauer	kurz, andauernd, anhaltend, ständig, stundenlang, intervallartig, periodisch
Umstände	nachts, tags, nach Anstrengung, nach Aufregung, bei, vor, nach dem Essen, bei Nüchternheit, auf Druck, bei Beklopfen, bei Betasten, bei Bewegung, spontan, plötzlich
Charakter	stechend, bohrend, ziehend, klopfend, drückend, spannend, brennend, würgend, reißend, nagend, beklemmend, stichartig, dumpf, lebhaft, kolikartig, krampfartig, attackenartig, anfallsartig, schubweise, wehenartig, an- und abschwellend, anwachsend, abklingend, verstummend
Reaktion	dumpf vor sich hinbrüten, still leiden, wimmern, stöhnen, schreien, verkrümmt, angespannt vor Schmerz, schmerzverzerrt

Die im Erstgespräch gewonnenen Daten werden laufend ergänzt und erweitert. Neben Gesprächen und schriftlichen Unterlagen ist die fortlaufende *Krankenbeobachtung* (Patientenbeobachtung) besonders wichtig, auch im Hinblick auf akute Situationen.

> **!** Hinweise zur Krankenbeobachtung: Alle Sinne nutzen, mehrere Vergleichskriterien heranziehen, andere Personen einbeziehen, für unerwartete Beobachtungen offen sein, Fachwissen und Fachbegriffe für die Deutung, Erklärung und Bewertung des Beobachteten verwenden.

2. **Erkennen von Problemen und Ressourcen:**

Pflegeprobleme sind Beeinträchtigungen in den verschiedenen Lebensbereichen, Ressourcen sind dem Patienten verbliebene Fähigkeiten. Pflegerische Probleme und Ressourcen werden eingeteilt:

- nach der Bedeutung: aktuelle (offensichtliche), potentielle (mögliche), verdeckte (vermutete) Probleme;
- nach der Ausprägung: individuelle (spezifische), generelle (typische) Probleme;
- in äußere (Beziehungen, Interessen, Ortsbindung) und innere Ressourcen (Motivation, Hoffnung, Glauben, Kreativität u. Ä.).

Zu jedem Problem werden, wenn möglich, die Ursachen und die zeitliche Erstreckung sowie die entsprechenden Ressourcen ermittelt und schriftlich fixiert bzw. in die Pflegedokumentation aufgenommen (vgl. Tab. 5.**4**). Probleme nach Pflegestandard werden nicht eingetragen. Als Gliederungshilfe bieten sich die Pflegemodelle an (z. B. ATL). Die Formulierung soll kurz, treffend und sachbezogen sein. Wenn möglich, soll die Perspektive der Patientin bzw. des Patienten gewählt werden. Bei den Pflegeproblemen werden Bereich, Art und Umfang der Beeinträchtigung genannt.

3. **Festlegung der Pflegeziele:**

Die Pflegeziele beschreiben den Soll-Zustand (Prognose, Erfolg) und beziehen sich auf Erleben, Verhalten, Wissen, Können, Zustände oder Vorgänge. Jedem Problem werden ein Fernziel (Ergebnis des Pflegeprozesses), das auch über den Krankenhausaufenthalt hinausreichen kann, und Nahziele (erreichbare und überprüfbare Einzelschritte zur Erreichung des Fernziels) zugeordnet. Beide orientieren sich an allgemeinen *Leitzielen* (Pflegeleitbild), etwa dem Gedanken der ganzheitlichen Pflege. Man geht in drei Schritten vor: Zuerst wird eine Zielanalyse gemacht (Erwartung der Pflegenden und Patienten), dann eine Situationsanalyse (Umgebung, Stärken und Schwächen, Ressourcen) und zuletzt eine Zielformulierung. Die Ziele stehen im Präsens. Wendungen mit *sollen* oder *müssen* werden nicht verwendet. Sofern möglich, formuliert man vom Patienten aus. Die Nahziele werden positiv ausgedrückt und mit einem qualitativen und/oder quantitativen Hinweis sowie einer Zeitangabe für die Überprüfung versehen. Nah- und Fernziele werden in die Dokumentation eingetragen (vgl. Tab. 5.**4**).

4. Planung der Pflegemaßnahmen:

Pflegemaßnahmen betreffen das praktische Vorgehen, den *Pflegeplan*: Wer (Pflegende) macht wem (Patient) wo (Ort) was (Maßnahme) wann (Zeitpunkt) wie oft (Häufigkeit) wie (Art) womit (Hilfsmittel)? Die individuelle Pflegeplanung wird von einer den jeweiligen Patienten betreuenden Pflegekraft angefertigt und im Pflegeteam besprochen. Sie wird in der Pflegedokumentation festgehalten (vgl. Tab. 5.**4**) und ist für alle bindend. Die Formulierung soll knapp, anschaulich und aussagekräftig, der Aufbau übersichtlich sein. Fachbegriffe verleihen Eindeutigkeit. Selbstverständlichkeiten werden nicht aufgeführt (z. B. *Patient morgens begrüßen*). Doppelungen sollten vermieden werden. Einmalige Tätigkeiten werden im Pflegebericht genannt (z. B. *Angehörige bitten, Lektüre mitzubringen*). Insgesamt sollte die Planung so gestaltet sein, dass sie eine Pflegekraft, die die Patientin nicht kennt, ohne nachzufragen, umsetzen kann.

Sind verbindliche Beschreibungen von Pflegehandlungen (*Pflegestandards*, Tab. 5.**4**) vorhanden, reicht in der Dokumentation ein entsprechender Hinweis aus. Man unterscheidet Strukturstandards (nach der Qualifikation der Pflegekräfte: wer? wem? was? wo?), Prozessstandards (Art, Mittel: wie? womit?) und Ergebnisstandards (Ziel, Ergebnis: wozu? mit welchem Ergebnis?). Die Standards können hausintern erarbeitet oder vorgefertigt übernommen werden. Sie gelten als Dienstanweisung der Pflegedienstleitung und müssen immer wieder auf den neuesten Stand gebracht werden. Pflegestandards dienen der Vereinheitlichung,

Tabelle 5.**4** Beispiel eines Pflegestandards zu ATL (Aktivitäten des täglichen Lebens, nach Juchli) „Kommunizieren" (nach Wieteck und Vellener).

Pflegeprobleme Pflegeressourcen	Pflegeziele	Pflegemaßnahmen (Pflegeplan)
Der Patient zeigt einen abwertenden Kommunikationsstil. • Er misstraut jedem und sieht bei anderen immer nur Fehler und Schwächen. • Er belehrt andere ständig und beschuldigt sie aller möglichen Vergehen. • Er wird gleich zornig und aggressiv, wenn sich jemand nicht nach seinen Vorstellungen verhält. • Er hat kaum engere Kontakte zu anderen Menschen. Ressourcen: • Bereitschaft, Probleme direkt anzusprechen • Fähigkeit, sich zu empören • Fähigkeit, spontan zu reagieren • Fähigkeit, Problematisches wahrzunehmen	Der Patient geht respektvoll mit seinen Mitmenschen um. • Er macht sich seine bisherige Kommunikationsweise und ihre Folgen bewusst. • Er entdeckt die positiven Seiten anderer Menschen und ihrer Verhaltensweisen. • Er entdeckt, dass er auch aus negativen Erfahrungen lernen kann. • Er findet zu eigener Selbstachtung. • Er wird von seinen Mitmenschen geachtet.	• Klärendes Einzelgespräch • Konstruktives Feedback durch die Teammitglieder • Arbeitsteilung im Team: Wer gibt wann wie Rückmeldung? • Bei Erfolg der Maßnahmen: positives Feedback durch die Teammitglieder • Positive Rückmeldung in einem abschließenden Einzelgespräch • Klärende Einzel- und Gruppengespräche mit Mitpatienten

bedürfen aber immer der Übertragung auf den Einzelfall. Außerdem verbessern sie die Pflegequalität, erleichtern die Einarbeitung neuer Mitarbeiterinnen, verringern den Dokumentationsaufwand, machen die pflegerische Leistung gegenüber den Kostenträgern deutlich und die Arbeitsqualität überprüfbar.

5. **Durchführung der Pflege:**

   Der Pflegeplan wird laufend auf den neuesten Stand gebracht. Am besten wird die Dokumentationsmappe ins Patientenzimmer mitgenommen. Eintragungen in den *Überwachungsbogen* (Gewicht, Temperatur usw.) werden dort direkt vorgenommen. Manchmal sind weitere Abklärungen im Pflegeteam erforderlich. Die Veränderungen müssen schriftlich oder mündlich an alle verantwortlichen Pflegekräfte weitergegeben werden.

6. **Beurteilung der Pflegewirkung (Evaluation):**

   Sie wird mit Hilfe des Pflegeberichts spätestens zum vorgesehenen Termin vorgenommen. Fragen: Wurden die Ziele erreicht? Waren die Maßnahmen angemessen? Wurden die Probleme beseitigt? Wurden die Ressourcen genutzt? Wenn Ziele verfehlt wurden, müssen die Gründe ermittelt werden (neue Informationssammlung). Sie können in allen Bereichen des Pflegeprozesses und in unvorhersehbaren Komplikationen liegen. Der Pflegeprozess wird dann von vorne begonnen.

Der *Pflegebericht* (Pflegeprotokoll) enthält in Stichworten oder kurzen Sätzen Angaben zu körperlichem Zustand und Zustandsveränderungen, psychischer Verfassung, Wahrnehmung von Bedürfnissen, Verhalten, durchgeführten Pflegemaßnahmen und Wirkungen sowie besonderen Vorkommnissen und organisatorischen Dingen. Er muss täglich fortgeschrieben werden. Die Eintragungen werden mit Datum, Uhrzeit und Handzeichen der Pflegekraft versehen. Die Arbeitsschichten können durch unterschiedliche Farben gekennzeichnet werden. Beim Aufnahmebericht stehen Pflegeprobleme und auf die Einweisungsdiagnose bezogene Beobachtungen im Vordergrund. Der Entlassungsbericht enthält die Gesamtbeurteilung der Pflegeergebnisse (Zielerreichung mit Begründung). Der Pflegeverlegungsbericht dient der Information der übernehmenden Station bzw. Institution und wird dieser mit einschlägigen Angaben über Anamnese, Pflegebedarf und Pflegeverlauf und Dokumenten sowie einem Begleitbrief (Pflegebrief, analog dem Arztbrief) zugeleitet.

5.3.8 Patientendokumentation

Grundlage der Arbeit nach dem Pflegeprozess ist die Pflegedokumentation. Dokumentieren heißt, Urkunden zusammenstellen, ordnen und aufbereiten. Als Pflegedokumentation bezeichnet man die schriftliche Aufzeichnung aller für die Behandlung und Pflege notwendigen Informationen. In Deutschland wurde sie erstmals in den 70er Jahren an einzelnen Kliniken eingesetzt. Inzwischen ist sie gesetzlich vorgegeben. Früher arbeitete man entsprechend der Funktionspflege mit den verschiedensten Einzelaufzeichnungen wie Verordnungsplan, Spritzenplan, Dienstübergabebuch, Übersichtsplänen, Krankenberichten, Patientenkartei, Merkzetteln usw.

(arbeitsablaufbezogenes Dokumentationssystem). Das heutige *patientenbezogene Dokumentationssystem* entspricht demgegenüber dem Grundsatz der individuellen Pflege. Verschiedene Hersteller, z. B. Kardex oder Optiplan, bieten Dokumentationsmappen an, in die einzelne Formblätter eingeordnet werden. Auch computergestützte Dokumentationssysteme wurden bereits entwickelt.

Die gesamte **Patientendokumentation** (Krankenakte) besteht aus folgenden drei Teilen:

- *Pflegedokumentation*: Sie umfasst die Pflegeanamnese, den Pflegeplan mit Überwachungsbogen und den Pflegebericht.
- *Arztdokumentation*: Sie enthält ärztliche Anamnese, Krankenblatt, Fieberkurve, Verlegungsbericht, Entlassungsbericht, OP-Bericht, Narkoseprotokoll, Verordnungen, Medikamenten- und Therapieplan. Ärztliche Verordnungen sollten erst von der ausführenden Pflegekraft abgezeichnet werden, nachdem sie der verordnende Arzt eingetragen und mit Handzeichen versehen hat. Die Angaben sollen genau sein (möglichst nicht: *bei Bedarf*). Bei telefonischen Anweisungen ist Vorsicht geboten: Anweisung am Telefon zur Sicherheit wiederholen, in der Dokumentation besonders kennzeichnen und baldmöglichst nachträglich unterzeichnen lassen.
- *Befunddokumentation*: Sie besteht aus Untersuchungsergebnissen (Labor, Röntgen, EKG, Computertomographie usw.), die in den Funktionsstellen dokumentiert und dem Arzt zugeleitet wurden.

Die Patientendokumentation ist Gedächtnisstütze und Informationsmittel, ermöglicht eine bessere Koordination der pflegerischen und ärztlichen Maßnahmen und unterstützt die geplante, individuelle Pflege und Behandlung. Sie ist außerdem eine Urkunde im Rechtssinn und dient der Beweissicherung (Haftung). Im ärztlichen und pflegerischen Bereich besteht *Dokumentationspflicht*. Was dokumentiert ist, gilt als getan, was nicht dokumentiert ist, als nicht getan. Falschdarstellungen und Manipulationen sind Urkundenfälschung und werden strafrechtlich verfolgt. Die Eintragungen müssen mit einem dokumentenechten Kugelschreiber geschrieben werden. Auf keinen Fall darf ein Bleistift verwendet werden. Bei fehlerhaften Eintragungen ist der Text mit einem waagrechten Strich so durchzustreichen, dass er noch lesbar ist. Völliges Ausradieren, Überkleben, Überstreichen oder Auslöschen mit Korrekturflüssigkeit ist nicht zulässig. Die Handzeichen müssen mit Hilfe einer Handzeichenliste eindeutig zuzuordnen sein. Die Dokumentation ist bis zu 30 Jahren aufzubewahren. Sie unterliegt dem Datenschutz und muss im Stationszimmer verwahrt werden. Zugang haben nur die an der Behandlung und Betreuung direkt beteiligten Personen. Die Patientin hat ein prinzipielles Recht auf Einsicht in ihre Unterlagen. Insgesamt gilt für Pflegekräfte eine besondere Schweigepflicht gemäß § 203 des Strafgesetzbuches über alle krankheitsbezogenen und persönlichen Patientendaten.

5.3.9 Formulare

Im Krankenhaus und in Pflegeeinrichtungen sind zahlreiche hausinterne oder externe **Formulare** (Vordrucke zum Ausfüllen) im Umlauf.

- *Urkunden*: ärztliche Totenbescheinigung (Leichenschauschein) als Voraussetzung für die vom Standesamt ausgestellte Sterbeurkunde, Geburtsmeldung des Arztes oder der Hebamme als Voraussetzung für die standesamtliche Geburtsurkunde, ärztliche Rezepte (besondere Form: Betäubungsmittelrezept), Quittungen über Wertgegenstände u.v.a.
- *Anträge*: z. B. Reha-Antrag der Ärztin bzw. Patientin an den Leistungsträger, Heilmittelantrag und Hilfsmittelantrag des Arztes an die Krankenkasse. Anträge bei Behörden werden in der Regel schriftlich als formloses Schreiben oder formgebunden mit Formular oder mündlich („zur Niederschrift") gestellt. Dabei sind zahlreiche Rechtsvorschriften zu beachten, wie z. B. Fristen, beizufügende Unterlagen, Vollmacht, Bearbeitungsverfahren und Rechtsmittel. Krankenhaussozialdienst, Leistungsträger und Behörden beraten die Patienten bei der Antragstellung.
- *Bescheinigungen*: Patientenerklärung bei Beurlaubung oder Entlassung entgegen ärztlichem Rat, Arbeitsunfähigkeitsbescheinigung des Arztes zur Vorlage bei Arbeitgeber und Krankenkasse, ärztlicher Überweisungsschein.
- *Betriebsinterne Formulare*: Dienstplan, Urlaubsantrag, Fortbildungsanmeldung, Materialbestellzettel usw.

Hinweise zum Umgang mit Formularen
- *Herstellen*: DIN A 4- oder 5-Format benutzen, den Verwendungszweck in der Überschrift eindeutig benennen, nicht zu kleine Spalten vorsehen, Fragen und Stichpunkte kurz und genau formulieren und übersichtlich anordnen, auf schwierige Fachausdrücke verzichten oder Erklärung beigeben, gängige Abkürzungen (*Nr., PLZ, geb., gest., led., verw., verh., gesch., ev., kath., rk., tägl., mtl., lfd., dgl., evtl., ggf., u.U., u. a., z. T., bzgl., betr., z. B., z.Z.*) verwenden, kurze Standardantworten bzw. Kästchen zum Ankreuzen vorgeben, evtl. Rubrik für Bearbeitungsvermerke und Hinweise auf beizufügende Unterlagen einplanen, auf zügige Auswertbarkeit achten, eine möglichst klar und verständlich formulierte Anleitung beilegen, evtl. am unteren Rand Formular-Nr., Erstellungs-, Druckdatum o.Ä. vermerken.
- *Ausfüllen*: zuerst die Anleitung lesen, sehr kurze, treffende Antworten und verständliche Abkürzungen wählen, Zutreffendes ankreuzen, Nichtzutreffendes durchstreichen, deutlich lesbare Druckschrift verwenden, Faser- oder Kugelschreiber benutzen.

5.3.10 Schriftverkehr, Gesetze und Willenserklärungen

Im Unterschied zum Privatbrief hat das *dienstliche Schreiben* (Geschäftsbrief) rechtsverbindlichen Charakter. Es übernimmt die unterschiedlichsten Funktionen, z. B. Beschwerde, Mahnung, Antrag, Einladung, Anfrage und besitzt aus Gründen der Zweckmäßigkeit, Übersichtlichkeit und Abstimmung auf genormtes Büromaterial eine einheitliche Form (Abb. 5.**3**).

Da das dienstliche Schreiben als juristisches Beweismittel gilt, müssen Betriebe eine Aufbewahrungsfrist von 7–10 Jahren einhalten. Die unter den Brief gesetzte

Briefbogen: DIN A 4, einseitig beschrieben
Postanschrift des Absenders
ggf. mit Telefon
Datum: „den" kann entfallen

Postanschrift des Empfängers
(Beginn mit der 13. Zeile)

Betreff
(Beginn mit der 24. Zeile)
Anrede: bei unbekanntem Empfänger „Sehr geehrte Damen und Herren"

Brieftext

Grußformel: auch „Mit freundlichem Gruß", „Mit bestem Gruß" u. Ä.
Unterschrift
Anlage: ggf. mit Angabe der beigelegten Unterlagen

Umschlag: z. B. DIN lang (evtl. auch mit Sichtfenster); Brief wird zweimal quer gefaltet

```
                – [= Leerzeile]
                –
                –
ca. 3 cm –                                                    ca. 2 cm
        Petra Pflüger                          Neu-Ulm, den 23.11.97
        Münchener Straße 23
        89233 Neu-Ulm
        Tel. 09 45 / 89 74 18
        –
        –
        –
        –
        Krankenpflegeschule am
        Stadtkrankenhaus Neu-Ulm
        z. Hd. Frau Schulleiterin Billhorn
        Florence-Nightingale-Str. 5
        –
        89231 Neu-Ulm
        –
        –
        –
        –
        Sonderurlaub für den Besuch einer Jugendfreizeit
        –
        –
        Sehr geehrte Frau Billhorn,
        –
        Schriftbild:    ● i.d.R. einfacher Zeilenabstand
                        ● linksbündig
                        ● Hervorhebungen (z. B. Termine) einrücken
                        ● Leerzeile nach jedem Absatz
        –
        Aufbau:         ● Anfangssatz: Anknüpfung an Vorangegangenes
                        ● Darstellung des Anliegens
                        ● Schlusssatz: Ergebnis, Dank, Bitte o. Ä.
        –
        Sprache:        ● sachlich-nüchtern
                        ● höflich, verbindlich, gewinnend, nicht unterwürfig
                        ● zielgerichtet, präzise
        –
        Mit freundlichen Grüßen
        –
        –                                [Seitennummerierung ab
        –                                 S. 2 oben in der Mitte, z. B.
        Anlage                            - 2 -; Angabe der folgenden
                                          Seitennummer unten rechts]
```

```
Absender           Freima-
                   chungszone

          Anschrift des
          Empfängers
```

Abb. 5.**3** Normbrief nach DIN 5008 mit Umschlag.

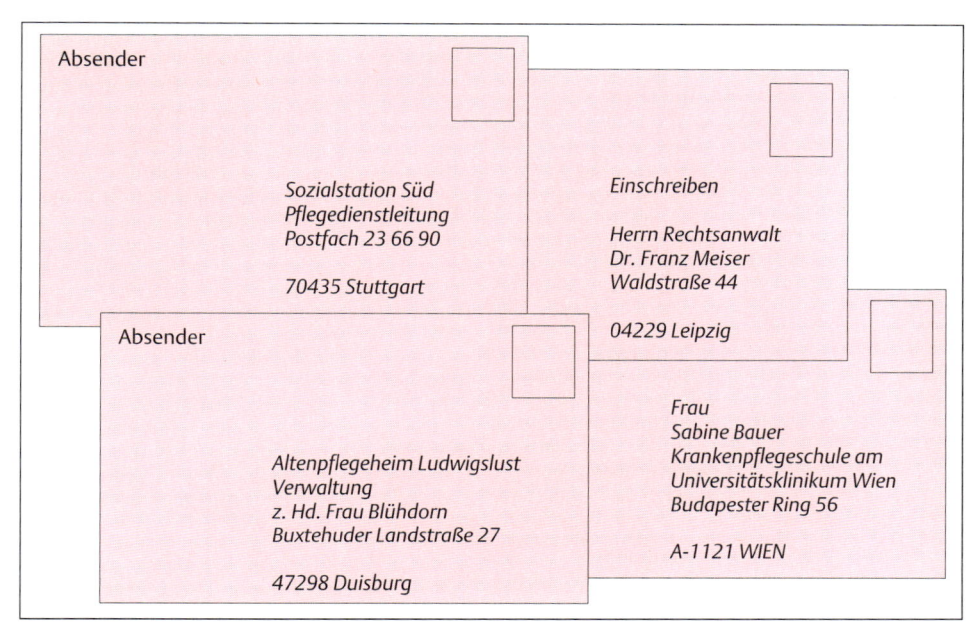

```
┌─────────────────────────────────────────────────────┐
│ Absender                        □                   │
│                                                     │
│                 Sozialstation Süd    Einschreiben   │
│                 Pflegedienstleitung                 │
│                 Postfach 23 66 90    Herrn Rechtsanwalt
│                                      Dr. Franz Meiser
│                 70435 Stuttgart      Waldstraße 44  │
│         ┌───────────────────────────────────────────┤
│         │ Absender                      □           │
│         │                                           │
│         │                             Frau          │
│         │                             Sabine Bauer  │
│         │      Altenpflegeheim Ludwigslust   Krankenpflegeschule am
│         │      Verwaltung             Universitätsklinikum Wien
│         │      z. Hd. Frau Blühdorn   Budapester Ring 56
│         │      Buxtehuder Landstraße 27
│         │                             A-1121 WIEN  │
│         │      47298 Duisburg                      │
└─────────┴──────────────────────────────────────────┘
```

Abb. 5.4 Beispiele für Postanschriften.

Unterschrift ist gültig, auch wenn sie nicht lesbar ist. Volle *Unterschriftsvollmacht* haben allein Geschäftsführer. Handlungsbevollmächtigte setzen vor ihre Unterschrift die Abkürzung *i.V.* („in Vertretung"), Sachbearbeiter *i.A.* („im Auftrag"). Für sämtlichen Briefverkehr gilt nach Art. 10 des Grundgesetzes das *Brief-, Post- und Fernmeldegeheimnis*. Die Öffnung von Briefen durch Unbefugte wird strafrechtlich geahndet. Sind in der Postanschrift (Abb. 5.**4**) eine Institution und eine Person angegeben, gilt als zur Öffnung berechtigter Empfänger, wer zuerst genannt ist.

Solche und andere Angelegenheiten durch *Gesetze* (Abb. 5.**5**) verbindlich zu regeln, ist für das Zusammenleben der Menschen unerlässlich. Gesetze sind in Abschnitte, Artikel, Paragraphen, Absätze und Sätze gegliedert und enthalten feststellende (*ist, ist nicht*), festsetzende (Gebote: *soll, darf*; Verbote: *soll nicht, darf nicht*) sowie gewährende Rechtssätze (z. B. GG Art. 2, Abs. 2: *Jeder hat das Recht auf Leben und körperliche Unversehrtheit.*). Da sie auf konkrete Sachverhalte anwendbar sein müssen, sind sie allgemein gehalten und bedürfen der Auslegung durch Rechtskommentare oder Rechtsprechung.

Rechtsgeschäfte, das sind zivilrechtliche Handlungen, die Rechte begründen, ändern oder aufheben, beruhen auf einseitigen (z. B. Testamente) oder mehrseitigen Willenserklärungen (z. B. Verträge). Man kann mit ihnen u. a. Vorsorge für den Ernstfall treffen. So regeln *Testamente* die Verteilung des Nachlasses für den Fall des Todes. Das ordentliche Testament wird mündlich oder schriftlich vor einem Notar oder Richter erstellt und beim Amtsgericht hinterlegt (öffentliches Testament) oder auch privat aufgeschrieben und aufbewahrt (eigenhändiges Testament). Es muss handgeschrieben, in verständlicher Sprache und Schrift abgefasst

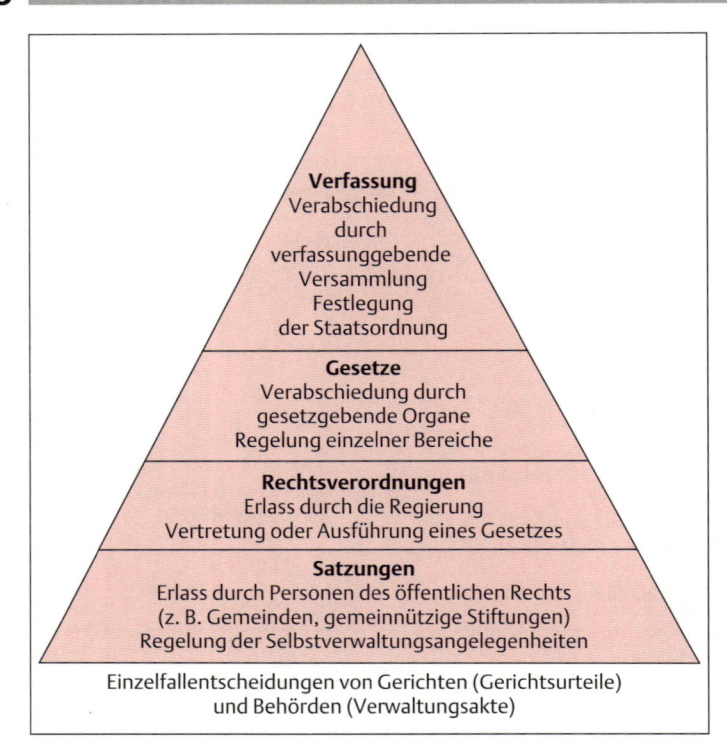

Abb. 5.5 Hierarchie der Rechtsquellen. Rechtsvorschriften durchlaufen einen je nach Ebene unterschiedlichen Entscheidungsprozess, bevor sie für die Bürger Gültigkeit erlangen.

Verfassung
Verabschiedung durch verfassunggebende Versammlung
Festlegung der Staatsordnung

Gesetze
Verabschiedung durch gesetzgebende Organe
Regelung einzelner Bereiche

Rechtsverordnungen
Erlass durch die Regierung
Vertretung oder Ausführung eines Gesetzes

Satzungen
Erlass durch Personen des öffentlichen Rechts
(z. B. Gemeinden, gemeinnützige Stiftungen)
Regelung der Selbstverwaltungsangelegenheiten

Einzelfallentscheidungen von Gerichten (Gerichtsurteile) und Behörden (Verwaltungsakte)

und mit Datum, Ort und voller Unterschrift versehen sein. Voll testierfähig ist man ab dem 18. Lebensjahr, beschränkt schon ab dem 16. In diesem Fall ist aber nur ein von einem Notar beglaubigtes öffentliches Testament möglich. Keine Testierfähigkeit besitzen Menschen mit einer krankhaften Geistes- oder Bewusstseinsstörung.

Das *Drei-Zeugen-Testament* ist ein Nottestament und darf nur bei Besorgnis naher Todesgefahr erstellt werden. Auch Pflegekräfte können damit konfrontiert werden. Während der Testamentserstellung müssen drei Personen als Zeugen anwesend sein. Das Testament muss enthalten: den letzten Willen des Erblassers, die Personalien von Erblasser und Zeugen, einen Hinweis auf die Besorgnis naher Todesgefahr und die Testierfähigkeit des Erblassers, den Namen des Verfassers sowie Ort, Tag und Uhrzeit der Niederschrift. Es muss dem Erblasser und den Zeugen wörtlich vorgelesen, vom Erblasser genehmigt und von ihm und den Zeugen unterschrieben werden. Die Unterschriftsunfähigkeit des Erblassers ist zu vermerken. Nach dessen Tod ist das Testament unverzüglich dem Amtsgericht zu übergeben.

Andere Formen der Vorsorge beziehen sich auf die Willensunfähigkeit aufgrund schwerer Krankheit und Behinderung und sollen dem Patientenwillen gegenüber Ärzten und Behörden Geltung verschaffen. Die *Patientenverfügung* („Patiententestament") grenzt intensivmedizinische Maßnahmen und die Organentnahme ein, ist jedoch rechtlich nur bedingt gültig. Der *Organspendeausweis* hält die Bereitschaft zur Organspende fest. Die *Betreuungsverfügung* regelt Betreuungsangelegenheiten, für die das Vormundschaftsgericht zuständig ist. Die *Vorsorgevollmacht*, möglichst notariell beglaubigt, bestimmt einen Bevollmächtigten, der Entscheidungen anstelle und im Sinn des willensunfähigen Patienten trifft.

5.4 Reflektieren, argumentieren, überzeugen

In *argumentativen Texten* geht es um die Untersuchung und Klärung einer offenen Frage oder eines Problems. Sie verlangen vom Sender, dass er sich mit dem Problem gedanklich auseinandersetzt (Reflexion) und den eigenen Gedankengang gegenüber anderen überzeugend vertritt.

5.4.1 Grundformen des Argumentierens

Sachfragen (z. B. „Was ist ein Schädel-Hirn-Trauma?") bedürfen einer sachlichen, verständlichen *Erklärung*, während auf Meinungsverschiedenheiten zurückgehende Wertfragen (z. B. „Soll aktive Sterbehilfe legalisiert werden?") eine *Stellungnahme* (Meinungsäußerung), d. h. Abwägen des Für und Wider, Entscheidung für eine Sichtweise und Rechtfertigung der Entscheidung gegenüber anderen, erfordern. Das Ergebnis der Argumentation kann in der Übereinstimmung (Konsens), Annäherung (Kompromiss) oder Offenlegung unterschiedlicher Positionen (Dissens) bestehen.

Die argumentative Auseinandersetzung ist wesentlicher Bestandteil demokratischer Lebensform. Sie setzt Toleranz, Fairness und Kompromissbereitschaft voraus. Der Philosoph und Soziologe Jürgen Habermas (*1929) hat eine auf diesen Werten gründende *Diskursethik* entwickelt (Habermas 1995). Unter Diskurs versteht er die freie, argumentative Verständigung gleichberechtigter Partner über die allgemein verbindlichen Grundlagen des Handelns. Sie beruht auf der vernünftigen, kritischen Prüfung von Normen und Werten allein aufgrund von Argumenten und soll zur gewaltfreien Lösung von Konflikten beitragen – ein hoher Anspruch, der längst nicht immer eingelöst wird. Denn die Einflussmöglichkeiten auf den Diskurs sind oft ungleich verteilt und nicht jeder Konflikt ist rational lösbar. Auch in den Pflegeberufen spielen Klärungen in Sach- und Wertfragen eine wichtige Rolle. Man denke an fachlich-praktische Diskussionen und pflegewissenschaftliche Diskurse, den innerbetrieblichen, berufspolitischen und gesellschaftlichen Interessenwettstreit.

5.4.2 Grundsätze des Argumentierens

Die **Argumentation** hat einen klaren **Aufbau:**

- Ausgangspunkt ist eine Behauptung (*These*), die als wahr oder verbindlich betrachtet wird.
- Die Behauptung bedarf der *Begründung*. Diese besteht aus Argumenten (Pro-Argumente, Beweise) und Gegenargumenten (Kontra-Argumente, Einwände), die sich auf reale Gegebenheiten (im Indikativ) oder auch Möglichkeiten und Wahrscheinlichkeiten (im Konjunktiv) beziehen. Als Argumente können Daten und Fakten, Grundsätze (Werte, Normen) sowie Stützen/Belege (anerkanntes Erfahrungswissen, wissenschaftliche Ergebnisse, Autoritäten) herangezogen werden.

- Aus der Begründung wird eine *Schlussfolgerung* (Konklusion) gezogen, die als Fazit, Ziel, Forderung oder Appell formuliert wird.
- Der Geltungsbereich der Schlussfolgerung kann durch *Ausnahmen* eingeschränkt werden. Die Stärke der Schlussfolgerung wird durch Kennzeichnungen wie *zwingend, wahrscheinlich, zweifelhaft* näher bestimmt.

> **Zwei Möglichkeiten, wie man zu Urteilen gelangt**
> - *Induktion*: Ableitung einer allgemeinen Erkenntnis aus besonderen Erkenntnissen, z. B. der Notwendigkeit hygienisch einwandfreien Arbeitens aus einschlägigen Erfahrungen mit Krankenhausinfektionen.
> - *Deduktion*: Ableitung besonderer Erkenntnisse aus einer allgemeinen Erkenntnis, z. B. des Selbstbestimmungsrechts des Patienten aus dem Grundrecht auf freie Entfaltung der Persönlichkeit.

Die *lineare Argumentation* reiht die Argumente für eine These aufzählend oder nach Bedeutung und Umfang steigernd aneinander. Sie strebt die schlüssige Begründung der eigenen Auffassung an. Die *dialektische Argumentation* stellt zwei Behauptungen (These und Antithese = Gegenbehauptung) vergleichend gegenüber und führt sie auf höherer Ebene zur Lösung (Synthese). Ziel dieser Form der Argumentation ist es, eine neue Stufe in der Betrachtung des Sachverhalts zu erreichen.

> **Beispiel einer linearen Argumentation**
> Problem: Sind medizinische Eingriffe an nicht einwilligungsfähigen Menschen, z. B. geistig Behinderten, zu Forschungszwecken zulässig, wenn damit für die Allgemeinheit, nicht jedoch die Betroffenen selbst ein therapeutischer Nutzen verbunden ist? (vgl. die Diskussion um die Bioethik-Konvention des Europarates, 1996).
> - Behauptung: Solche Eingriffe verstoßen gegen die Menschenwürde.
> - Begründung:
>   1. Die Menschenwürde ist unantastbar. Sie kommt jedem einzelnen Menschen von Natur aus zu und hängt nicht von bestimmten Fähigkeiten wie Selbstbewusstsein, Vernunft oder Einwilligungsfähigkeit ab.
>   2. Der Mensch ist allein „Zweck an sich selbst" (Immanuel Kant, 1724–1804, deutscher Philosoph). Er darf nicht zu ihm fremden Zwecken missbraucht werden.
>   3. Diese Auffassung entspricht Art. 1 des Grundgesetzes: *Die Menschenwürde ist unantastbar. Sie zu achten und zu schützen ist Verpflichtung aller staatlichen Gewalt.*
>   4. Die Erfahrungen im Dritten Reich zeigen, wohin die Missachtung der Menschenwürde führen kann. Damals wurden medizinische Versuche an Behinderten durchgeführt. Geistig Behinderte wurden ermordet.
> - Schlussfolgerung: Eingriffe an nicht einwilligungsfähigen Menschen sind mit dem Grundwert der Menschenwürde nicht vereinbar und müssen verboten bleiben.
> Beispiele für dialektische Gegenüberstellungen S. 76 und 91.

Für die **Überzeugungskraft der Argumentation** sind neben der Sachlichkeit und Verständlichkeit der Darstellung folgende Gesichtspunkte ausschlaggebend:

- *Folgerichtigkeit der Argumentenkette*: Widerspruchsfreiheit, logischer, schlüssiger Aufbau, Verknüpfung von Argumentationsketten durch Überleitungen und Zusammenfassungen, differenzierter und kreativer Gedankengang;
- *Einsichtigkeit der Argumente*: Belegbarkeit, Übereinstimmung mit persönlichen und allgemeinen Erfahrungen und Meinungen, gute Abstützung;
- *Glaubwürdigkeit des Argumentierenden*: Stellung, Ansehen, Verhalten;
- *Wirkungsvolle Sprachgestaltung*: Elemente der Alltags- und Fachsprache, komplexer Satzbau, Behauptung als Aussage- oder Fragesatz, Argumente als begründende Nebensätze (Kausalsätze) mit *weil* oder Hauptsätze mit *denn*, Schlussfolgerung mit *deshalb*, Veranschaulichung durch Beispiele und Vergleiche.

5.4.3 Mündlich argumentieren: Vortrag, Besprechung und Diskussion

Vorträge

Sachvorträge haben informierenden und/oder argumentierenden Charakter. Einen Kurzvortrag, der sich mit einem begrenzten Thema befasst, bezeichnet man als Referat. Die Fähigkeit, ein Referat vorzubereiten und zu halten, hat nicht nur in der Schule (Schülerreferat), sondern auch im Beruf einen hohen Stellenwert, etwa bei Fortbildungsveranstaltungen, Betriebsversammlungen usw. Nach der Dauer unterscheidet man Kurzreferat (5–10 Min), Normalreferat (20 Min.) und Grundsatzreferat (bis 60 Min.). Während kurze Referate vom Vortragenden nur eine begrenzte schöpferische Leistung verlangen, werden an längere Referate und Vorträge (über 1 Std.) höhere geistige (argumentative Auseinandersetzung und persönliches Urteil) und sprachliche (Verwendung rhetorischer Mittel) Anforderungen gestellt. Der Fachvortrag ist auf ein fachlich vorgebildetes Publikum abgestimmt, der Lehrvortrag will Lernende in ein Thema einführen.

> **Gliederung des Sachvortrags**
> - *Einleitung*: Hinführung zum Thema, Empfängerbezug durch Wecken von Aufmerksamkeit, Interesse und Verständnis, Anregung zum Mitdenken, Benennung von Problemen, fragenden, humorvollen, provozierenden Einstieg;
> - *Überleitung*: Erläuterung der Vorgehensweise und der inhaltlichen Schwerpunkte;
> - *Hauptteil*: Ausführung des Themas (detaillierte Darbietung von Fakten, Folgerungen und Beweisen, Leit- und Nebengedanken), informierende und argumentierende Passagen, Überleitung zwischen Abschnitten, Rückbezüge zum Grundgedanken;
> - *Schluss*: Fazit, Schlussfolgerung, Ausblick, Gesamtbewertung, Schlussappell;
> - An den Vortrag kann sich eine *Diskussion* anschließen.

Auch beim Sachvortrag ist der Bezug zum Publikum wichtig. Der Vortragende muss die äußeren Bedingungen und die Vorkenntnisse der Zuhörerinnen und Zuhörer angemessen berücksichtigen. Selbst die sachbezogene Rede wirkt nicht allein durch den Inhalt, sondern auch durch die Sprache und die Art des Vortrags. *Rhetorische Mittel* tragen durch bewusste Veränderung der normalen Ausdrucksweise zur Steigerung der Wirkung bei (Tab. 5.**5**). Die Rhetorik ist die Lehre von der wirkungsvollen Gestaltung der Rede.

Tabelle 5.**5** Redefiguren. Man unterscheidet Klangfiguren (z. B. Alliteration), Wortfiguren (z. B. Ellipse) Satzfiguren (z. B. Chiasmus) und Gedankenfiguren (z. B. Metapher). Sie sollen verstärken, zuspitzen, anregen, veranschaulichen oder die Verbindung zum Publikum herstellen.

Verfahren	Figuren	Beispiele
Erweiterung	Anlautwiederholung (Alliteration)	Bei <u>W</u>ind und <u>W</u>etter
	Wortwiederholung (Gemination)	<u>Kommt! Kommt!</u> Es eilt
	Verdeutlichung (Correctio)	die Pflege, <u>genauer die Krankenpflege</u>
	Kreuzstellung (Chiasmus)	Eng ist die Welt, und das Gehirn ist weit (Schiller)
	Beiwort (Epitheton)	eine <u>überragende</u> Leistung
	Wörtliche Übernahme (Zitat)	„Gut gebrüllt, Löwe" (Shakespeare)
	Gegenüberstellung (Antithese)	gesund oder krank
	Unverbundene Reihung (Asyndeton)	Ich kam, sah, siegte (Cäsar)
	Verbundene Reihung (Polysyndeton)	Er klagte <u>und</u> jammerte <u>und</u> flehte
	Steigerung (Klimax)	Stunden, Tage, Wochen
	Beispiel (Exempel)	Dazu ein Beispiel: ...
	Vergleich (Similitudo)	stark <u>wie ein Bär</u>
Verkürzung	Worteinsparung (Ellipse)	[Es ist] Unglaublich!
	Raffung (Brachylogie)	Feuer! Heraus! Alle, alle! Schnell!
	Gedankenabbruch (Aposiopese)	Ich hätte ihn ...
	Verzichtserklärung (Paralipse)	Ich möchte darauf nicht weiter eingehen.
Umstellung	Wortumstellung (Hyperbaton)	<u>Der Worte</u> sind genug gewechselt (Goethe)
	Gleichordnung (Parallelismus)	Bedenken Sie das! Klären Sie das!
	Gedankenumstellung (Hysteron-Proteron)	Ihr Mann ist tot und lässt sie grüßen (Goethe: Faust)
	Satzeinschub (Parenthese)	Die Arbeit – <u>wie gesagt</u> – muss getan werden
	Einwandvorwegnahme (Prolepse)	Sie mögen einwenden ... Aber dagegen spricht ...
Ersetzung	Ausruf (Exclamatio)	Das ist unerträglich!
	Aufforderung (Appell)	Nehmen Sie sich das für die Zukunft vor!
	Ankündigung (Praemunitio)	Ich werde darauf noch eingehen
	Bild (Metapher)	der Himmel auf Erden
	Umbenennung (Metonymie)	<u>Juchli</u> (für: das Buch von Juchli) lesen
	Vermenschlichung (Personifikation)	Mutter Natur
	Umschreibung (Periphrase)	entschlafen (für: sterben)
	Verstellung (Ironie)	Du bist mir ein schöner Kollege
	Wortspiel (Paronomasie)	betrogener Betrüger
	Doppelte Verneinung (Litotes)	nicht schlecht
	Scheinwiderspruch (Paradox)	arm und doch reich
	Anspielung (Significatio)	Ich denke da an einen bekannten Politiker
	Übertreibung (Hyperbel)	Die arbeiten <u>im Schneckentempo</u>
	Begriffsverengung (Synekdoche)	Brot (für: Nahrungsmittel)
	Sinnverwandtschaft (Synonymie)	Haupt (für: Kopf)
	Scheinfrage (rhetorische Frage)	Ist das nicht wunderbar?
	Anrede (Apostrophe)	Bedenken Sie das, meine Damen und Herren

Darbietung des Sachvortrags

- *Souveräne Ausstrahlung*: ruhiges, sicheres Auftreten, entspannte, offene Körperhaltung, sparsame, aber zielsichere, unterstreichende und verdeutlichende Gestik, Blickkontakt mit dem Publikum, angemessenes Erscheinungsbild (Kleidung, Schmuck usw.);
- *Verständliche Sprechweise*: fehlerfreie Artikulation, ruhiges und deutliches Sprechen, mittlere Lautstärke, mittleres Sprechtempo, Abwechslung in Stimmhöhe, Lautstärke und Betonung, kurze Konzentrationspausen nach den Sinnabschnitten, dialektfreie Hochsprache, Vermeidung ständig wiederkehrender Wörter, Floskeln und Verlegenheitslaute (z. B. *äh*);
- *Freier Vortrag*: flüssiger und lebendiger, aber nicht zu lockerer Redestil (gesprochene Sprache). Orientierung geben ein Stichwortzettel (Abb. 5.**6**), die Informationsunterlagen für die Zuhörer oder die Abfolge der verwendeten Medien. Nur bei großer Erfahrung sollte der Vortrag aus dem Stegreif gehalten werden.
- *Kontakt zum Publikum*: Ausformulieren, evtl. Auswendiglernen zentraler Sätze, Beobachten der nonverbalen Rückmeldung der Zuhörer, ggf. Einbringen spontaner Einfälle und Eingehen auf Publikumsreaktionen z. B. durch zusätzliche Erklärungen.

Gliederung	Stichworte	Seite
1. Einleitung	Begrüßungsformeln und Anfangssatz ausformulieren! (Wecken von Interesse)	
2. Hauptteil	Zahlen	
	Daten	
2.1	Namen	
2.2	Fakten	
2.3	Zitate	
2.4	Definitionen	
2.5	Gesetzestexte	
2.6	Wirkungsvolle Sätze	
	Überleitungen	
	Verweise auf Materialien	
3. Schluss	Schlusssatz ausformulieren! (positiver Gesamteindruck)	
Beilagen	Anschauungsmaterialien – Schaubilder auf Folien – Beleg- oder Arbeitsmaterialien – Thesenpapier – Kurzzusammenfassung	

Abb. 5.**6** Stichwortzettel für ein Referat.

Eine Sonderform des Referats ist die *Präsentation*, bei der Mitarbeitern, Geschäftspartnern oder Kunden Arbeitsergebnisse, Produkte oder Verfahren vorgestellt werden. Sie hat informierenden und leicht werbenden Charakter. Aufbau:

1. Begrüßung; Wecken des Interesses;
2. Ergebnisse, Vorteile (erst wesentliche, dann zusätzliche Informationen);
3. Probleme, Nachteile, Ausgleichsmöglichkeiten;
4. Zusammenfassung, Dank, Appell.

Zusätzliche Medien bei Sachvorträgen
- *Schriftliche Unterlagen*: Gliederungen, Zusammenfassungen oder Datenzusammenstellungen für die Zuhörer und Zuhörerinnen verstärken den Behaltenseffekt. Sie sollten sich inhaltlich an den Verlauf des Vortrags halten.
- *Visuelle Hilfsmittel*: Zur bildlichen Veranschaulichung des Vorgetragenen können Overheadfolien, Flip-Chart, Tafelanschrieb, Pinn-Wand, Dias, Karten, Grafiken und Modelle verwendet werden.
Hinweise für die Arbeit mit Folien: Projektor, DIN-A-4-Folien (im Ordner), Beschriftungsmaterial, Korrekturmittel bereitstellen, nicht mehr als acht Folien verwenden, Folien logisch aufbauen und auf das Referat beziehen, nur ein Thema pro Folie behandeln, wenige wesentliche Informationen aufführen, große, deutliche Beschriftungen und Zeichnungen anbringen, eine einheitliche Darstellungsform wählen, die einzelnen Folien durchnummerieren.

Sprechangst kann man vermindern, indem man sich mit dem Thema gut vertraut macht, sich den Redeinhalt gedanklich fest einprägt und eine Redeprobe vor sich selbst, evtl. mit Tonband- oder Videoaufnahme, oder anderen hält. Letzteres ist auch sinnvoll, um den Zeitbedarf sicher einschätzen zu können.

Besprechungen

Die *Besprechung* ist ein Gespräch, in dem vorwiegend Sachfragen geklärt werden. Man unterscheidet Einzel- und Gruppenbesprechungen (z. B. Team-, Stations-, Stationsleiterbesprechung, Mitarbeiterversammlung), Fachgespräche unter Experten und Lehrgespräche mit Lernenden. Verlauf:

1. Informeller Einstieg, Festlegung der Themen, Hinweis auf deren Bedeutung;
2. Bearbeitung der Themen;
3. Ergebnissicherung, Zusammenfassung, Ausblick;
4. informeller Abschluss.

Je größer die Gruppe, desto schwieriger ist es, alle Gruppenmitglieder ins Gespräch einzubeziehen. Die Leiterin kann die Gesprächsbereitschaft wecken, indem sie selbst Fragen an einzelne richtet oder Fragen aus der Gruppe in die Runde zurückgibt. Auch vorher erteilte Arbeitsaufträge, z. B. Kurzreferate, regen die Mitarbeit an. Förderlich ist eine kreisförmige Sitzordnung.

Pflegebezogene Formen der Besprechung:

1. Die **Teambesprechung** (Dienst-, Mitarbeiterbesprechung) auf der Station hat unterschiedliche Funktionen:
   - Die *Informationsbesprechung* dient dem Erfahrungsaustausch, der Überprüfung der pflegerischen Arbeit und der Weitergabe allgemeiner die Station, den Pflegedienst oder die Klinik betreffender Mitteilungen und Anweisungen. Zum Verlauf siehe Informationsgespräch Seite 109.
   - Ziel der *Koordinationsbesprechung* ist die gegenseitige Abstimmung z. B. bei der Dienst- und Urlaubsplanung oder der Einführung neuer Verfahren. Nach Abklärung der Voraussetzungen (Art, Ort, Zeit, Personen) werden die anstehenden Aufgaben geordnet und verteilt. Zum Dienstplan: Wochenpläne, die die grundlegende Arbeitsverteilung enthalten, müssen regelmäßig überprüft und neuen Gegebenheiten angepasst werden. Tagespläne werden jeweils zum Schichtbeginn durch Stationsleitung, Schicht- oder Gruppenleitung erstellt.
   - In *Problembesprechungen* werden fachliche und gruppenbezogene Schwierigkeiten aufgearbeitet. Deshalb sollten möglichst alle Teammitglieder anwesend sein. Wenn nötig, kann ein neutraler Moderator hinzugezogen werden. Voraussetzung ist eine offene und vertrauensvolle Atmosphäre im Team. Die Gesprächsleiterin oder der Gesprächsleiter sollte Meinungen erfragen (nicht Motive), Übereinstimmungen und Unterschiede herausarbeiten und darauf achten, dass nicht die Personen, sondern die Aussagen bewertet werden. Aufgeschlossenheit für Neues kann sie oder er durch Einschränkung (Verallgemeinerungen hinterfragen) oder Erweiterung von Denkmustern (Einwand zunächst bestätigen, dann andere Lösung einbringen) wecken. Die Ergebnisse sollten mitprotokolliert werden.

Schritte zur Problemlösung
1. Problem- und Zielbestimmung (Formulierung des Problems als Frage, des Ziels als positive Handlungsanweisung);
2. Problemanalyse (Ursachen, konkrete Bedingungen) und -diskussion (W-Fragen);
3. Lösungssuche (Sammlung, Ordnung und erste Bewertung von Lösungsvorschlägen);
4. Lösungsfindung (Zusammenfassung, Bewertung und Entscheidung für den besten Vorschlag);
5. Aufstellen von Richtlinien für die Umsetzung;
6. Überprüfung der Wirksamkeit der Lösung.

- Bei der *Fallbesprechung* wird die Situation eines Patienten (Biographie, Zustand bei der Aufnahme, Krankheitsverlauf, bisherige Maßnahmen, Wirkung, weiteres Vorgehen) ausführlich erörtert.
- Die *Fortbildungsbesprechung* hat die Auffrischung und Erweiterung des fachlichen Wissens und Könnens zum Ziel. Als Methoden bieten sich Referat und Gruppenarbeit an.

2. **Arbeits- und Projektgruppen** (z. B. Qualitätszirkel, Standardgruppe, Hygienegruppe) erarbeiten ein fachbezogenes Thema über längere Zeit.

> Arbeitsschritte bei Projektarbeit
> 1. Planung (Ziele, Methoden, Zeitplan, Aufgabenverteilung);
> 2. Durchführung (Einzelarbeit oder Gruppenarbeit, Zusammenführung und Überprüfen der Ergebnisse);
> 3. Auswertung (Zielerreichung, Qualität, Vollständigkeit, Zusammenarbeit);
> 4. Vorstellung der Ergebnisse.

3. Bei der **Stationskonferenz** (interdisziplinäre Besprechung) erörtern Pflegekräfte und Ärzte, bei Bedarf auch andere Mitarbeiterinnen wie Krankengymnastin, Seelsorgerin usw.; medizinisch-pflegerische Aspekte der Arbeit auf der Station.

4. **Stationsversammlungen** (Patientenkonferenzen) sind regelmäßige Treffen der Patienten und Pflegekräfte einer psychiatrischen Station, bei der Informationen übermittelt, Fragen geklärt, strittige Themen diskutiert sowie neue Patienten begrüßt und zu entlassende verabschiedet werden. Die Versammlungsleitung kann ein Patient übernehmen, der von einem Teammitglied als Mentorin unterstützt wird.

Diskussionen

Die *Diskussion* (Aussprache) ist eine Form des Streitgesprächs. Sie dient dem Austausch von Meinungen, verlangt aber nicht wie die Debatte (z. B. im Parlament) eine klare abschließende Entscheidung oder Abstimmung. Ein sachbezogenes Gespräch kann unversehens zur Diskussion werden, wenn unterschiedliche Auffassungen über einen Sachverhalt aufeinandertreffen (Stegreifdiskussion). Als geplante Form erfordert sie jedoch eine gründliche Vorbereitung durch die Beteiligten in Bezug auf Inhalt, Teilnehmer und eigene Position. Sonderformen sind die Podiumsdiskussion, bei der 6–8 Personen vor einem Publikum diskutieren, das ab und zu mit einbezogen wird, und das Forum, bei dem Experten mit dem Publikum diskutieren. Der Diskussion kann als Einstieg ein Impulsreferat, evtl. mit Koreferat, ein Arbeitsbericht oder eine Fallstudie vorausgehen.

Verhaltensregeln für Diskussionen:

- *Diskussionleiterin*:
  - Diskussionseröffnung: Teilnehmer vorstellen bzw. zur Selbstvorstellung auffordern, Rahmenbedingungen klären (Dauer, Thema, Schwerpunkte, Ziel);
  - Diskussionsführung: Wortmeldungen registrieren anhand der Rednerliste, das Wort erteilen, Wortmeldungen zurückstellen, die Redezeit begrenzen, zur Beteiligung auffordern, auf Einhaltung der Regeln drängen, die eigene Meinung zurückhalten, gedankliche Impulse geben, um Präzisierung bitten, den Diskussionsstand zusammenfassen, neue Aspekte herausstellen, bei Abschweifung zum Thema zurückführen, Spannungen mit Einverständnis der Teilnehmer ansprechen;

- Diskussionbeendigung: die Hauptposition zusammenfassen, offene Fragen aufzeigen, sich bei den Teilnehmern bedanken.
- *Diskussionteilnehmer*: den eigenen Standpunkt einbringen, zuhören, ausreden lassen, an die Vorrednerin oder den Vorredner anknüpfen, Rückfragen stellen, nicht persönlich werden, nicht zu lang sprechen, eine Wortmeldung ggf. zurückziehen.

Strategien für Diskussionen
- *Sachbezogen*: Daten, Zahlen und Fakten gezielt einsetzen, höchstens drei Informationen in einen Beitrag packen, gegenteilige Erfahrungen anführen, zur Verdeutlichung auffordern, Einwände vorwegnehmen und entkräften, wichtige Argumente erst bringen, wenn der Partner seine Hauptargumente genannt hat;
- *Personenbezogen*: Vorschläge erbitten, Verständnis zeigen, scheinbar zustimmen, loben, und dann eigene Vorschläge dagegensetzen oder gegnerische Vorschläge in die eigene Richtung umdeuten, Fehler und Wissenslücken offen zugeben und Besserung versprechen, auf unredliches Vorgehen gelassen aufmerksam machen (z. B. Schwarz-Weiß-Malerei, Polarisierung durch extreme Auffassungen, ständige Wiederholungen, falsche Wiedergabe von Äußerungen, Einschüchterung, Unterstellungen), einen Vorteil nicht besonders herausstellen, den Partner nicht bloßstellen, einen Kompromiss als Zugeständnis werten.

5.4.4 Schriftlich argumentieren: Facharbeit

Die *Facharbeit* (Jahresarbeit) ist eine schriftliche Hausarbeit im schulischen Bereich. Je nach Anforderungsniveau umfasst sie zwischen 5 und 20 Seiten. Sie setzt bei den Schülerinnen und Schülern die Fähigkeit zur selbständigen Erörterung einer überschaubaren berufsbezogenen Themenstellung voraus. Sie sollen zeigen, dass sie mit Fachliteratur umgehen und fachbezogene Arbeitstechniken und Darstellungsformen anwenden können. Insofern geht es um ein erstes Einüben wissenschaftlichen Arbeitens. Autor und Leser treten dabei ganz hinter dem Untersuchungsgegenstand zurück. Ich-Aussagen sollten deshalb vermieden werden. Wichtig sind ein systematischer Aufbau und ein klarer Gedankengang. Auf rhetorische Ausschmückung wird verzichtet.

Der Aufbau einer Facharbeit sieht üblicherweise folgendermaßen aus:

1. Deckblatt (Abb. 5.**7**);
2. Inhaltsverzeichnis (genaue Übernahme der Überschriften mit Seitenzahl);
3. ggf. Vorbemerkung (z. B. persönlicher Bezug, Zweck, Absicht, Dank);
4. Einleitung (Begründung des Themas, Zielsetzung der Arbeit, Hinweis zur Vorgehensweise);
5. Hauptteil (gedankliche Ausführungen, Aufteilung in Kapitel und Absätze, treffende Überschriften);
6. Schluss (Zusammenfassung, Schlussfolgerungen, Ausblick, persönliche Wertung, Appell);
7. Literaturverzeichnis (alphabetisch nach Autornamen geordnete Literaturangaben zur benutzten Literatur);
8. ggf. Anhang mit Materialien (durchnummeriert);
9. Erklärung auf gesondertem Blatt, etwa: *Hiermit erkläre ich, die vorliegende Facharbeit selbständig und nur mit den angegebenen Hilfsmitteln angefertigt zu haben.* (Ort, Datum, Unterschrift).

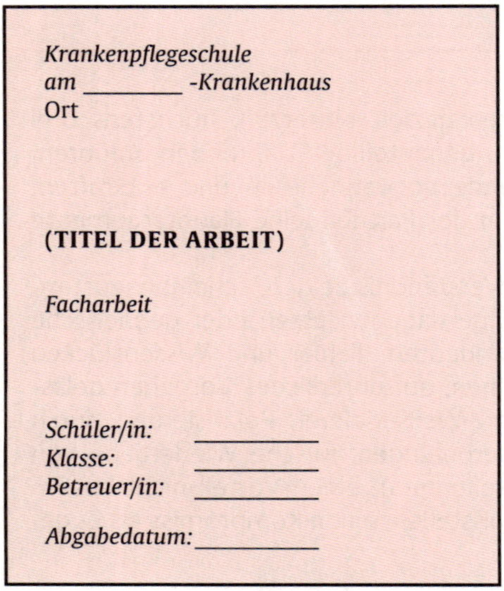
Krankenpflegeschule
am ________ -Krankenhaus
Ort

(TITEL DER ARBEIT)

Facharbeit

Schüler/in: __________
Klasse: __________
Betreuer/in: __________

Abgabedatum: __________

Abb. 5.**7** Deckblatt der Facharbeit.

5.5 Beraten, Beziehungen klären, sich darstellen

5.5.1 Beratende und unterstützende Gespräche

Das Beratungsgespräch basiert auf der persönlichen Beziehung von Ratsuchendem und Berater oder Beraterin und will den Ratsuchenden befähigen, sein Leben wieder selbständig zu führen. Hilfe zur Selbsthilfe ist hier das Motto. An den professionellen Berater werden besondere Anforderungen gestellt (zugewandte Haltung gegenüber dem Ratsuchenden, Wissen über Problemlösungsstrategien). Zu Beginn der Beratung muss Vertrauen aufgebaut und die Zielsetzung geklärt werden. Grundsätzlich gibt es zwei Möglichkeiten der **Gesprächsführung**:

1. *Beraterzentrierte Gesprächsführung*: Die Beraterin lenkt das Gespräch, informiert über Handlungsmöglichkeiten, fordert offen zur Änderung von Einstellungen auf und gibt Hilfestellung für die Umsetzung. Dieses Verfahren eignet sich z. B. für die Gesundheits- und Ernährungsberatung.
2. *Klientenzentrierte Gesprächsführung*: Dieser Ansatz geht auf die Gesprächspsychotherapie zurück, die der amerikanische Psychologe Carl R. Rogers (*1902) um 1940 entwickelte (vgl. Rogers 1994). Er geht von einem positiven Menschenbild aus: Jeder Mensch verfügt über innere Kräfte, die ihm helfen, Krisen zu bewältigen und ein verzerrtes Selbstbild mit dem wirklichen Selbst in Einklang zu bringen. Das Ziel der Beratung besteht darin, diese Kräfte zu wecken und zu stärken. Die Beraterin ermöglicht der Ratsuchenden, sich ihre Gefühle und Bedürfnisse bewusst zu machen, selbst nach Lösungen zu suchen und Entscheidungen zu treffen, für die sie sich selbst verantwortlich fühlt. Deshalb verzichtet sie weitgehend auf die Lenkung des Gesprächs. Ihre Haltung gegenüber der Klientin ist bestimmt durch
   - Wertschätzung (Akzeptanz): Sie nimmt die Ratsuchende, wie sie ist. Dadurch wird eine Atmosphäre des Vertrauens geschaffen, die es der Klientin ermöglicht, sich zu öffnen und vorhandene Ängste abzubauen.
   - Einfühlsamkeit (Empathie): Sie enthält sich jeglicher Wertung. Sie bemüht sich, die Gefühle und Empfindungen der Hilfesuchenden zu verstehen und deutlich auszudrücken. Dadurch wird es dieser möglich, sich ihrer zunächst noch unklaren Problematik bewusst zu werden und selbst Lösungsmöglichkeiten zu erkennen.
   - Echtheit (Kongruenz): Sie verzichtet darauf, eine Rolle zu spielen, und ist ganz sie selber. Der Klientin werden so die Auseinandersetzung mit ihrem eigenen Selbstverständnis und die Korrektur von Verzerrungen erleichtert.

Klientenzentrierte Gesprächstechniken
- *Aktives Zuhören*: Nonverbale Signale (Blickkontakt, zugewandte Körperhaltung, Kopfnicken) und bestätigende Laute (*Aha, Hm, Ja* usw.) zeigen, dass die Beraterin sich mit dem Problem der Ratsuchenden beschäftigen will, und ermuntern zum Weitersprechen.
- *Paraphrasieren* (Spiegeln): Die Beraterin wiederholt die Aussagen der Ratsuchenden noch einmal in deren oder noch besser in ihren eigenen Worten,

um sicher zu gehen, dass sie das Wesentliche verstanden hat. Gesprächsförderer sind: umschreiben, zusammenfassen, auf den Punkt bringen, in Beziehung setzen, nachfragen, Denkanstöße geben. Gesprächskiller sind: bewerten, belehren, ausfragen, herunterspielen, sich identifizieren, deuten, diagnostizieren, Ratschläge erteilen.
- *Verbalisieren*: Die Beraterin teilt der Gesprächspartnerin mit, welche Gefühle und Wünsche sie aus ihren Äußerungen herausgehört hat. Oft verbergen Hilfesuchende zunächst ihre Gefühle und sprechen sie nicht klar aus. Die Beraterin gibt deshalb Hilfestellung, sie in Worte zu fassen und so Abstand zu ihnen zu gewinnen.

Die nicht-direktive Gesprächsführung eignet sich für therapeutische Einzel- und Gruppengespräche und findet auch in Selbsterfahrungsgruppen (Encounter-Gruppen) Anwendung. In der Pflege kann sie aufgrund der Arbeitsorganisation auf der Station nur punktuell und zeitlich begrenzt eingesetzt werden. Ihre Methoden (Zuhören, Paraphrasieren, Verbalisieren) sind jedoch auch für Pflegegespräche sehr hilfreich. Die dahinter stehende Haltung entspricht dem Konzept der patientenorientierten Pflege.

Eine Sonderform der Beratung ist die *Supervision*. Darunter versteht man das Nachdenken über das eigene berufliche Handeln durch Personen aus sozialen Berufen. Sie ermöglicht den Austausch über berufliche Probleme, fördert und erweitert soziale Fähigkeiten und hilft, Beziehungsprobleme im Arbeitsteam und in Bezug auf die Patienten zu klären. Supervision ist keine Therapie. Sie setzt das partnerschaftliche Gespräch in offener, aufbauender Atmosphäre voraus. Die Beteiligten verpflichten sich, keine Informationen an Dritte weiterzugeben. Die regelmäßig stattfindenden Sitzungen leitet ein Berater mit spezieller Ausbildung, der Supervisor.

Man unterscheidet drei **Arten der Supervision**:
- *Einzelsupervision*: Beratung einer einzelnen Person durch einen Supervisor;
- *Gruppensupervision*: Beratung von Personen aus verschiedenen Arbeitsbereichen oder der Mitglieder eines Arbeitsteams;
- *Balint-Gruppe* (benannt nach ihrem Begründer, dem amerikanischen Arzt und Psychoanalytiker Michael Balint, 1896–1970): Ärzte und Pflegekräfte erörtern Probleme mit ihren Patienten. Im Mittelpunkt steht die tiefenpsychologische Analyse unbewusster Übertragungs- und Gegenübertragungsvorgänge (Entstehen einer gefühlsmäßigen Bindung). Leiter ist ein Arzt mit psychoanalytischer Ausbildung.

5.5.2 Bestätigende und korrigierende Gespräche

Die amerikanische Psychoanalytikerin Ruth C. Cohn (*1913) hat in den 60er Jahren die Methode der *themenzentrierten Interaktion (TZI)* entwickelt, die die konstruktive Arbeit in Gruppen fördern will (vgl. Cohn 1994). Voraussetzung ist ein partnerschaftlicher Führungsstil. Der Gruppenprozess ist von vier Faktoren abhängig: dem Ich (Individuum), dem Wir (Gruppe), dem Es (Sache) und dem Umfeld. Ein zufriedenstellendes Ergebnis wird nur dann erreicht, wenn Ich, Wir und Es in einem ausgewogenen Verhältnis zueinander stehen.

> **Gruppenbezogene Verhaltensregeln nach TZI**
> 1. *Hauptregeln* (allgemein gültig).
>   - Sei deine eigene Leitperson.
>   - Sprich Störungen sofort an.
>   - Finde deinen eigenen Zugang zur Sache.
> 2. Einige *Hilfsregeln* (nur in bestimmten Situationen gültig).
>   - Halte dich mit Interpretationen von Aussagen anderer zurück.
>   - Mache dir deine Gefühle bewusst.
>   - Sprich per *ich* und nicht per *man* oder *wir*.
>   - Beachte deine Körpersignale und die der anderen.
>   - Begründe deine Fragen.

Nicht nur im persönlichen, auch im beruflichen Bereich ist es wichtig, Beziehungen zu klären. Denn unausgesprochene Beziehungsprobleme können die Arbeit erheblich belasten. *Direktes Feedback*, vorsichtig eingesetzt, ermöglicht eine realistische Selbstwahrnehmung und schafft unter den Kommunikationspartnern eine Atmosphäre der Offenheit und des Vertrauens.

> **Feedback-Regeln**
> Sprich in der Ich-, nicht in der Du-Form (Ich-Botschaften anstelle von Du-Botschaften). Beziehe deine Aussagen auf begrenztes, konkretes Verhalten, nicht auf die Person überhaupt. Beschreibe dieses Verhalten (und seine Folgen) zuerst, bevor du es bewertest. Übertreibe nicht. Äußere dich unmittelbar auf eine Verhaltensweise oder eine Frage des Betroffenen hin. Nimm auf seine Aufnahmefähigkeit Rücksicht. Für das Gegenüber gilt: Höre zunächst einfach aufmerksam zu und gib dann Rückmeldung.

Motivationsgespräche sind besonders wichtig. Die Bereitschaft, sich für eine Sache einzusetzen, wird durch positives Feedback, begründetes, ehrliches Lob, geweckt.

Kritik ist notwendig, damit Menschen ihr Verhalten zum Positiven hin ändern. Durch Abwertung und Konfrontation in Form von Vorwürfen, Unterstellungen, Ironie, Übertreibungen oder Vermutungen wird dieses Ziel nicht erreicht, da der Betroffene in eine Verteidigungshaltung und damit zu Gegenvorwürfen, Rechtfertigungsversuchen, Ausreden oder unechten Entschuldigungen gedrängt wird und sich dann der Kritik verschließt. Eine Eskalation des Konflikts kann die Folge sein. Erforderlich ist konstruktives Feedback: die sachliche, ruhige und doch klare Darlegung der Problematik, des kritischen Verhaltens und der eigenen Betroffenheit. Hilfreich ist außerdem, noch vorhandene positive Gesichtspunkte hervorzuheben, gemeinsam Vorschläge zur Fehlervermeidung zu entwickeln und Unterstützung bei der Umsetzung anzubieten. Ob man das Gespräch unter vier Augen oder in der Gruppe führt, hängt davon ab, wer von dem Konflikt betroffen ist. In keinem Fall dürfen jedoch unbeteiligte Dritte einbezogen oder Abwesende kritisiert werden. Der Angesprochene sollte die Möglichkeit zur Stellungnahme haben. Er kann die Kritik zurückweisen oder annehmen, z. B. durch eine Entschuldigung. Umfangreiche Erklärungen haben meist wenig Sinn.

Pflegekräfte werden im Krankenhaus oft mit besonders **schwierigen Gesprächssituationen** konfrontiert.

- *Aggressive Patienten*: Die Aggression ist oft nicht gegen die Pflegekraft, sondern die Krankheitssituation gerichtet und als Ausdruck der Hilflosigkeit und Abwehr zu verstehen. Die Pflegekraft sollte deshalb versuchen, ihre eigenen Gefühle zu kontrollieren und die Gefühle beim Patienten anzusprechen. Vorwürfe bedürfen der Klärung, auch wenn sie verletzen. Bei Übergriffen ist jedoch eine klare Grenzziehung geboten. In einer Konfliktsituation kann es sogar nötig sein, ein Gespräch zu verschieben oder sich zunächst von dem Patienten fernzuhalten.
- *Depressive Patienten*: Man sollte dem Betroffenen offen begegnen, ihn trösten, sich aber nicht zu sehr mit ihm identifizieren, denn die Ansteckungsgefahr bei Depressionen ist groß. Der beste Weg ist, dem Betroffenen seine Gedanken und Annahmen bewusst zu machen und zu hinterfragen sowie ihn zu neuen Aktivitäten anzuregen.
- *Suizidpatienten*: Selbstmordankündigungen sind als Ruf nach Veränderung der eigenen Situation immer ernst zu nehmen. Mögliche Suizidgedanken sollte man ansprechen. Entscheidend ist, neue Hoffnung zu wecken und Lebenssinn zu vermitteln.
- *Sterbende Patienten*: Menschen haben das Recht, selbstbestimmt und in Würde zu sterben. Die Wünsche Sterbender sollten deshalb, soweit als möglich, erfüllt werden. Völlig verfehlt ist es, ihnen die eigenen Vorstellungen von Leben und Tod überzustülpen. Die Kenntnis der Sterbephasen (Verleugnung, Zorn, Verhandeln, Depression, Zustimmung) erleichtert den Umgang mit den Stimmungszuständen Sterbender. Zur Sterbebegleitung gehört, Stille auszuhalten, durch Schweigen und körpersprachlichen Ausdruck zu kommunizieren und sich auf die Symbolsprache, die Bilder und Träume Sterbender einzulassen. Auch die Angehörigen, die einen ähnlichen (Trauer-)Prozess durchmachen und oft hilf- und sprachlos reagieren, brauchen Begleitung und Unterstützung. Das Erklären von Maßnahmen, Hilfen zur Kommunikation mit dem Sterbenden und Informationen über Beratungs- und Hilfsdienste, Kostenfragen usw. helfen hier weiter.

5.5.3 Interessengeleitete Kommunikation

Appellative Texte wollen das Denken und Handeln von Menschen beeinflussen, fordern Entscheidung, Tun oder Unterlassen und suchen die Empfänger über ihre Gefühle, Interessen, Wünsche und Bedürfnisse anzusprechen. Der ausgeprägt appellierende Sprachstil greift die Sprache des Empfängers auf, ist verständlich, abwechslungsreich, ungewöhnlich und arbeitet verstärkt mit rhetorischen Mitteln.

Ziel der *Überzeugungsrede* (Gerichtsrede, politische Rede, Predigt, Festrede) ist die Beeinflussung der Einstellungen und Meinungen der Zuhörer.

Verhandlungen, z. B. das Verkaufsgespräch zwischen einem privaten Pflegedienst und einer potentiellen Kundin, die Verhandlung zwischen Krankenhausleitung und Personalrat oder eine Gerichtsverhandlung, haben den Zweck, den jeweils anderen für die eigene Auffassung zu gewinnen und zu einer entsprechenden Entscheidung zu bewegen. Im Idealfall wird eine für beide Seiten annehmbare Lösung gefunden. Teilweise prallen die Fronten aber auch hart aufeinander.

> **Wie man Verhandlungspartner für sich gewinnt**
> Eine positive Gesprächsatmosphäre schaffen, Fragen und Wünsche ansprechen, Vorteile hervorheben, Nachteile ehrlich zugeben, Einwände vorwegnehmen und entkräften, konstruktiv aus der Sicht des Gegenübers argumentieren, ihn z. B. nicht zwingen, Fehler zuzugeben.

Werbung weckt Bedürfnisse, spricht Gefühle an, will zum Kauf eines Produkts oder einer Dienstleistung bzw. im Fall der politischen Werbung zur Übernahme einer Meinung bewegen. Werbetexte arbeiten mit Schlagwörtern (Werbeslogans), auffälligen, übertreibenden Formulierungen, Verfremdung, Vorbildern und Appellen. Ihr Informationswert ist eher gering. *Öffentlichkeitsarbeit* (Public Relations, PR) dient dagegen der Beziehungspflege zwischen einer Institution und der inneren (Mitarbeiterschaft) und äußeren Öffentlichkeit (Anwohner, Geschäftspartner, Medien usw.). Werbung und Öffentlichkeitsarbeit arbeiten mit Prospekten, Faltblättern, Plakaten, Berichten und Anzeigen in Tageszeitungen, Werbeveranstaltungen u. a.

5.5.4 Bewerbung und Beurteilung

Wer eine Arbeitsstelle sucht, sollte sich zuerst über die eigenen Erwartungen und Ziele klar werden. An eine Arbeitsstelle kann er über die Stellenvermittlung des Arbeitsamtes, durch ein eigenes *Stellengesuch* oder die *Stellenangebote* in Fachzeitschriften und Tageszeitungen kommen. Bei Stellenangeboten sollte er genau prüfen, ob die Stellenausschreibung (Arbeitsort, Art und Größe der Einrichtung, Tätigkeit, Aufgabenbereich, Einstellungszeitpunkt, geforderte Qualifikation, Vergütung, Zusatzleistungen) mit den eigenen Vorstellungen übereinstimmt. Im Zweifelsfall kann eine telefonische Nachfrage Klarheit verschaffen.

Sagt ihm die Stelle zu, muss er sich schriftlich bei der entsprechenden Einrichtung oder Firma bewerben. Ziel der *Bewerbung* ist es, zu einem persönlichen Gespräch eingeladen zu werden. Deshalb sollte man sich um die korrekte Erstellung der Bewerbungsunterlagen besonders bemühen. Sie vermitteln dem möglichen Arbeitgeber einen ersten Eindruck, der ausschlaggebend dafür ist, ob ein Bewerber in die engere Wahl gezogen wird oder nicht.

> **Inhalt der Bewerbungsmappe**
> - Ein *Deckblatt* mit Angaben zur angestrebten Stelle, Personalien und beigefügten Unterlagen und einem aktuellen Foto wird gern als Einstieg verwendet, ist aber nicht unbedingt erforderlich.
> - Das *Bewerbungsschreiben* (Abb. 5.**8**) richtet sich nach der Briefnorm und sollte nicht mehr als eine Seite umfassen (keine Kopie verwenden!). Inhalt: Anlass

Petra Pflüger   Neu-Ulm, den 24.01.1998
Münchener Straße 23
89233 Neu-Ulm
Tel. 09 45 / 89 74 18

Agnes-Karll-Krankenhaus
Pflegedienstleitung
Obersteinallee 22

80637 München

Ihre Anzeige im Neu-Ulmer Anzeiger vom 22.01.1998
Bewerbung als Krankenschwester in der Inneren Klinik

Sehr geehrte Damen und Herren,

mit großem Interesse habe ich Ihr Stellenangebot im Neu-Ulmer Anzeiger gelesen. Ich befinde mich zur Zeit noch in der Krankenpflegeausbildung am Kreiskrankenhaus Neustadt und werde diese am 31.03.1998 abschließen. Danach möchte ich auf einer Inneren Station arbeiten.

Erste Erfahrungen in diesem Bereich konnte ich bereits während der Ausbildung sammeln. Die sorgsame Pflege und menschliche Betreuung der oftmals schon älteren Patientinnen und Patienten sowie die gute Zusammenarbeit im Pflegeteam sind mir dabei besonders wichtig geworden. Ich freue mich auf die praktische Arbeit in der Pflege.

Für die Gelegenheit zu einem persönlichen Gespräch wäre ich Ihnen dankbar.

Mit freundlichen Grüßen

Anlagen
Lebenslauf mit Foto
Ausbildungsbescheinigung der Krankenpflegeschule
Bescheinigung über das Freiwillige Soziale Jahr
Abschlusszeugnis der Realschule

Bewerbung

als Krankenschwester
Ihre Anzeige vom 22.01.1998

Petra Pflüger
Münchener Straße 23
89233 Neu-Ulm
Telefon 09 45 / 89 74 18

Abb. 5.8 Bewerbungsschreiben mit Deckblatt.

und Grund der Bewerbung. Kurzer Hinweis auf den beruflichen Werdegang, persönliche Eignung, möglicher Arbeitsbeginn, Bitte um einen Vorstellungstermin. Stil: kurze, sachliche Sätze, keine Übertreibungen. Bei Verzicht auf ein Deckblatt wird das Passfoto dem Schreiben beigeheftet oder aufgeklebt.
- Der *Lebenslauf* (Abb. 5.**9**) wird normalerweise in tabellarischer Form abgefasst. Nur wenn es ausdrücklich gewünscht wird, erstellt man einen ausführlichen Lebenslauf.
- Als Anlage werden alle wichtigen *Zeugnisse* (Ausbildungszeugnis, ggf. Arbeitszeugnisse, Schulabschlusszeugnis) in Kopie (evtl. beglaubigt) beigefügt.

Tabellarischer Lebenslauf

Name:	Petra Pflüger	
Anschrift:	Münchener Straße 23 89233 Neu-Ulm	Foto
Geburtstag und -ort:	12.09.1974 in Stuttgart	
Familienstand:	ledig	
Staatsangehörigkeit:	deutsch	
Schulbildung:	1980–1984 1984–1994	Grundschule Stuttgart Realschule Stuttgart Realschulabschluss
Freiwilliges Soziales Jahr:	1994–1995	Altenpflegeheim Schönblick in Heilbronn
Berufsausbildung:	seit 01.04.1995	Krankenpflegeausbildung an der Krankenpflegeschule am Stadtkrankenhaus Neu-Ulm voraussichtlicher Abschluss: 31.03.1998
Besondere Fähigkeiten:	Englisch, EDV	

Stuttgart, den 24.01.1998

(Unterschrift)

Abb. 5.**9** Lebenslauf.

Für Deckblatt, Anschreiben und Lebenslauf verwendet man unliniertes DIN-A 4-Papier, das sauber von Hand, mit der Schreibmaschine oder dem PC beschrieben wird. Die Unterlagen werden in einer Mappe (Schnellhefter o.Ä.) oder Hülle zusammengefasst und in einen festen, frankierten Umschlag gesteckt. Die genaue Bewerbungsanschrift ist dem Stellenangebot zu entnehmen. Die angeschriebene Einrichtung muss die Unterlagen außer dem Bewerbungsschreiben zurücksenden, wenn die Bewerbung abgewiesen wurde und das Bewerbungsverfahren abgeschlossen ist. Alle Angaben in der Bewerbung müssen der Wahrheit entsprechen. Falsche Angaben können dazu führen, dass ein bereits abgeschlossener Arbeitsvertrag nachträglich für nichtig erklärt wird.

Zum *Vorstellungsgespräch* wird normalerweise schriftlich eingeladen. Gesprächspartner ist meist die Pflegedienstleitung, evtl. zusammen mit der zuständigen Stationsleitung und/oder einem Vertreter der Personal- bzw. Verwaltungsleitung. Die Gesprächsführung sollte man den Vertretern des Arbeitgebers überlassen. Die Antworten sollten klar und nicht zu lang sein. Eigene Fragen stellt man am besten erst gegen Schluss. Wichtig sind pünktliches Erscheinen, ein konzentrierter Gesamteindruck, ein angemessenes äußeres Erscheinungsbild und ein freundliches, verbindliches Verhalten.

Mögliche Themen im Vorstellungsgespräch sind:
- Fragen an die Bewerberin bzw. den Bewerber: Gründe für die Bewerbung, schulischer und beruflicher Werdegang, erworbene Qualifikationen, Stärken und Schwächen, Fachkenntnisse, Arbeitsmotivation, weitere Berufsplanung, außerberufliche Interessen. Unzulässig sind Fragen nach reinen Privatangelegenheiten.
- Fragen der Bewerberin bzw. des Bewerbers: Tätigkeitsbereich, Arbeitszeit, räumliche Bedingungen, Mitarbeiterinnen, Einarbeitung, Gehalt, Arbeitgeberleistungen.

Normalerweise erhält der Bewerber schriftlich Mitteilung, dass er in das Arbeitsverhältnis übernommen wird. Dessen Ausgestaltung, also Tätigkeitsumfang, Arbeitszeit, Vergütung, Urlaub, Krankheitsfall, Kündigung u.a., regelt ein schriftlicher *Arbeitsvertrag*, der von beiden Partnern unterschrieben wird.

Die *Mitarbeiterbeurteilung* soll zur Steigerung der Arbeitsleistung anregen, die Arbeitsqualität verbessern und eine objektive Grundlage für Beförderungen schaffen. Regelbeurteilungen werden alle 1–2 Jahre durch die direkten Vorgesetzten, z.B. die Stationsleitungen, vorgenommen. Weitere Anlässe sind das Ende der Probezeit, ein Arbeitsplatz- oder Vorgesetztenwechsel oder eine bevorstehende Beförderung. Beurteilungsfehler, bedingt durch Sympathie/Antipathie, Vorurteile, Milde/Strenge oder die Tendenz zum Mittelwert, müssen ausgeschlossen sein.

Aufbau eines Beurteilungsbogens zur Mitarbeiterbeurteilung
- *Beurteilungskriterien*: theoretische Kenntnisse, praktische Umsetzung, Arbeitsleistung, Arbeitsverhalten, Fortbildungsteilnahme, Verhalten gegenüber Patienten, Mitarbeitern und Vorgesetzten, berufliche Weiterentwicklung, bei der Schülerbeurteilung: Lernverhalten;

> • *Beurteilungsverfahren*: meist Skalen mit 4–9 Stufen (zwischen erheblich überdurchschnittlich und erheblich unterdurchschnittlich).

Verlauf des Beurteilungsgesprächs:

1. Eröffnung: Kontakt, Ablauf und Ziel des Gesprächs;
2. Besprechung der Beurteilungsergebnisse anhand des Bogens: Stärken/Schwächen, Ist/Soll, Verbesserungen/Verschlechterungen;
3. Stellungnahme des Mitarbeiters (keine Rechtfertigung oder Schuldzuweisung, evtl. Korrektur);
4. Ursachenanalyse (Ansatzpunkte für Veränderungen);
5. Ziel- und Maßnahmenvereinbarung (konkrete Formulierungen mit Angabe einer Frist, Dokumentation auf dem Beurteilungsbogen);
6. Abschluss: motivierender Ausblick, Unterschrift beider Partner.

Der Arbeitgeber ist verpflichtet, ausscheidenden Mitarbeitern ein *Arbeitszeugnis* als Nachweis über Art und Dauer der Tätigkeit auszustellen. Ohne Zeugnis nach Beendigung eines Arbeitsverhältnisses ist eine Neubewerbung schwer möglich. Anlässlich einer Versetzung oder eines Vorgesetztenwechsels oder für eine Bewerbung kann man ein Zwischenzeugnis verlangen. Einfache Zeugnisse machen Angaben zur Person, zur Art und Dauer der Beschäftigung und zu den Gründen für das Ausscheiden. Qualifizierte Zeugnisse enthalten darüberhinaus eine Beurteilung über die Führung (dienstliches Verhalten) und Leistung der Mitarbeiterin. Der Arbeitgeber ist zu einer wohlwollenden Beurteilung ohne negative Aussagen und zur wahrheitsgemäßen Ausstellung verpflichtet. Der Beurteilte kann bei seiner Ansicht nach unzureichender Qualität des Zeugnisses Änderungen verlangen und auch den Klageweg beschreiten. Der Zeugnisersteller haftet gegenüber dem Arbeitnehmer und dem späteren Arbeitgeber für die Folgen eines unrichtigen Zeugnisses. Deshalb verwendet man verschlüsselte Formulierungen.

> **Verschlüsselte Bewertungen in Arbeitszeugnissen**
> *Schwester Britta ...*
> • hat die ihr übertragenen Aufgaben stets zu unserer vollsten Zufriedenheit erledigt.
>   = sehr gut
> • hat die ihr übertragenen Aufgaben stets zu unserer vollen Zufriedenheit erledigt.
>   = gut
> • hat die ihr übertragenen Aufgaben zu unserer vollen Zufriedenheit erledigt.
>   = befriedigend
> • hat die ihr übertragenen Aufgaben zu unserer Zufriedenheit erledigt. = ausreichend
> • hat die ihr übertragenen Aufgaben im Großen und Ganzen zu unserer Zufriedenheit erledigt. = mangelhaft
> • hat sich bemüht, die ihr übertragenen Aufgaben zu unserer Zufriedenheit zu erledigen. = ungenügend

5.6 Literatur und Medien

5.6.1 Medien als Mittel der Aktivierung und Behandlung

Krankheit und Pflegebedürftigkeit führen häufig zu einem Rückgang der sozialen Kontakte, zu Untätigkeit und Langeweile. Kranke und alte Menschen bedürfen deshalb der seelischen und geistigen Aktivierung, der Anregung, sich am sozialen und kulturellen Leben innerhalb ihrer Möglichkeiten zu beteiligen. Einen Beitrag zur Aktivierung leisten Literatur und Medien. Schon die Auswahl eines Buches oder einer Fernsehsendung stellt eine aktive Leistung dar, vielmehr noch die Auseinandersetzung mit Inhalten oder gar das Verfassen eines eigenen Textes. Zudem können Lesen, Erzählen oder Schreiben im Rahmen einer Einzel- oder Gruppentherapie eingesetzt werden (Lese-, Erzähl-, Schreibtherapie).

Literatur und Medienangebote haben folgende allgemeine Funktionen:

- *Unterhaltung*: Erholung und Ablenkung (Unterhaltungsliteratur, Unterhaltungsprogramme in Rundfunk und Fernsehen);
- *Entlastung*: Befreiung von inneren Konflikten und verdrängten Gefühlen (emotional aufwühlende Bücher, Filme, Theaterstücke);
- *Lebenshilfe*: Selbstbesinnung und Problembewältigung („ernste" Literatur, Religiöses, Philosophisches);
- *Information*; Aufklärung, Belehrung, Fortbildung (Sach-, Fach- und wissenschaftliche Literatur, Lehrbücher, populärwissenschaftliche Sendungen);

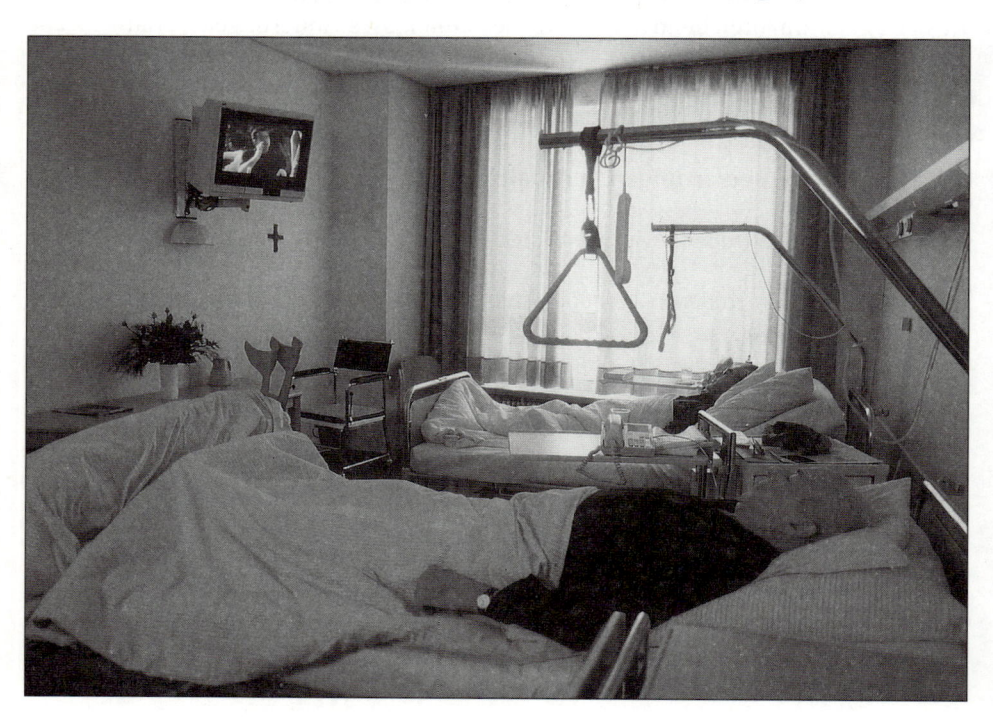

- *Kommunikation*: Gespräche über Bücher, Filme usw., auch Kommunikationsersatz (Fernsehen anstelle menschlicher Kontakte).

Im Unterschied zum frei wählbaren allgemeinen Medienangebot bieten krankenhauseigene Serviceleistungen wie Patientenbibliothek, Patientenzeitung, Krankenhausfunk und kulturelle Veranstaltungen (Autorenlesungen, Wortvorträge, Theateraufführungen, Fernseh- oder Videoabende) die Möglichkeit, auf die Bedürfnisse kranker Menschen und die jeweilige Einrichtung gezielt einzugehen. Literaturkreise, Film- oder Theatergruppen können nur in Langzeiteinrichtungen aufgebaut werden, da sie eine gewisse Dauer voraussetzen.

> **Was können Pflegekräfte im Hinblick auf Medienangebote tun?**
> - Vermittlung einschlägiger Angebote (Empfehlen von Büchern, Hinweis auf Veranstaltungen und Sendungen);
> - Mitwirkung bei Patientenzeitung und Krankenhausfunk (z. B. als Redaktionsmitglied, Autorin, Interviewpartnerin, Moderatorin);
> - Mithilfe bei der Vorbereitung und Durchführung kleinerer Veranstaltungen;
> - Beratung und Unterstützung der für die krankenhausspezifischen Serviceangebote verantwortlichen Mitarbeiterinnen.

5.6.2 Literatur für Erwachsene und Kinder

Literarische einschließlich audiovisueller Texte treten in unterschiedlichen Ausprägungen (**Gattungen**) auf.

- *Lyrik*: Lieder (Volkslieder, Schlager, Kunstlieder), partnerbezogene (Liebe, Feier, Lehre, Politik, Geselligkeit, Balladen), gefühlsbezogene (Stimmung, Erlebnis, Einsamkeit, Natur) und abstrakte Gedichte (Verschlüsselung, Sprachexperiment, Computertexte, Bildgedichte);
- *Dramatik*: klassische Dramen (Tragödien = Trauerspiele, Komödien = Lustspiele, Schauspiele = Stücke mit positiver Konfliktlösung), offene Theaterstücke (erzählendes/episches Theater, Handlungsauflösung, Happening, Straßentheater), Hörspiele, Spielfilme;
- *Epik*: kleine Erzählformen (Märchen, Sage, Witz, Anekdote, Legende, Fabel, Parabel, Schwank, Kurzgeschichte), Großformen (Erzählung, Novelle, Roman, Epos).

Werke der neueren deutschen Literatur zum Thema „Gesundheit/Krankheit" sind z. B.:

- Johann Wolfgang von Goethe: *Die Leiden des jungen Werthers* (Roman, 1774)
- Heinrich von Kleist: *Die Marquise von O.* (Novelle, 1810/11)
- Georg Büchner: *Lenz* (Novelle, 1835)
- Gerhard Hauptmann: *Bahnwärter Thiel* (Novelle, 1888)
- Theodor Fontane: *Der Stechlin* (Roman, 1899)
- Gottfried Benn: *Morgue* (Gedichte, 1912)
- Thomas Mann: *Der Tod in Venedig* (Novelle, 1912)
- Franz Kafka: *Der Landarzt* (Erzählung, 1918)
- Thomas Mann: *Der Zauberberg* (Roman, 1924)

- Hans Fallada: *Der Trinker* (Roman, posthum 1950)
- Friedrich Dürrenmatt: *Die Physiker* (Komödie, 1962)
- Thomas Bernhard: *Verstörung* (Roman, 1967)
- Christa Wolf: *Nachdenken über Christa T.* (Roman, 1968)
- Stefan Heym: *Collin* (Roman, 1979)
- Christoph Hein: *Der fremde Freund/Drachenblut* (Erzählung, 1982)
- Matthias Zerler: *Nullzeit* (Roman, 1992)

Krankenhaus, Ärzte und Schwestern bilden ein beliebtes Sujet in Unterhaltungs- und Heftromanen, Spielfilmen und Fernsehserien. Häufig sind sie von eher geringerer Qualität (sog. Trivialliteratur).

> **Zur Diskussion**
>
> **Wie groß ist der Realitätsgehalt von Arztromanen und Krankenhausserien?**
> Wird der Krankenhausalltag glaubwürdig oder beschönigend dargestellt (Atmosphäre, Ort, Zeit, Personen, Handlung, Abläufe)? Wird ein differenziertes Bild von den Pflegenden gezeichnet (Verantwortungs- und Aufgabenbereich, Eigenschaften, Aussehen, Verhalten, Rollenbild, Verhältnis zu Ärzten) oder werden nur Klischees wiedergegeben? Werden aktuelle Probleme nur angerissen oder wenigstens ansatzweise aufgearbeitet? Werden nur bekannte Darstellungsmuster wiederholt (äußerliche Effekte, Schwarzweißmalerei, Kitschszenen) oder künstlerische Mittel eigenständig eingesetzt?

Zur *Kinder- und Jugendliteratur* werden Geschichten, Gedichte, Stücke, Hörspiele, Hefte, Bücher, Zeitschriften, Filme, Hörfunk- und Fernsehsendungen gerechnet, die sich an Heranwachsende bis etwa 15 Jahren wenden oder von ihnen rezipiert werden. Sie verfolgt häufig ein pädagogisches Anliegen. Themen, inhaltliche und sprachliche Darstellung sowie der Einsatz von Bildern sind auf das Alter der Adressaten abgestimmt. Für das Verhältnis von Text und Bild gilt: je jünger der Leser bzw. Betrachter, desto einfacher die Abbildungen und knapper der Text (vgl. Bilderbücher). Im Unterschied zur Erwachsenenliteratur sind für Kinder und Jugendliche geschriebene oder bearbeitete Texte übersichtlicher aufgebaut, in einer einfacheren Sprache gehalten und im Fall der Erzählliteratur mit einer spannenden Handlung versehen. Die herkömmliche Kinder- und Jugendliteratur behandelt häufig Themen, die der Erfahrungswelt junger Menschen eher fernstehen (Abenteuer- und Zukunftsromane), und zeichnet ein eher intaktes Bild von der Welt. Nach dem Zweiten Weltkrieg hat sich eine realistische Richtung entwickelt, die auf die besondere Situation von Kindern und Jugendlichen eingeht und ihnen Möglichkeiten der Problembewältigung aufzuzeigen versucht (Problembücher). Kindersachbücher widmen sich Sachthemen, etwa auch dem Thema Gesundheit und Krankheit, z. B. der Anatomie des menschlichen Körpers, einer gesunden Lebensweise oder der Vorbereitung auf den Krankenhausaufenthalt.

5.6.3 Vorschläge für den kreativen Umgang mit Texten

- *Rezeption*: Lesen, Vorlesen, Vortrag, Filmvorführung (ganz, in Teilen, ohne Ton), Hörspiel- oder Theateraufführung, Nachspielen, Verfilmen, Vertonen, freie Nachgestaltung (Bild, Bewegungen, Musik), Sammeln von Einfällen (Brainstorming), Gespräch, Podiumsdiskussion, Buch- oder Filmkritik, Interpretation;
- *Produktion*: erlebte oder erfundene Geschichte, Nacherzählung, Weitererzählen, Geschichte zu vorgegebenen Wörtern, Geschichte zu einer modellierten Figur, Bildergeschichte, Parallelgedicht zu einem vorhandenen Gedicht, Texten eines Liedes, Sprachspiel, Wörter zu den Buchstaben des Alphabets oder des eigenen Namens, Aufschreiben eines Traums, Tagebuch, autobiographische Skizze, Brief an einen echten oder erfundenen Empfänger, Steckbrief von sich oder einer anderen Person, Artikel für die Patientenzeitschrift, Schreiben mit dem Fuß oder dem Mund, Text-Bild-Collage anhand von Zeitschriften, Filmdrehbuch, Hörspiel, Rollenspiel, szenisches Spiel, Stegreifspiel, Pantomime.

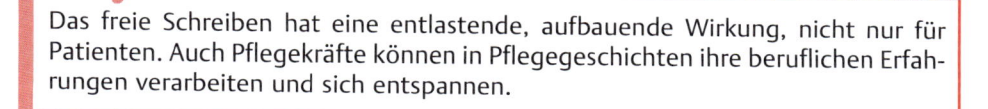

> Das freie Schreiben hat eine entlastende, aufbauende Wirkung, nicht nur für Patienten. Auch Pflegekräfte können in Pflegegeschichten ihre beruflichen Erfahrungen verarbeiten und sich entspannen.

Literaturempfehlungen

Dahmer, H., J. Dahmer: Gesprächsführung. Eine praktische Anleitung, 3. Aufl. Thieme, Stuttgart 1992

Fiechter, V., M. Meier: Pflegeplanung. Eine Anleitung für die Praxis, 9. Aufl. RECOM, Basel 1993

Kienpointer, M.: Vernünftig argumentieren. Regeln und Techniken der Diskussion. Rowohlt, Reinbek 1996

Ueding, G.: Rhetorik des Schreibens. Eine Einführung, 4. Aufl. Beltz Athenäum, Frankfurt a.M. 1996

Weinhold, C.: Kommunikation zwischen Patienten und Pflegepersonal. Eine gesprächsanalytische Untersuchung sprachlichen Verhaltens in einem Krankenhaus. Huber, Bern 1997

Welche Arbeitstechniken helfen beim Verfassen von Fachtexten?

6 Arbeitstechniken: Umgang mit Fachliteratur

„Wissen gibt es in zweierlei Form: Wir kennen den Gegenstand selbst oder wir wissen, wo wir Informationen über ihn erlangen."

(Samuel Johnson)

6.1 Auswerten und Abfassen von Fachtexten

6.1.1 Arbeitsvorbereitung

Arbeitsziel

Zuerst wird in Abstimmung mit der zuständigen Lehrkraft ein geeignetes Thema ausgewählt. Maßgebend sind die eigenen Interessen und Vorkenntnisse, aber auch die Klarheit und Umsetzbarkeit der Aufgabenstellung (Anspruchsniveau, verfügbare Literatur, Zeitbedarf). Der Inhalt der Arbeit wird dann anhand eines Stichwortkatalogs (Disposition) näher umrissen. Dazu schreibt man, wenn möglich schon anhand grundlegender Literatur (Nachschlagewerke), alles auf, was einem zum Thema einfällt, und bringt eine erste Ordnung in die Stichpunkte. Auf dieser Grundlage ist die genaue Bestimmung und Formulierung des Themas möglich.

Arbeitsmethode

Dann ist zu entscheiden, wie das Thema erarbeitet wird. Soll die einschlägige Fachliteratur aufgearbeitet oder eine Untersuchung vor Ort (Beobachtung, Befragung, Experiment) durchgeführt werden?

Arbeitsplan

Anschließend legt man die erforderlichen Arbeitsschritte inhaltlich und zeitlich fest. Fixpunkt ist der Termin, zu dem die Arbeit abgegeben bzw. das Referat gehalten werden soll.

6.1.2 Materialsammlung

Informationsquellen

Neben der eigentlichen *Fachliteratur* können auch andere Texte und Medien als Materiallieferanten dienen. Die größte Bedeutung für die Informationsgewinnung hat immer noch das Buch. *Wissenschaftliche Bücher*, die einen einzelnen Gegenstand mehr oder weniger umfassend behandeln, und das Wissen eines Berufs vermittelnde Fachbücher wenden sich an Fachleute und setzen theoretische und fachsprachliche Kenntnisse voraus. Lehrbücher führen Lernende in ein Fachgebiet ein und haben mehr erklärenden Charakter. Sachbücher, die interessierten Laien Fachwissen nahe bringen wollen, verwenden eine allgemeinverständliche, anschauliche Sprache. Nachschlagewerke bieten das Grundwissen eines Fachgebiets in alphabetischer (Lexika), systematischer (Handbücher), stichwortartiger (Checklisten) oder bildlicher Form (Atlanten). Aufbau fachbezogener Bücher:

1. Titelblatt (Verfasser, Titel, Verlag) mit Impressum (Druckvermerk über Herausgeber, Verleger, Erscheinungsort und -jahr), Inhaltsverzeichnis, Vorwort;
2. Hauptteil (einzelne Kapitel);
3. Anmerkungen (Erläuterungen zum Haupttext), Glossar (Worterklärungen), Literaturverzeichnis, Register (Namens-, Sachverzeichnis).

Zu den in regelmäßigen Abständen erscheinenden Schriften gehören Zeitungen und Zeitschriften. *Zeitschriften* befassen sich mit speziellen Themenbereichen, z.B. beruflicher Art (Pflegezeitschriften: Tab. 6.1).

Fachzeitschriften richten sich an ein Fachpublikum. Sie bringen die neuesten fachlichen Erkenntnisse (Fachaufsätze), aktuelle Informationen (Berichte, Nachrichten, Termine), Meinungen (Kommentar, Buchbesprechungen, Leserbriefe) und Werbung (Werbe-, Stellenanzeigen). Verbandszeitschriften vertreten die Interessen von Verbänden (z.B. Berufsverbänden) und richten sich vorrangig an deren Mitglieder. Publikumszeitschriften (*Der Spiegel, Focus, Stern*) wenden sich an eine breitere Leserschaft. Aufbau fachbezogener Zeitschriften: Titelblatt, Impressum, Inhaltsverzeichnis, Rubriken (Schwerpunktthemen, Fachbeiträge, Serien, Nachrichten, Berichte, Termine, Kommentar, Leserbriefe, Buchbesprechungen, Stellenanzeigen), Text- und Werbebeilagen.

Tabelle 6.1 Pflegezeitschriften.

	Name	Verlag	Erscheinungsweise
Allgemeine Pflegefachzeitschriften	Die Schwester/Der Pfleger	Bibliomed, Melsungen	monatlich
	Dr. med. Mabuse	Mabuse, Frankfurt a.M.	6 x jährlich
	Heilberufe	Urban & Vogel, München	monatlich
	Krankenpflegejournal	Die Schwestern-Revue, Würzburg	monatlich
	Pflege	Huber, Bern	6 x jährlich
	Pflege-Zeitschrift	Kohlhammer, Stuttgart	monatlich
Spezielle Pflegefachzeitschriften	Dialyse aktuell	Conzema, Lohfelden	4 x jährlich
	Forum Sozialstation	Forster, Rheinbach	6 x jährlich
	Häusliche Pflege	Vincentz, Hannover	monatlich
	OP-Journal	Thieme, Stuttgart	3 x jährlich
	Pflegen ambulant	Bibliomed, Melsungen	6 x jährlich
	Zentralsterilisation	mhp, Wiesbaden-Norderstedt	6 x jährlich
Verbandszeitschriften	Brennpunkt Pflege	Gewerkschaft Pflege, Radolfzell	4 x jährlich
	Pflege aktuell	Deutscher Berufsverband für Pflegeberufe e.V., Eschborn	monatlich

Zeitungen berichten über das aktuelle Zeitgeschehen. Man unterscheidet Tageszeitungen mit überregionaler (*Frankfurter Allgemeine Zeitung, Süddeutsche Zeitung, Die Welt*), regionaler (Stadt/Kreis) oder lokaler Verbreitung (oft nur Beilagen), Wochenzeitungen (*Die Zeit, Welt am Sonntag, Deutsches Allgemeines Sonntagsblatt*) sowie sensationsorientierte Boulevardblätter (*Bild*). Aufbau von Zeitungen: Inhalt, Impressum, Politik, Weltnachrichten, Lokales, Wirtschaft, Sport, Kultur (Feuilleton), Leserbriefe, Anzeigen.

Hörfunk und *Fernsehen* bringen Nachrichten und Magazine zu sozialen und Gesundheitsfragen. Im *Internet* finden sich Online-Zeitschriften (z. B. elektronische Pflegezeitschriften), Informationen über Einrichtungen (Verbände, Kliniken, Krankenpflegeschulen) und Dokumentationen (Literaturdienste). Schließlich wird fachliches Wissen bei Fach- und Lehrvorträgen vermittelt.

Kriterien für die Beurteilung von Informationsmedien
Absicht, Themen/Themenschwerpunkte, Teile/Rubriken, Umfang, Aufmachung, Preis, Bezugsbedingungen, Anwendbarkeit für Ausbildung und Beruf.

Materialsuche

Die Sichtung der Fachliteratur zu einem Thema bezeichnet man als Bibliographieren. Mögliche Fundorte sind zum einen Nachschlagewerke, Verlagskataloge (Fachverlage) und Rezensionen (Buchbesprechungen) in Fachzeitschriften, zum anderen Literaturhinweise in Büchern und Zeitschriften (versteckte Bibliographien) bzw. Bibliothekskataloge, eigenständige Bibliographien (Bücherverzeichnisse) oder Literaturdienste. Über die ermittelten Bücher und Aufsätze legt man sich mit Hilfe von Blättern, Karteikarten oder des PC ein Verzeichnis an, aus dem sich das Literaturverzeichnis der Arbeit entwickelt.

Literaturangaben (bibliographische Angaben) werden folgendermaßen gemacht:

1. *Bücher*:
    - Familienname, Vorname(n) des Autors bzw. des Herausgebers (*Hg.* in Klammern). Die Vornamen werden mit den Anfangsbuchstaben abgekürzt.
    - Buchtitel, Untertitel, evtl. Bandzahl;
    - Auflage (ab der 2. Aufl.), Verlagsname, Erscheinungsort, Erscheinungsjahr;
    - In Klammern: Reihenname, Bandzahl oder Reihennummer.
2. *Zeitschriften und Sammelbände:*
    - Familienname, Vorname(n) des Autors;
    - Aufsatztitel, Untertitel;
    - Name der Zeitschrift, Nummer oder Heft, Erscheinungsjahr bzw. nach *in*: Literaturangabe des Sammelwerks;
    - Seiten.

Beispiele: Literaturempfehlungen am Ende der Kapitel sowie das Literaturverzeichnis S. 175 (Zeichensetzung beachten!).

Materialbeschaffung

Wichtige Bücher kann man, sofern lieferbar, im *Buchhandel* erwerben. Meist wird jedoch die Ausleihe in *Bibliotheken* nötig sein. Man unterscheidet National- (Deutsche Bibliothek in Frankfurt a.M.), Regional- (z. B. Landesbibliotheken), Hochschul- (z. B. Universitätsbibliotheken), Kommunale (z. B. Stadtbücherei) und Fachbibliotheken (z. B. Schulbibliothek). Bei der Literatursuche bedient man sich des Bibliothekskatalogs (Bestandsverzeichnis auf Karteikarten, Mikrofiches oder EDV). Den Standort eines bestimmten Buches erfährt man aus dem alphabetischen Verfasserkatalog, der nach Autoren bzw. bei anonymen Werken nach Titeln geordnet ist. Literatur zu einem Thema liefert der Sachkatalog, der als Schlagwortkatalog (Ordnung nach Schlagwörtern für den Buchinhalt) und Stichwortkatalog (Ordnung nach Stichwörtern im Titel) auftritt. Standardwerke werden nur für die Benutzung im Lesesaal ausgegeben (Präsenzbücherei), alle anderen Bücher kann man mit nach Hause nehmen. Neben dieser Direktausleihe gibt es auch die Möglichkeit der Fernleihe über weitere Bibliotheken.

Fachbezogene Datenbanken vermitteln Informationen über Fachliteratur, aber auch Fakten und Texte in gedruckter oder elektronischer Form (CD-ROM, Diskette, Online). Beispiele für **Literaturdienste** sind

- Datenbank *MEDLINE* des Deutschen Instituts für medizinische Dokumentation und Information (DIMDI), Postf. 420580, D-50899 Köln, Tel. 0221/47241; http://www.ncbi.nlm.nih.gov/PubMed
- Datenbank *LISK*, Maschmühlenweg 44b, D-37081 Göttingen, Tel. 0551/378051; http://www.lisk.de

Materialaufbereitung

Die *Lesetechnik* richtet sich nach dem Zweck der Lektüre. Für die erste Orientierung oder die Suche nach bestimmten Informationen reicht es, den Text rasch zu überfliegen (kursorisches Lesen). Will man einen Text erarbeiten, muss man ihn Schritt für Schritt, teilweise sogar mehrmals durchlesen (**statarisches Lesen**). Man geht dabei folgendermaßen vor:

- Zuerst verschafft man sich einen *Überblick*, indem man Klappentext, Titelblatt, Impressum, Vorwort, Einleitung, Inhaltsverzeichnis, Überschriften, Zusammenfassungen, Abbildungen und Tabellen sowie Register und Literaturverzeichnis überfliegt und ein oder zwei Kapitel anliest. Man kann dann entscheiden, ob sich die weitere Lektüre überhaupt lohnt und welche Abschnitte von Interesse sind.
- Dann wird der Text vollständig oder in Ausschnitten gründlich durchgearbeitet. Es geht darum, den Inhalt zu verstehen – dazu müssen Fachausdrücke und Fremdwörter geklärt werden – sowie die für die eigene Arbeit wesentlichen Informationen herauszufiltern und festzuhalten. Eigene Bücher und Kopien kann man durch Kennzeichnungen im Text (Unterstreichen, Farbmarkierung, Pfeile und Verbindungslinien) oder am Rand (Zeichen, Zeilennummerierung, Gliederung mit Ziffern und Buchstaben, Bemerkungen und Erklärungen, Zwischenüberschriften) optisch aufbereiten. Die Übersichtlichkeit darf dabei jedoch

nicht verloren gehen. Die *Kerngedanken* oder die *Gliederung des Textes* und eigene Bemerkungen hält man auf DIN A 4-Blättern, Karteikarten oder im PC fest (zu den Formen der Texterarbeitung Tab. **6.2**).

Bei mündlicher Informationsvermittlung, z. B. bei Unterricht, Vortrag oder Protokoll, kommt es auf die aussagekräftige *Mitschrift* an. Oft ist es hilfreich, sich vorher mit dem Thema vertraut zu machen oder wenigstens einige Fragen dazu vorzuformulieren. Für die Mitschrift selbst verwendet man lose DIN A 4-Blätter, die einseitig beschrieben werden (zur Blatteinteilung siehe Abb. **6.1**). Nur die wesentlichen Informationen werden festgehalten. Was wichtig ist, kann man aus den Hinweisen

Tabelle 6.**2** Textbezogene Arbeitstechniken und Textsorten.

Textbezogene Arbeitstechniken und Textsorten		Bearbeitung des Originaltexts
Texterarbeitung (Arbeitstechniken)	*Textauszüge* (Exzerpt): Niederschreiben wichtiger Aussagen eines Textes (wörtlich oder sinngemäß) mit Quellenangabe	Der Inhalt der Originals wird für die weitere Verwendung zusammengefasst oder kommentiert.
	Lesenotizen: Niederschreiben eigener Gedanken zu einem Text (zustimmend, ablehnend, weiterführend)	
	Gliederung (Konspekt): Schematische Übersicht über den inhaltlichen Aufbau eines Textes in Form einer Stichwortliste oder eines Schaubildes (z. B. Mind Map)	
Textwiedergabe	*Umschreibung* (Paraphrase): Wiedergabe pragmatischer Texte	Die Sprachhaltung des Originals wird beibehalten.
	Nacherzählung: Wiedergabe fiktionaler Texte (Fiktion = reale Darstellung erfundener Sachverhalte, z. B. in Roman, Erzählung, Drama, Spielfilm)	
	Inhaltsangabe: Objektive Beschreibung des Textinhalts; Stil: Präsens, Umwandlung direkter in indirekte Rede Aufbau: 1. Einleitung (Autor, Titel, Textsorte, Thema, Absicht, Kommunikationsmedium und -situation), 2. Hauptteil (Gedankengang mit Haupt- und Nebengedanken bzw. Handlungsfolge, Hauptpersonen, Hauptorte, Zeit), evtl. 3. Schluss (Deutung und Wertung)	Die Sprachhaltung des Originals wird gewechselt. Der Originaltext wird zum Gegenstand der Beschreibung, Auslegung oder Erörterung.
Textbeschreibung: Darstellung der Besonderheiten der Textstruktur (Inhalt, Aufbau, Stil/Sprache, Textsorte)		
Textauslegung (Textinterpretation): Deutung eines Textes unter Berücksichtigung aller Elemente (Inhalt, Aufbau, Sprache, Absicht, Wirkung)		
Texterörterung: Auseinandersetzung mit der Aussage eines Textes (Argumentation)		

Auswerten und Abfassen von Fachtexten

	Fach – Klasse – Thema – Datum	Seite
	Notizen	**Anmerkungen**
Heftrand	– Namen, Begriffe, Zahlen, Zeitangaben (möglichst vollständig) – Eigene Worte, Stichworte, Kurzsätze – Wörtliche Wiedergabe von Anträgen, Definitionen, Beschlüssen, besonders wichtigen Beiträgen – Unterstreichungen, Hervorhebungen – Abkürzungen (Bsp., Def. usw.), Zeichen (? ! > u. a.) – Freizeilen, Ziffern und Buchstaben zur Gliederung – Freiraum für Ergänzungen	– Schlüsselbegriffe – Oberbegriffe – Zusammenfassung – Gliederung – Markierungen – Korrekturen – Materialien
	Zusätze Eigene Gedanken – Ergänzungen – Querverweise – Beispiele – Fragen	

Abb. 6.1 Vorlagenblatt für die Mitschrift.

des Sprechers (Hervorhebungen, Zentralbegriffe und -aussagen, Wiederholungen, Materialien, Tafelanschrieb, Folien usw.) ableiten. Im Unterricht besteht auch die Möglichkeit nachzufragen oder um eine Schreibpause zu bitten, wenn man etwas nicht richtig verstanden hat oder dem Vortrag nicht folgen kann. Oft ist eine nachträgliche Bearbeitung der Notizen erforderlich. Sie sollte möglichst bald vorgenommen werden.

Untersuchungen

Auf Erfahrung beruhende, empirische Untersuchungen müssen gut vorbereitet (Interviewfragen, Fragebogen, Beobachtungsbogen, Versuchsanordnung) und hinsichtlich Verlauf und Ergebnissen genau dokumentiert werden (Tonbandaufnahme, Mitschrift, Statistik, Versuchsprotokoll). Interviews können ganz frei (offenes Interview), orientiert an Fragevorschlägen (halbstandardisiertes Interview) oder streng

Dezimalschema	Buchstaben-Zahlen-Schema
1.	A.
1.1	I.
1.1.1	1.
1.1.2	2.
1.1.2.1	a)
1.1.2.2	b)
1.2	II
2.	B

Abb. 6.2 Gliederungsschemata.

an einem vorgegebenen Frageleitfaden entlang (standardisiertes Interview) geführt werden. Der Interviewer kann Tatsachenfragen und Meinungsfragen stellen. Zu weiteren Frageformen siehe S. 117.

6.1.3 Materialauswertung

Gliederung

Die gesammelten Einzelinformationen werden geordnet und aufeinander bezogen. Der innere Aufbau zeigt sich in der äußeren *Gliederung*, die die Grundlage für das Inhaltsverzeichnis bildet (Abb. 6.**2**).

Visualisierung

Diagramme und Tabellen ergänzen und erläutern den Inhalt, veranschaulichen abstrakte Sachverhalte, verdichten Informationen und lockern das Schriftbild auf (Abb. 6.**3**, 6.**4**).

Reflexion

Die gesammelten Informationen sollen häufig nicht nur wiedergegeben, sondern eigenständig aufgearbeitet werden. Wichtig ist dann, die verwendete Literatur zu diskutieren, durchgeführte Untersuchungen zu deuten, Ergebnisse zusammenzufassen und zu beurteilen sowie eigene Schlussfolgerungen zu ziehen.

6.1.4 Textgestaltung

Manuskript

Handelt es sich bei dem anzufertigenden Text um ein Referat oder einen Vortrag, dann wird nun der Stichwortzettel geschrieben. Die inhaltliche Vorbereitung ist damit abgeschlossen. Bei schriftlichen Texten verfasst man zunächst einen Rohentwurf (Konzept) des Hauptteils, der, wenn nötig mehrmals, überarbeitet wird. Erst danach werden Deckblatt, Vorwort, Inhalts- und Literaturverzeichnis sowie der Materialanhang erstellt. Zuletzt wird die Reinschrift angefertigt.

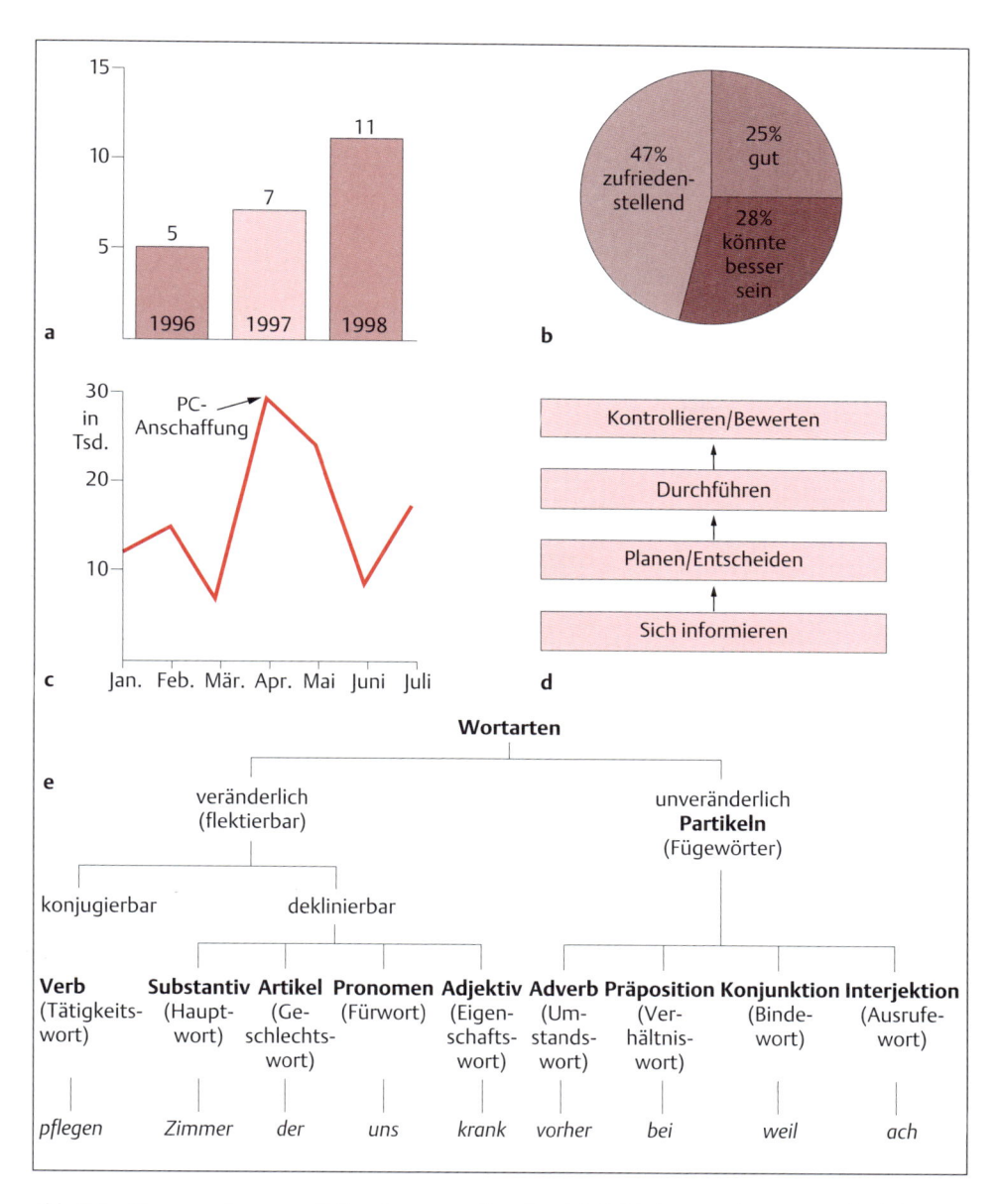

Abb. 6.**3** Diagrammformen: **a** Balkendiagramm: Nosokomiale Infektionen in der Inneren Klinik, **b** Kreisdiagramm: Patientenbefragung „Wie beurteilen Sie unser Klinik-Essen?", **c** Kurvendiagramm: Investitionskosten Krankenpflegeschule, **d** Ablauf-/Flussdiagramm: Ablauf einer Pflegebehandlung, **e** Baumdiagramm: Wortarten

Dekubitus (Mindmap)

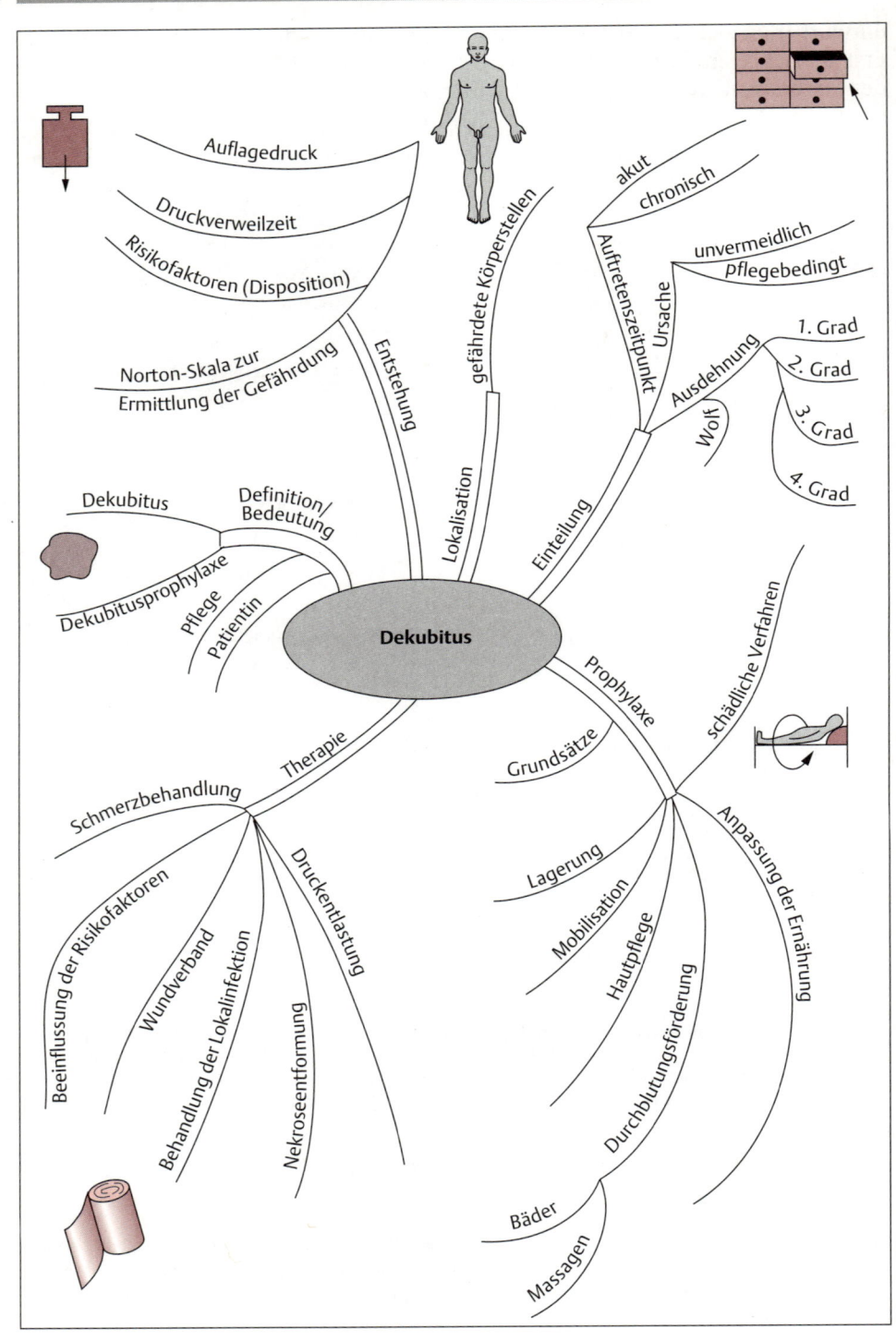

- **Entstehung**
  - Auflagedruck
  - Druckverweilzeit
  - Risikofaktoren (Disposition)
  - Norton-Skala zur Ermittlung der Gefährdung
- **Lokalisation**
  - gefährdete Körperstellen
- **Einteilung**
  - Auftretenszeitpunkt
    - akut
    - chronisch
  - Ursache
    - unvermeidlich
    - pflegebedingt
  - Ausdehnung
    - 1. Grad
    - 2. Grad
    - 3. Grad
    - 4. Grad
- **Definition/Bedeutung**
  - Dekubitus
  - Dekubitusprophylaxe
  - Pflege
  - Patientin
- **Therapie**
  - Schmerzbehandlung
  - Beeinflussung der Risikofaktoren
  - Wundverband
  - Behandlung der Lokalinfektion
  - Nekroseentfernung
  - Druckentlastung
- **Prophylaxe**
  - Grundsätze
  - Lagerung
  - Mobilisation
  - Hautpflege
  - Durchblutungsförderung
  - Bäder
  - Massagen
  - Anpassung der Ernährung
  - schädliche Verfahren

Äußere Form

Für die Reinschrift verwendet man weißes DIN A 4-Papier, das einseitig beschrieben wird. Man sollte dazu eine Schreibmaschine oder den Personalcomputer benutzen. Der Zeilenabstand beträgt 1½ Zeilen, beim Literaturverzeichnis eine Zeile. Rechts bleibt ein Korrekturrand von 5 cm, links, oben und unten ein Rand von 3–4 cm frei. Die Blätter werden, vom Titelblatt an gerechnet, in der Mitte des oberen Randes mit Seitenzahlen versehen. Titelblatt und Inhaltsverzeichnis tragen keine Seitenzahl. Abgesehen von Titelblatt, Inhaltsverzeichnis und Literaturverzeichnis wird der Text fortlaufend formuliert. Überschriften, Teilüberschriften und Absätze dienen der inhaltlichen Gliederung. Die Blätter werden mittels Einsteckhülle oder Schnellhefter zusammengefasst.

Zitate geben zu erkennen, mit welcher Literatur sich die Verfasserin oder der Verfasser auseinandergesetzt hat. Sie haben den Zweck, eigene Erkenntnisse zu belegen, können aber auch Gegenstand der Kritik sein. Da es sich um fremdes geistiges Eigentum handelt, müssen sie durch eine Literaturangabe kenntlich gemacht werden. Zu häufiges und umfangreiches Zitieren kann den eigenständigen Charakter der Arbeit verdecken. Das völlige Fehlen von Zitaten lässt dagegen auf mangelnde Auseinandersetzung mit der Fachliteratur schließen. Wichtig ist deshalb, beim Zitieren das rechte Maß zu finden. Wörtliche Zitate werden in doppelte Anführungszeichen, Zitate innerhalb eines Zitats in einfache Anführungszeichen gesetzt. In Vorträgen werden sie durch die Hinweise *Zitat* und *Zitat Ende* kenntlich gemacht. Der Text inklusive Hervorhebungen muss exakt übernommen werden. Offensichtliche Fehler werden mit (*!*) gekennzeichnet. Zitate dürfen nicht aus dem Textzusammenhang gerissen werden, da dies zur Verfälschung der Aussage führen kann. Längere Zitate werden im Text abgesetzt und engzeilig, oft auch kleiner geschrieben. Dem Zitat folgt in Klammern die Quellenangabe. Bei sinngemäßen Zitaten wird der fremde Gedanke ohne Anführungszeichen in eigener Formulierung wiedergegeben. Hier wird die Quelle in Klammern angeführt. Die Quellenangabe kann der vollständigen bibliographischen Angabe entsprechen. Platzsparender ist jedoch, nur den Zunamen des Autors und das Erscheinungsjahr des Textes zu nennen. Bei mehreren Veröffentlichungen des Autors in einem Jahr werden die betreffenden Titel durch lateinische Kleinbuchstaben (*a, b, c* usw.) voneinander unterschieden (z. B. *Walther 1997*; *Schmidbauer 1998b*). Beim Zitieren mündlicher Äußerungen werden Verfasser, Ort, Zeit und Zusammenhang genannt (z. B. *Arnulf Kohler bei einem Vortrag in der Stuttgarter DBfK-Geschäftsstelle am 24. 3. 1998*). Zitate aus zweiter Hand, die nicht überprüft werden können, werden mit *zit. nach* versehen.

Abb. 6.4 Gliederung einer Facharbeit als Mind Map. Hierbei handelt es sich um ein Mischdiagramm, bestehend aus Text- und Bildelementen. Die „Gedankenlandkarte" beginnt in der Mitte des Blattes mit einem zentralen Begriff (Thema) und verzweigt sich immer weiter nach außen (Entfaltung des Themas). Den Ästen werden Schlüsselwörter und Bildsymbole zugeordnet. Mind Mapping, das sprachlich-analytisches und bildhaft-assoziatives Denken miteinander verbindet, eignet sich für die Gliederung von Texten, die Anfertigung von Stichwortdispositionen und Protokollen u.v.a

6.1.5 Korrektur

Zum Schluss werden der Gedankengang, der sprachliche Ausdruck, die Rechtschreibung, Zitate und Quellenangaben überprüft sowie Fehler und Unregelmäßigkeiten verbessert.

6.2 Wichtige Rechtschreibregeln

Nach der jüngsten Rechtschreibreform sind folgende **Rechtschreibregeln** besonders zu beachten:

- *S* wird verdoppelt, wenn es einem kurzen Vokal folgt, z. B. bei *Hass, Essverhalten, Stress*.
- Nach langem Vokal oder Diphthong schreibt man *ß*, wenn im Wortstamm kein Konsonant folgt, z. B. bei *aßen, Fuß, heiß*.
- Die Schreibweise richtet sich nach der Wortverwandtschaft. Beispiele hierfür sind *nummerieren* (von *Nummer*), *platzieren* (von *Platz*), *Tipp* (von *tippen*), *rau* (wie *blau, genau, schlau*).
- Wenn zwei oder drei gleiche Buchstaben zusammentreffen, werden alle geschrieben, z. B. in *Rohheit, selbstständig* (auch *selbständig*), *Betttuch* (auch *Bett-Tuch*).
- Substantive und andere substantivisch gebrauchte Wortarten werden großgeschrieben. Erkannt werden sie daran, dass sie einen Begleiter, z. B. einen Artikel, vor sich haben können (Frage: was?), wie *morgen Abend, Ich habe Angst* (aber: *mir ist angst und bange*), *Folgendes, jede Fünfte, im Voraus, das Betten, Erste-Hilfe-Kurs* (aber: *erste Hilfe*).
- Normale Anredepronomen schreibt man immer, auch in Briefen, klein (*du, dein, dir, dich, ihr, euer, euch*), solche in der Höflichkeitsform immer groß (*Sie, Ihr, Ihre, Ihnen*).
- Folgende Wortverbindungen schreibt man normalerweise getrennt:
    Wort + sein: *zufrieden sein, da sein*
    Adverb + Verb: *aufeinander beziehen, zustande kommen*
    Adjektiv + Verb: *bekannt geben, das Glas frei halten* (aber: *die Ausfahrt freihalten*)
    Partizip (Mittelwort) + Verb: *gefangen nehmen, verloren gehen*
    Substantiv + Verb: *Auto fahren, Leid tun* (aber: *schlafwandeln*)
    Verb + Verb: *kennen lernen, spazieren gehen*
    Ableitung auf -ig, -isch, -ich + Verb: *lästig fallen, heimlich tun*.
- Wörter trennt man nach Sprechsilben. Auf die neue Zeile kommt immer ein Konsonant. Dies gilt auch für Zusammensetzungen, die als solche nicht mehr erkannt werden, so z. B. *eu-ro-pä-i-sche, A-der, Fie-ber, flüs-tern, imp-fen, hi-nauf* (auch: *hin-auf*).
- Buchstabenverbindungen, die einen Laut darstellen (*ch, sch, ck*), werden nicht getrennt, z. B. in *Dä-cher, wa-schen, Zu-cker*.
- Vor *und* und *oder* zwischen nebengeordneten Sätzen braucht man kein Komma zu setzen, kann es aber auch tun, wie z. B. bei *Ich lagerte die Patientin(,) und*

dann hatte ich Feierabend. Auch vor erweitertem Infinitiv mit *zu* ist Beides möglich, wie z. B. *Ich bitte Sie(,) Stillschweigen zu bewahren.* Dasselbe gilt für Fügungen dieser Art: *angenommen(,) dass*; *besonders(,) wenn.*

6.3 Prüfungen

In der pflegerischen Ausbildung finden zahlreiche Prüfungen statt, von den Leistungsbeurteilungen in den einzelnen Unterrichtsfächern und auf den Stationen bis hin zu Zwischen- und Abschlussprüfungen. Geprüft werden schriftliche (Klausuren, Tests, Facharbeit, Tätigkeitsberichte, Protokolle), mündliche (Prüfungsgespräch) und praktische Leistungen (Stationsbeurteilungen, praktisches Examen). In der schriftlichen **Abschlussprüfung** in der Kranken- und Kinderkrankenpflege kommen drei Aufgabentypen vor:

- *Kurzthemen*: ausführlichere Darstellung eines fachlichen Zusammenhangs in Stichworten oder Aufsatzform;
- *Offene Fragen* (Kurzfragen): stichwortartige Beantwortung einer begrenzten Aufgabe;
- *Multiple-Choice-Aufgaben*: Auswahl (Ankreuzen) der richtigen Antwort unter mehreren Antwortmöglichkeiten.

Hier ein paar Tipps für Prüfungen:

- **Prüfungsvorbereitung**:
Machen Sie sich bewusst, welche Bedeutung die Prüfung für Sie hat und welche Erwartungen Sie im Blick auf das Ergebnis haben. Beginnen Sie rechtzeitig mit der Vorbereitung. Wenn Sie während der Ausbildung kontinuierlich lernen durch aktive Mitarbeit im Unterricht, gut geordnete Arbeitsunterlagen und regelmäßige Nacharbeit, ist der Aufwand für die Prüfungen nicht mehr so hoch. Informieren Sie sich über die Prüfungsmodalitäten (Termin, Ort, Form der Prüfung, Prüfer). Stellen Sie alle für die Prüfung erforderlichen Unterlagen zusammen. Schauen Sie sich frühere Prüfungsaufgaben, möglichst mit Lösungsvorschlägen, an. Erstellen Sie einen Lernplan: Themenliste (inhaltliche Prüfungsanforderungen), Bestandsaufnahme (Kenntnisstand), Arbeitsplan (Lerninhalte, Lernzeit). Planen Sie Wiederholungsphasen ein. Bereiten Sie den Stoff so auf, dass er lernbar wird. Machen Sie sich die Gliederung jedes Lernbereichs klar (Stoffgliederungen, Mind Maps (vgl. Abb. 6.**4**), Schaubilder, Tabellen usw.). Lernen Sie gezielt und setzen Sie inhaltliche Schwerpunkte. Gehen Sie aktiv mit dem Stoff um: Bearbeiten Sie die Unterlagen, nutzen Sie die verschiedenen Lernkanäle Lesen, Schreiben, Sprechen, Hören, Tun. Trainieren Sie praktische Bewegungsabläufe, spielen Sie sie gedanklich durch. Beziehen Sie das Gelernte auf die Prüfung: Was könnte wie gefragt werden? Bilden Sie eine Lerngruppe mit anderen Schülerinnen und Schülern. Erstellen Sie Fragenkataloge. Fragen Sie sich gegenseitig ab. Simulieren Sie mündliche Prüfungen. Schauen Sie den gesamten Stoff am Schluss noch einmal überblicksmäßig durch. Schließen Sie letzte Lücken.

- **Prüfungsverlauf**:
  - *Allgemeines Verhalten*: Kommen Sie rechtzeitig, aber nicht allzu früh zur Prüfung. Bringen Sie das erforderliche „Handwerkszeug" mit. Beachten Sie die üblichen Verhaltensregeln (Kleidung, Freundlichkeit usw.).
  - *Schriftliche Prüfungen*: Lesen Sie die Prüfungshinweise und dann die Aufgaben in Ruhe durch. Markieren Sie Besonderheiten. Wählen Sie bei den Kurzthemen die Aufgabe aus, die Ihren Fähigkeiten und Interessen am ehesten entspricht und sich inhaltlich am besten darstellen lässt. Teilen Sie die Bearbeitungszeit ein: Beginn, Ende, Halbzeit, Korrektur (ca. 10 % der zur Verfügung stehenden Zeit). Auf dem Aufgabenblatt wird meist der für die einzelnen Prüfungsbestandteile erforderliche Zeitbedarf vermerkt. Machen Sie sich dann an die Bearbeitung der Aufgaben: Lesen Sie die Aufgaben sorgfältig durch. Sie enthalten die inhaltlichen Anforderungen und oft auch Hinweise zu Umfang und Gewichtung (z. B. Zahlangaben). Beginnen Sie mit den leichten Aufgaben zuerst. Investieren Sie nicht zu viel Zeit in eine Aufgabe; stellen Sie sie nötigenfalls zurück, lassen Sie aber auf dem Papier für die nachträgliche Beantwortung Platz frei. Beantworten Sie eine Aufgabe lieber unvollständig als überhaupt nicht. Machen Sie kurze Pausen zum Nachdenken und Entspannen. Nutzen Sie die Zeit voll aus. Legen Sie sich beim Kurzthema ein gedankliches Konzept zurecht. Machen Sie evtl. auch eine schriftliche Gliederung oder Stichwortsammlung. Achten Sie auf die Folgerichtigkeit Ihrer Gedanken und schweifen Sie nicht vom Thema ab. Schreiben Sie bei den offenen Fragen nicht zu wenig, aber auch nicht zu viel. Achten Sie darauf, dass die Stichwortangaben verständlich sind. Vergegenwärtigen Sie sich bei den Multiple-Choice-Aufgaben, was hinsichtlich der Antwortmöglichkeiten vorgegeben ist (z. B. nur eine richtige Antwort). Lassen Sie ausreichend Rand und Freiraum für spätere Ergänzungen. Achten Sie auf die Übersichtlichkeit der Darstellung (Aufgaben-Nummerierung, Überschriften, Absätze, Unterstreichungen usw.). Benutzen Sie die gängigen Fachausdrücke. Schreiben Sie leserlich und streichen Sie Fehler deutlich durch. Versehen Sie die Blätter mit Seitenzahlen. Notieren Sie Name und Datum auf jedem Antwortblatt und unterschreiben Sie, falls verlangt, alle Aufgabenteile. Lesen Sie am Schluss die gesamte Arbeit noch einmal durch. Nehmen Sie Korrekturen und Ergänzungen vor. Prüfen Sie, ob Sie Fragen oder zentrale Aspekte übersehen habe. Legen Sie die Blätter geordnet zusammen, bevor Sie sie abgeben.
  - *Mündliche Prüfungen*: Reden Sie nicht sofort los. Überdenken Sie Ihre Antwort in Ruhe. Wiederholen Sie zu Beginn die Fragestellung wörtlich oder sinngemäß. Wenn Sie mehr Zeit zum Nachdenken brauchen, bitten Sie den Prüfer, die Frage noch einmal zu wiederholen oder zu verdeutlichen. Sagen Sie in jedem Fall, was Sie wissen. Wenn Sie gar nichts wissen, geben Sie dies zu und bitten Sie um eine andere Frage (nur im äußersten Notfall!). Beantworten Sie die Frage genau und vollständig. Gliedern Sie Ihre Antwort (Überblick, Hauptpunkte, Einzelheiten). Schweifen Sie nicht vom Thema ab. Zeigen Sie, dass Sie sich mit dem Thema auseinandergesetzt haben (Darstellung von Zusammenhängen, verschiedener Aspekte, des Wegs zu den Ergebnissen, unterschiedlicher Auffassungen, Vergleiche, Hinweis auf offene Fragen, eigene Bewertung). Verhalten Sie sich gegenüber dem Prüfer als wirklicher

Gesprächspartner (Blickkontakt, klare, nicht zu leise Aussprache, sparsame, aber deutliche Gestik, eigene Gesprächsimpulse).

Übermäßige *Prüfungsangst* kann man vermeiden, indem man die Vorbereitung zielgerichtet und geplant angeht, Lerntechniken sachgemäß einsetzt und die Prüfungssituation gedanklich durchspielt. Wichtig ist, sich immer wieder Entspannung zu gönnen. Den gewohnten Lebensrhythmus (Freizeit, Beziehungen usw.) sollte man keinesfalls grundlegend ändern. Insgesamt sollte man sich bemühen, eine positive Einstellung zur Prüfung und zur eigenen Leistungsfähigkeit zu entwickeln.

Literaturempfehlungen

Duden Die deutsche Rechtschreibung, 21. Aufl. Dudenverlag, Mannheim 1996

Hülshoff, F., R. Kaldewey: Top-Training Erfolgreich lernen und arbeiten. Techniken und Methoden geistiger Arbeit. Klett, Stuttgart 1994

Anhang

Tabelle 1 Wichtige Wortstämme griechischer und lateinischer Herkunft. Stämme, die häufig für die Bildung neuer Wörter verwendet werden, stehen den Präfixen bzw. Suffixen nahe (Halbpräfixe, Halbsuffixe), z. B. *hetero-, -gen.*

Wortstamm	Bedeutung	Beispiel
aden(o)- (gr.)	Drüse	*Adenom* (Drüsengeschwulst)
akr(o)- (gr.)	spitz, hoch	*Akromegalie* (Riesenwuchs von Körperteilen)
-alg(es)ie (gr.)	Schmerz	*Neuralgie* (Nervenschmerz)
all(o)- (gr.)	anders, verschieden	*Allergie* (Überempfindlichkeit)
andr(o)- (gr.)	Mann	*Andrologie* (Männerheilkunde)
angi(o)- (gr.)	(Blut)gefäß	*Angiographie* (Gefäßdarstellung)
anth(o)- (gr.)	Blüte	*Exanthem* (Hautausschlag)
arthr(o)- (gr.)	Gelenk	*Arthrose* (degenerative Gelenkerkrankung)
aut(o)- (gr.)	selbst, unmittelbar	*Autointoxikation* (Selbstvergiftung)
bi- (lat.)	zwei, doppelt	*binär* (zweigliedrig)
bio- (gr.)	Leben	*Biologie* (Wissenschaft von den Lebensvorgängen)
brachy- (gr.)	kurz	*Brachypnoe* (Kurzatmigkeit)
brady- (gr.)	langsam	*Bradykardie* (verlangsamte Herztätigkeit)
chol(e)- (gr.)	Galle	*Cholelith* (Gallenstein)
chrom[at](o)- (gr.)	Farbe	*Chromosomen* (färbbare Zellkernschleifen)
chron(o)- (gr.)	Zeit	*chronisch* (langwierig)
derm[at](o)- (gr.)	Haut	*Epidermis* (Oberhaut)
deuter(o)- (gr.)	zweiter	*Deuteroplasma* (Nährplasma)
dicho- (gr.)	getrennt	*Dichotomie* (Zweiteilung)
dipl(o)- (gr.)	zweifach, doppelt	*Diplokokken* (paarweise auftretende Kugelbakterien)
duo- (lat.)	zwei	*Duodenum* (Zwölffingerdarm)
dupl- (lat.)	zweifach, doppelt	*Duplikatur* (Verdoppelung)
-ektasie, -ektase (gr.)	Erweiterung	*Venektasie* (Venenerweiterung)
-ektomie (gr.)	operative Entfernung	*Appendektomie* (Entfernung des Wurmfortsatzes)
emet-, -emesis (gr.)	Erbrechen	*Emetikum* (Brechmittel)
enter(o)- (gr.)	(Dünn)darm	*enteral* (auf den Darm bezogen)
erg(o)- (gr.)	Wirkung	*Ergometer* (Arbeitsmessgerät)
ery[thr(o)]- (gr.)	rot, rötlich	*Erythrozyten* (rote Blutkörperchen)
gastr(o)- (gr.)	Magen	*Gastritis* (Magenschleimhautentzündung)
gen-, -gen (gr.)	verursacht, verursachend	*psychogen* (seelisch verursacht)
gloss(o)-, glott(o)- (gr.)	Zunge, Stimme	*Glossitis* (Zungenentzündung)

Tabelle 1 (Fortsetzung)

Wortstamm	Bedeutung	Beispiel
glyk(o)-, gluc(o)-, gluk(o)- (gr.)	süß	Glukose (Traubenzucker)
-gramm (gr.)	Aufzeichnung, Geschriebenes	Elektrokardiogramm (Aufzeichnung der Herzströme)
graph(o)-, -graph (gr.)	Aufzeichnungsgerät, Schrift	Elektrokardiograph (Gerät zur Aufzeichnung der Herzströme)
-graphie (gr.)	Aufzeichnungsverfahren	Elektrokardiographie (Verfahren zur Aufzeichnung der Herzströme)
gyn[äk](o)- (gr.)	Frau	Gynäkologie (Frauenheilkunde)
häm[at](o)-, -ämie (gr.)	Blut	Hämoglobin (roter Blutfarbstoff)
haplo- (gr.)	einfach, einteilig	Haplodont (einfacher Kegelzahn)
hapto- (gr.)	Berührung	haptisch (den Tastsinn betreffend)
hemi-(gr.)	halb	Hemiplegie (Halbseitenlähmung)
heter(o)- (gr.)	anders, verschieden	heteromorph (verschiedengestaltig)
hex(a)- (gr.)	sechs	hexadaktyl (sechsfingerig)
hist[i](o)- (gr.)	Gewebe	Histogenie (Gewebeentstehung)
hol(o)- (gr.)	ganz, völlig	holosystolisch (während der ganzen Systole)
hom(o)- (gr.)	gleich, gleichartig	homosexuell (gleichgeschlechtlich)
homö(o)- (gr.)	ähnlich, gleichartig	Homöostase (Gleichgewicht der Körperfunktionen)
hy[dr](o)- (gr.)	Wasser	Hydrozephalus (Wasserkopf)
hypn(o)- (gr.)	Schlaf	Hypnose (schlafähnlicher Zustand)
iatr(o)-, -iater (gr.)	Arzt	Psychiater (Facharzt für seelische Krankheiten)
idio- (gr.)	eigen(tümlich), selbst	Idiosynkrasie (Überempfindlichkeit)
is(o)- (gr.)	gleich	Isosthenurie (Harnstarre)
kardi(o)- (gr.)	Herz, Mageneingang	Kardiomegalie (Herzvergrößerung)
karzino-, carzino- (gr.)	Krebs	karzinogen (krebserzeugend)
krypt(o)- (gr.)	verborgen, geheim	kryptogen (von unbekanntem Ursprung)
leuk(o)- (gr.)	weiß, glänzend	Leukopoese (Bildung weißer Blutkörperchen)
log(o)-, -logie (gr.)	Sprache, Vernunft, Lehre	Pathologie (Krankheitslehre)
lyo-, -lyse (gr.)	Lösung	Analyse (Untersuchung)
makr(o)- (gr.)	groß, lang	Makromoleküle (große Moleküle)
-manie (gr.)	Trieb, Wahn	Pyromanie (Trieb zur Brandstiftung)
mega[l(o)]- (gr.)	groß, lang	Megaureter (stark erweiterter Harnleiter)
melan(o)- (gr.)	schwarz, dunkel	Melanom (schwarze Krebsgeschwulst)
men(o)- (gr.)	Monat	Menstruation (Monatsblutung)
mes(o)- (gr.)	mittlerer, zwischen	Mesokolon (Dickdarmgekröse)
metr(o)- (gr.)	Gebärmutter	Parametritis (Entzündung des Beckenzellgewebes)
mikr(o)- (gr.)	klein, gering	Mikroben (Kleinstlebewesen)
Mnem(o)-, -mnese (gr.)	Erinnerung	Anamnese (Vorgeschichte der Krankheit)
mon(o)- (gr.)	allein, einzeln	Monoparese (Lähmung einer Extremität)
mult(i)- (lat.)	viel	multicellularis (vielzellig)
myk(o)-, myz- (gr.)	Pilz	Mykose (Pilzerkrankung)
my(o)- (gr.)	Muskel	Myokarditis (Herzmuskelentzündung)
myx(o)- (gr.)	Schleim	Myxom (gutartige Geschwulst des Schleimgewebes)
nekr(o)- (gr.)	Toter, Leiche	Nekrose (Gewebstod)
ne(o)- (gr.)	neu, erneuert, jung	Neonatologie (Neugeborenenkunde)

Tabelle 1 (Fortsetzung)

Wortstamm	Bedeutung	Beispiel
nephr(o)- (gr.)	Niere	Nephritis (Nierenentzündung)
neur(o)- (gr.)	Nerv	neurasthenisch (nervenschwach)
olig(o)- (gr.)	wenig, arm an	Oligurie (verminderte Harnausscheidung)
orth(o)- (gr.)	richtig, aufrecht	Orthopnoe (höchste Atemnot; nur bei aufgerichtetem Oberkörper gelangt genügend Atemluft in den Körper)
pachy- (gr.)	dick	Pachymeninx (harte Hirnhaut)
pan(to)- (gr.)	all, ganz, völlig	Panarthritis (Entzündung aller Teile eines Gelenks)
path(o)-, -pathie (gr.)	Leiden, Krankheit	Neuropathie (Nervenleiden)
-penie (gr.)	Mangel	Leukopenie (Verminderung der weißen Blutkörperchen)
phag(o)- (gr.)	Fresser	Bakteriophagen (bakterienvernichtende Viren)
phil(o)-, -phil (gr.)	Neigung, neigend zu	Hämophilie (Bluterkrankheit)
phleb(o)- (gr.)	Vene	Phlebitis (Venenentzündung)
phob(o)-, -phob (gr.)	Angst, meidend	Agoraphobie (Platzangst)
phon(o)-, -phon (gr.)	Schall, Stimme	Dysphonie (Stimmstörung)
phor- (gr.)	Träger	Euphorie (gesteigertes Lebensgefühl)
-plegie, -plexie (gr.)	Lähmung	Apoplexie (Schlaganfall)
pneumon(o)- (gr.)	Lunge	Pneumonie (Lungenentzündung)
-pnoe (gr.)	Atmung	Dyspnoe (Atemstörung)
-poese (gr.)	Entstehung	Hämatopoese (Blutbildung)
polio- (gr.)	grau	Poliomyelitis (Kinderlähmung)
poly- (gr.)	viel, mehr	Polyarthritis (Entzündung mehrerer Gelenke)
prot(o)- (gr.)	erster, zuerst	Protist (Einzeller)
pseud(o)- (gr.)	falsch, vorgetäuscht	Pseudarthrose (falsche Gelenkbildung)
psych(o)- (gr.)	Seele	psychophysisch (seelisch-körperlich)
-ptose (gr.)	Senkung	Gastroptose (Magensenkung)
pyel(o)- (gr.)	Nierenbecken	Pyelitis (Nierenbeckenentzündung)
py(o)- (gr.)	Eiter	pyogen (eitererregend)
radi(o)- (lat.)	Strahl	Radiologie (Strahlenheilkunde)
rhin(o)- (gr.)	Nase	Rhinalgie (Nasenschmerz)
(r)rhoe-, (r)rhö- (gr.)	Fluss	Gonorrhoe (Tripper)
schiz(o)-, schis(to)- (gr.)	Spaltung	Schizophrenie (Bewusstseinsspaltung)
semi- (lat.)	halb	semipermeabel (halbdurchlässig)
skler(o)- (gr.)	Verhärtung	Arteriosklerose (Arterienverkalkung)
-skop, -skopie (gr.)	Betrachtung	Mikroskop (optisches Vergrößerungsgerät)
som[at(o)]-, -som (gr.)	Körper	somatisch (körperlich)
spir(o)- (gr./lat.)	Windung, Atmung	Respiration (Atmung)
-stase, – stasie (gr.)	Stillstand, Stockung	Hämostase (Blutstillung)
sten(o)- (gr.)	schmal, eng	Stenokardie (Herzbeklemmung)
sthen- (gr.)	Kraft	Asthenie (Kraftlosigkeit)
stom(ato)- (gr.)	Mund, Verbindung	Enterostoma (künstlicher Darmausgang)
tachy-, tacho- (gr.)	schnell	Tachypnoe (beschleunigte Atmung)
tetr(a)- (gr.)	vier	Tetraplegie (Lähmung aller vier Gliedmaßen)
thyr(eo)- (gr.)	Schilddrüse	Thyreoiditis (Schilddrüsenentzündung)
tom(o)-, -tomie (gr.)	Schnitt	Laparotomie (Bauchhöhleneröffnung)
top(o)- (gr.)	Ort	Dystopie (Fehllage von Organen)

Tabelle 1 (Fortsetzung)

Wortstamm	Bedeutung	Beispiel
tox(i)-, toxik(o)- (gr.)	Gift	Toxizität (Giftigkeit)
tri- (gr./lat.)	drei	Trigeminus (aus drei Ästen bestehender Hirnnerv)
trop-, trep-, -trop (gr.)	einwirkend auf	Trepanation (Schädeleröffnung)
troph(o)- (gr.)	Ernährung	Ökotrophologie (Ernährungslehre)
un(i)- (lat.)	einzig, einheitlich	unipolar (einpolig)
ur(o)- (gr.)	Harn	Urämie (Harnvergiftung)
vita- (lat.)	Leben	vital (lebendig)
-zid, -cid, -cis, -zis (lat.)	tötend	Suizid (Selbsttötung)
zyst-, cyst- (gr.)	Blase	Zyste (Geschwulst)
zyt(o)-, cyt(o)- (gr.)	Zelle	Zytoplasma (Zellplasma)

Tabelle 2 Häufige Präfixe griechischer und lateinischer Herkunft. Im Lateinischen gleicht sich in manchen Fällen der auslautende (am Schluss stehende) Konsonant des Präfixes an den anlautenden (am Anfang stehenden) des Wortstammes an: z. B. ad- > ak- in Ak-komodation.

Präfix	Bedeutung	Beispiel
a-, an-, ar- (gr.)	un-, ohne, Mangel an, nicht	Akinese (Bewegungsarmut)
ab-, abs-, a- (lat.)	ab, weg, ent-, miss-	Abort (Fehlgeburt)
ad-, ac-, af-, ag-, ak-, al-, an-, ap-, ar-, as-, at- (lat.)	(hin)zu, an, bei	Adaptation (Anpassungsvermögen)
amphi- (gr.)	um herum, ringsum, beid-, doppelt	Amphizyten (Mantelzellen)
ana-, an- (gr.)	(hin)auf, wieder, gemäß	Anatomie (Lehre vom Körperaufbau)
ante- (lat.)	vor, vorne, vorher	Antebrachium (Vorderarm)
ant(i)- (gr.)	gegen, gegenüber	Antidepressiva (Arzneimittel gegen Depression)
apo-, ap-, aph- (gr.)	von weg, ab, nach, ent-	Apoplexie (Schlaganfall)
de-, des- (lat.)	(her)ab, von weg, ent-	Desinfektion (Entkeimung)
di- (gr.)	zwei, doppelt	Dioxid (Verbindung aus zwei Sauerstoffatomen)
dia-, di- (gr.)	(hin)durch, zwischen, auseinander	Dialyse (Blutwäsche)
dis-, dif-, di- (lat.)	auseinander, zwischen, weg	Dislokation (Lageveränderung)
dys- (gr.)	miss-, un-, schlecht	Dysphagie (Schluckstörung)
ek-, ec-, ex-, e- (gr.)	(her)aus, von weg	Ekzem (entzündliche Hautveränderung)
ekto- (gr.)	außen, außerhalb	ektophytisch (nach außen heraus wachsend)
en-, em- (gr.)	in hinein, innerhalb	Embryo (noch nicht geborenes Lebewesen)
end(o)- (gr.)	innen, innerhalb	endokrin (in das Blut absondernd)
ent(o)- (gr.)	innen, innerhalb	entotisch (im Innern des Ohrs)
epi-, eph-, ep- (gr.)	(dar)auf, darüber, daneben, bei	Epidemie (Massenerkrankung)
eu- (gr.)	gut, normal	Eustress (anregender Stress)
ex-, ef-, e- (lat.)	aus heraus, weg, ent-	Exitus (Tod)
ex(o)- (gr.)	aus heraus, außen, außerhalb	exotherm (Wärme freisetzend)
extra- (lat.)	außer(halb), besonders	extrauterin (außerhalb der Gebärmutter)

Tabelle 2 (Fortsetzung)

Präfix	Bedeutung	Beispiel
hyper- (gr.)	über, oberhalb, übermäßig	*Hypertonie* (Bluthochdruck)
hyp(o)-, hyph- (gr.)	unter, unterhalb	*Hypogastrium* (Unterleib)
in-, il-, im-, ir- (lat.)	in, hinein; un-, ohne, nicht	*inhalieren* (einatmen)
infra- (lat.)	unter(halb)	*Infrarot* (Strahlen im Frequenzbereich unterhalb des roten Lichts)
inter- (lat.)	zwischen, inmitten	*Intervall* (Zwischenraum)
intra- (lat.)	in hinein, innerhalb	*intrakutan* (in der oder in die Haut)
intro- (lat.)	in hinein, nach innen	*Introspektion* (Selbstbeobachtung)
kat(a)- (gr.)	von herab, gegen, ganz	*Katalepsie* (Starrkrampf der Muskeln)
kon-, kol-, kom-, kor-, ko-, col-, com-, con-, cor-, co- (lat.)	zusammen mit	*Commotio cerebri* (Gehirnerschütterung)
kontra-, contra- (lat.)	gegen	*Kontrazeption* (Empfängnisverhütung)
met(a)- (gr.)	zwischen, nach(her), ver-	*Metastase* (Tochtergeschwulst)
ob-, oc-, of-, ok-, op- (lat.)	(ent)gegen	*Obduktion* (Leichenöffnung)
par(a)- (gr.)	neben, bei; über hinaus; gegen, abweichend	*Paratyphus* (typhusähnliche Infektionskrankheit)
per- (lat.)	(hin)durch, während, völlig	*Pertussis* (Keuchhusten)
peri- (gr.)	um herum, über hinaus	*Periode* (Monatsblutung)
post- (lat.)	hinter, nach, später	*postoperativ* (nach der Operation)
prä-, prae- (lat.)	vor, vorher, voran	*Prävention* (Vorbeugung)
pro- (gr./lat.)	vor, vorne, vorher; für, anstatt; im Verhältnis zu	*Prognose* (Vorhersage)
re-, red- (lat.)	zurück, wieder	*Reanimation* (Wiederbelebung)
retro- (lat.)	hinter, rückwärts, zurück	*retrograd* (rückläufig)
se- (lat.)	weg, heraus	*Sekret* (Absonderung)
sub-, suc-, suf-, sug-, suk-, sup-, sur-, sus-, su- (lat.)	unter, unterhalb; von unten; nahe bei	*subphrenisch* (unter dem Zwerchfell liegend)
super- (lat.)	über, über hinaus	*Supercilium* (Augenbraue)
supra- (lat.)	über, oberhalb	*suprarenal* (über der Niere)
syn-, syl-, sym-, sy- (gr.)	mit, zusammen; gemeinsam; gleichzeitig, gleichartig	*Syndrom* (Krankheitsbild)
trans- (lat.)	(hin)über, nach, hindurch; über hinaus	*Transplantation* (Übertragung von Organen)
ultra- (lat.)	jenseits, über hinaus, weiterhin	*Ultraschall* (mit dem Ohr nicht mehr wahrnehmbarer Schall)
zirku(m)-, circu(m)- (lat.)	um herum	*Zirkumzision* (Beschneidung)

Tabelle 3 Häufige Suffixe griechischer und lateinischer Herkunft.

Suffix	Bedeutung	Beispiel
-ac/us, -a, -um (lat.)	gehörig zu	Plexus cardiacus (Herzgeflecht)
-al/is, -e; -al, -ell (lat.)	befindlich bei, gehörig zu, ähnlich	fazial (zum Gesicht gehörend)
-ar/is, -e; -är, -ar (lat.)	befindlich bei, gehörig zu, ähnlich	zerebellär (zum Kleinhirn gehörend)
-ase	Enzym	Amylase (Stärke abbauendes Enzym)
-at/us, -a, -um; -at (lat.)	versehen mit, ähnlich	Transplantat (übertragenes Organ)
-bil/is, -e; -bel (lat.)	fähig zu, möglich	sensibel (empfindsam)
-cul/us, -a, -um; -kel (lat.)	Verkleinerung	Tuberkel (Knötchen)
-ell/us, -a-, -um; -ell(e) (lat.)	Verkleinerung	Salmonellen (Darmkrankheiten verursachende Bakterien)
-e/us, -a, -um; -ae/us, a-, -um (lat.)	gehörig zu, ähnlich	Musculus glutaeus (Gesäßmuskel)
-e/us, -a, -um (lat.)	bestehend aus, ähnlich	Cornea (Augenhornhaut)
-go; -ago; -igo (lat.)	krankhafte Wirkung	Lumbago (Hexenschuss)
-ia; -ie (gr./lat.)	Vorgang, Zustand, Wissensgebiet	Pneumonie (Lungenentzündung)
-iasis (gr.)	Krankheit	Psoriasis (Schuppenflechte)
-ic/us, -a, -um; -isch, -ik (lat.)	befindlich bei, ähnlich, sich verhaltend, Wissensgebiet	Diagnostik (Lehre vom Erkennen der Krankheiten)
-ide/us, -a, -um; -oide/us, -a, -um; -ides; -(o)id (gr./lat.)	ähnlich	schizoid (der Schizophrenie ähnlich)
-il/is, -e; -bil/is, -e; -(b)il (lat.)	fähig zu, gehörig zu	virilis (männlich)
-ill/us, -a, -um; -ille (lat.)	Verkleinerung	Fibrillen (Fäserchen)
-in/us, -a, -um; -in (lat.)	gehörig zu, befindlich bei, ähnlich, Stoff	Protein (vorw. aus Aminosäuren bestehender Eiweißkörper)
-io, -ion (lat.)	Vorgang, Tätigkeit	Kontraktion (Zusammenziehung)
-isare, -isieren (lat.)	tätig sein	infizieren (anstecken)
-ismus (gr./lat.)	Normabweichung, Sammelbegriff	Botulismus (bakterielle Lebensmittelvergiftung)
-itis (gr./lat.)	Entzündung	Gastritis (Magenschleimhautentzündung)
-iv/us, -a, -um; -iv (lat.)	fähig zu	auditiv (das Hören betreffend)
-ol/us, -a, -um; -ol (lat.)	Verkleinerung	Rubeola (Röteln)
-oma; -om (gr.)	Geschwulst	Karzinom (Krebsgeschwulst)
-or, -tor; -(t)eur (lat.)	Zustand, Funktion, Täter	Tumor (Geschwulst)
-osis; -ose (lat.)	nichtentzündliche Krankheit	Neurose (psychische Störung)
-os/us, -a, -um; -ös (lat.)	reich an, bestehend aus, gehörig zu, ähnlich	venös (die Venen betreffend)
-tas; -tät (lat.)	Merkmal, Allgemeinbegriff	Sexualität (Geschlechtlichkeit)
-ter (lat.)	Tätigkeit, Fähigkeit	Ureter (Harnleiter)
-ul/us, -a, -um; -culus, -a, -um (lat.)	Verkleinerung	Uvula (Zäpfchen)
-ura; -ur (lat.)	Ergebnis	Ruptur (Zerreißung)

Tabelle 4 Einige medizinische Abkürzungen.

Abkürzung	Bedeutung
A., Aa	Arterie, Arterien
ACTH	adenokortikotropes Hormon
Aids	aquired immune deficiency syndrome (erworbenes Immundefektsyndrom)
AK	Antikörper
ant.	anterior (vorne liegend)
ASR	Achillessehnenreflex
ATP	Adenosintriphosphat
a.v.	arteriovenös
AVK	arterielle Verschlusskrankheit
AZ	Allgemeinzustand
bakt.	bakteriell
BB	Blutbild
BE	Broteinheit
BSG	Blutsenkungsgeschwindigkeit, Bundesseuchengesetz
BWK	Brustwirbelkörper
BWS	Brustwirbelsäule
BTM	Betäubungsmittel
BZ	Blutzucker
Ca	Carcinoma (Karzinom)
CO_2	Kohlendioxid
CT	Computertomographie
D.	Ductus (Gang)
d.	dexter (rechts)
DD	Differenzialdiagnose
dist.	distal (von der Körpermitte weg liegend)
DK	Dauerkatheter
DNA	Desoxyribonukleinsäure (engl.: desoxyribonucleic acid)
DSA	digitale Subtraktionsangiographie
E. coli	Escherichia coli (Kolibakterien)
EKG	Elektrokardiogramm
EMG	Elektromyogramm
ERCP	endoskopisch retrograde Cholangiopankreatikographie
FSH	follikelstimulierendes Hormon
GN	Glomerulonephritis
h	hora (Stunde)
Hb	Hämoglobin
Hkt	Hämatokrit
HWI	Harnwegsinfektion
HZV	Herzzeitvolumen
i.c.	intrakutan
ICR	Interkostalraum
IE	internationale Einheit
i.m.	intramuskulär
inf.	inferior (unten liegend)
Inf.	Infektion, Infusion

Tabelle 4 (Fortsetzung)

Abkürzung	Bedeutung
Inj.	Injektion
i.v.	intravenös
KG	Körpergewicht, Krankengeschichte
KV	Krankenversicherung
lat.	lateral (von der Mitte entfernt liegend)
Lig., Ligg.	Ligamentum (Band), Ligamenta (Bänder)
LWK	Lendenwirbelkörper
LWS	Lendenwirbelsäule
M., Mm	Muskel, Muskeln
MDP	Magen-Darm-Passage
med.	medial (in der Mitte liegend)
MG	Molekulargewicht
MS	Multiple Sklerose
N., Nn	Nerv, Nerven
NNM	Nebennierenmark
NNR	Nebennierenrinde
O_2	Sauerstoff
o.B.	ohne (pathologischen) Befund
OP	Operation(ssaal)
post.	posterior (hinten liegend)
prox.	proximal (zur Körpermitte hin)
PTT	partial thromboplastin time (partielle Thromboplastinzeit)
R.	Ramus (Ast, Zweig)
®	registered as trade mark (eingetragenes Warenzeichen)
RG	Rasselgeräusche
RR	Blutdruckmessung nach Riva-Rocci
s.	sinister (links)
s.c.	subkutan
sup.	superior (oben liegend)
Tbc.	Tuberculosis (Tuberkulose)
TEP	Totalendoprothese (Gelenkprothese)
TIA	transitorische ischämische Attacke
V., Vv	Vene, Venen
ZNS	Zentralnervensystem
ZVD	zentraler Venendruck
ZVK	zentraler Venenkatheter

Literaturverzeichnis

Bartholomeyczik, S.: Über die Wechselwirkung von Sprache und Beruf. Pflege Aktuell 3 (1996) 170–175

Berne, E.: Spiele der Erwachsenen. Psychologie der menschlichen Beziehungen. Rowohlt, Reinbek 1997

Bernstein, B.: Studien zur sprachlichen Sozialisation. Schwann, Düsseldorf 1972

Bessai, B.: Pflege – was ist das? Deutsche Krankenpflegezeitschrift 6 (1991) Beil.

Braun, M.: Anatomische, physiologische und physikalische Aspekte der Dekubitusentstehung. In Bienstein, C., G. Schröder, M. Braun, K.-D. Neander: Dekubitus. Herausforderung für Pflegende. Thieme, Stuttgart 1997 (S. 42–70)

Bühler, K.: Sprachtheorie. Die Darstellungsfunktion der Sprache. Gustav Fischer, Stuttgart 1993

Bußmann, H.: Lexikon der Sprachwissenschaft, 2. Aufl. Kröner, Stuttgart 1990

Chomsky, N.: Aspekte der Syntax-Theorie, 3. Aufl. Suhrkamp, Frankfurt a.M. 1983

Cohn, R. C.: Von der Psychoanalyse zur themenzentrierten Interaktion. Von der Behandlung einzelner zu einer Pädagogik für alle, 12. Aufl. Klett-Cotta, Stuttgart 1994

Duden Das Herkunftswörterbuch. Etymologie der deutschen Sprache, 2. Aufl. Dudenverlag, Mannheim 1997

Fiechter, V., M. Meier: Pflegeplanung. Eine Anleitung für die Praxis, 9. Aufl. RECOM, Basel 1993

Fluck, H.-R.: Fachsprachen. Einführung und Bibliographie, 5. Aufl. Francke, Tübingen 1996

Frankfurter Gespräch 96: Diskussionskultur der Ärzte versus Handlungskultur der Pflege? Pflege Aktuell 6 (1996) 406–407

Georg, J., M. Frowein: Pflege-Lexikon. Ullstein Medical, Wiesbaden 1999

Gordon, M.: Handbuch Pflegediagnosen. Einschließlich aller von der Nordamerikanischen Pflegediagnosenvereinigung (NANDA) anerkannten Pflegediagnosen. Ullstein-Mosby, Berlin 1994

Grice, H. P.: Logic and conversation. Syntax and semantics 3 (1975) 41–58

Habermas, J.: Theorie des kommunikativen Handelns. Suhrkamp, Frankfurt a.M. 1995

Hall, E. T.: Die Sprache des Raumes. Schwann, Düsseldorf 1976

Hörmann, H.: Psychologie der Sprache, 2. Aufl. Springer, Berlin 1977

Huber, J.: Pflegeausbildung im berufsbildenden System der Länder. In Bundesausschuss der Länderarbeitsgemeinschaften der Lehrerinnen und Lehrer für Pflegeberufe: Bildung und Pflege. Thieme, Stuttgart 1997 (S. 123-158)

Juchli, L.: Allgemeine und spezielle Krankenpflege. Ein Lehr- und Lernbuch, 2. Aufl. Thieme, Stuttgart 1976

Juchli, L.: Pflege. Praxis und Theorie der Gesundheits- und Krankenpflege, 8. Aufl. Thieme, Stuttgart 1997

Kellermann, H. J.: Therapeutische Aufgabe und Beziehungsarbeit in der Krankenpflege. Pflegezeitschrift 3 (1994) 137–143

Kruse, A.-P.: Krankenpflegeausbildung seit Mitte des 19. Jahrhunderts, 2. Aufl. Kohlhammer, Stuttgart 1995

Kurtenbach, H., G. Golombek, H. Siebers: Krankenpflegegesetz mit Ausbildungs- und Prüfungsverordnung für die Berufe in der Krankenpflege, 4. Aufl. Kohlhammer, Stuttgart 1994

Linke, A., M. Nussbaumer, P. R. Portmann: Studienbuch Linguistik, 3. Aufl. Niemeyer, Tübingen 1996

Morris, C. W.: Zeichen, Sprache und Verhalten. Schwann, Düsseldorf 1973

Morris, D.: Der Mensch, mit dem wir leben. Ein Handbuch unseres Verhaltens. Droemer, München 1983

Peirce, C. S.: Schriften zum Pragmatismus und Pragmatizismus, 2. Aufl. Suhrkamp, Frankfurt a.M. 1976

Pflegezeitschrift 10 (1995) Titel
Piaget, J.: Sprechen und Denken des Kindes, 5. Aufl. Schwann, Düsseldorf 1982
Porep, R., W.-I. Steudel: Medizinische Terminologie. Ein programmierter Kurs mit Kompendium zur Einführung in die medizinische Fachsprache, 2. Aufl. Thieme, Stuttgart 1983
Pschyrembel, S.: Klinisches Wörterbuch, 258. Aufl. de Gruyter, Berlin 1998
Rogers, C. R.: Die klientenzentrierte Gesprächspsychotherapie. Fischer, Frankfurt a.M. 1994
Roper, N., W. W. Logan, A. J. Tierney: Die Elemente der Krankenpflege. Ein Pflegemodell, das auf einem Lebensmodell beruht, 4. Aufl. RECOM, Basel 1993
Saussure, F. d.: Grundfragen der allgemeinen Sprachwissenschaft, 2. Aufl. de Gruyter, Berlin 1967
Schulz von Thun, F.: Miteinander reden. Bd. I. Störungen und Klärungen. Allgemeine Psychologie der Kommunikation. Rowohlt, Reinbek 1994
Searle, J. R.: Sprechakte. Ein sprachphilosophischer Essay, 5. Aufl. Suhrkamp, Frankfurt a.M. 1992

Shannon, C. E., W. Weaver: Mathematische Grundlagen der Informationstheorie. Oldenbourg, München 1976
Skinner, B. F.: Verbal behavior. Appleton, New York 1957
Szagun, G.: Sprachentwicklung beim Kind, 6. Aufl. Beltz, Weinheim 1996
Trill, R., R. Wagner: Kommunikation auf der Krankenhausstation. Deutsche Krankenpflegezeitschrift 5 (1986) 343–348
Watzlawick, P., J. H. Beavin, D. D. Jackson: Menschliche Kommunikation, 9. Aufl. Huber, Bern 1996
Weinmann, S.: Schaffung komplexer Schreibsituationen. Der Deutschunterricht 5 (1970) 47–62
Weisbach, C.-R.: Professionelle Gesprächsführung. Ein praxisnahes Lese- und Übungsbuch, 2. Aufl. dtv, München 1994
Wieteck, P., H.-J. Vellener: Handbuch zur Pflegeplanung. Ein Praxishandbuch zur Erstellung von Pflegeplänen mit einem breiten Spektrum an Pflegemaßnahmen. RECOM, Baunatal 1994
Whorf, B. L.: Sprache, Denken, Wirklichkeit. Beiträge zur Metalinguistik und Sprachphilosophie. Rowohlt, Reinbek 1984

Sachverzeichnis

A

Alterssprache 27
Anredeform 9, 32, 73, *75–77*, 113, 124, 130
Aphasie *28–29, 32, 34*
Arbeitstechnik 136, *151–165*
Argumentation 2, 5, 8, 19, 49–51, *127–136*, 156
Artikulation, Aussprache 15, 17, 20, *21–24*, 29, 31, 35, 56–57, 95–96, 131
Artikulationsstörung 28, *29–30*
Aufklärung 75, *114–116*, 146
Ausdruck 5, 9, *13–15*, 16–17, 19–20, 26–29, 31, *46–47*, 50–51, 53–60, 62, 70, 73, 90–91, 130, 140, 162
Äußerung 12, 16, 19, 26, 29, 40, 46, *48–51*, 54, 58, 60, 62–63, 103, 112, 116–117, 135, 138, 161
Ausländersprache 73–75

B

Bedeutung *12–15*, 16–18, 26, 43, 47–48, 53–55, 60, 62, 80–81, 83, *89–90*, 94, 97, 99–100, 167–174
Beratung 5, 8, 50, 114, 123, *137–138*, 147
Bericht 4, 5, 9, 49, 104, *105–106*, 109–112, 116, *121*, 122, 134, 141, 153, 163
Berufsbezeichnung 3, *77–78*, 79
Beschreibung 3, 6, 49, 84, 92–93, *106–108*, 118, 120, 156
Besprechung *132–134*, 145, 153–154
Beurteilung, Bewertung 8, 16, 106, 108–109, 119, *121*, 129, 133, 138–139, *144–145*, 154, 158, 163–164
Bewerbung 50, *141–144*
Beziehungsebene der Kommunikation 3, 5–9, 17–18, *27*, 40, 43, 45, *46–48*, 50, 60, *61–63*, 67, 76–77, 87, 94, 104, 107, 116, 119, 137–139, 141
Bibliographieren 154
Bibliothek 147, 154, *155*

D

Darstellungsebene der Kommunikation *46–47*, 50
Definition *80–83*, 88, 99, 109, 131, 157

Diagramm 108, *158–161*
Dialekt 17, 27, 31, 57, *70–73*, 80, 85, 131
Diskussion 2, 4, 9, 45, 49, 73, 76–78, 83, 91, 94, 110, 127–129, 133, *134–135*, 148

F

Facharbeit 9, *136*, 160–161, 163
Fachbegriff 6, *80–81, 87–89, 92–94, 99–100*, 109
Fachjargon *84–85*, 87, 91, *92*, 97
Fachkommunikation 4, *5–8, 73–75*, 76, *84–86*, 104, 107, *120*, 139–141
Fachliteratur 4, 5, 8–9, 84, 136, *152–162*
Fachsprache 2, 4, 8–9, 27, *69–100*, 129
Fachtext 9, 83–84, 102, *152–162*
Fachwort 70, *79–81*, 83, 85, 87, *89–92, 94–100*
Feedback, Rückkoppelung, Rückmeldung 31, 42, 45, 120, 131, *139*
Formular, Vordruck 75, 105, 110, 118, *122–123*
Frage 19, 26, 32, 35, 39–40, 48–49, 54, 58, 64–65, 103–104, 108–110, 112, 114–116, *117–118*, 120, 123, 127, 129–130, 132–135, 138–141, 144, 156–158, 163–164
Frauensprache/Männersprache *19*, 71, 75–77, *78–79*
Fremdwort 9, 89, *95–98*

G

Gebärdensprache 15, 20–21, 25, *31–32*, 35, 53
Gesetz 4–5, 8, 50, 52, 71, 77–79, 83, 107, 121–122, *125–126*, 128, 131
Gespräch 5–7, 9, 35, 38–39, 45, 51, 56, 58, 60, 63, 65, 72, 85–86, *103–104*, 109–110, 112–113, 132, 134, 164–165
Gesprächsführung, klientenzentrierte *137–138*
Gliederung 52, 55, 60, 84, 98, 108, 111, 119, 129, 131–132, 155–157, *158*, 161–162, 164
Gruppensprache 17, 71, 73, *86–87*

H

Hochsprache *71*, 73, 80, 131

Sachverzeichnis

I

Information 8, 13, 24, 34–35, *39–40*, 41, 43, 45–46, 49–52, 60–61, 64, 67, 75, 86, 93, 98, *104–127*, *116–119*, 131–135, 138, 140–141, 146, *152–156*, 158
Instruktion, Anleitung, Anweisung 6, 8, 32, 34, 82, *105*, 108–109, 116, 120, 122–123, 133
Interaktion 27, 40–41, 45, 51
Interview, Befragung 104, 116, 152, 159, *157–158*

K

Kommunikation 9, 16–18, 26–27, *37–67*, 72–73, 102–103, 109, 120, 147
Kommunikationsarten 6–7, *44–45*
Kommunikationseigenschaften *46–48*
Kommunikationshilfen *31–35*
Kommunikationsmodell 16, *40*, 42, 50
Kommunikationsprozess 8, *39–43*
Kommunikationsstörung 28–29, 42, *61–67*, 74, 120
Konversationsregeln *64–66*
Körpersprache 5, 32–35, 44–45, 47, 51, *53–61*, 62, 131, 140

L

Laut 13–16, 18, *21–25*, 26, 28, 30–32, 48, 54, 57, 95, 102, 130–131, 137, 170
Lautsprache 15, 21, 41, 44, 47, *51–52*, 53, *60–61*
Lehrsprache, Lehrtexte *84–86*, 102, 129, 132, 138, 146, 153–154
Lesen 3, 9, 21, 25, 28–29, 32, 34–35, 52, 123, 126, 146–147, 149, *155–156*, 163–164
Literatur 49–50, 52, 71, *146–149*
Literaturangabe 136, *154*, 161

M

Medien 8, 34, *44–45*, 71, 131–132, 141, *146–147*, 152–153
Metaplan-Technik *8–9*
Mind Mapping 156, *160–161*, 163
Mitarbeitergespräch *104*
Mitschrift 110, *156–157*
Mitteilung 7, 40, 44, 46–47, 49, 102, *105*, 117, 133, 144
Morphem *14–15*
Mündigkeit, berufliche 3, *8*

P

Patientengespräch 32, *104*
Pflegediagnose *92–93*
Pflegedokumentation 4, 6–9, 35, 52, 74–75, 91, 93, 112–114, 119–120, *121–122*

Pflegegespräch 6, 32, 34–35, 38–39, 67, 75, *104*, *113*, 140
Pflegemodell 5, *66–67*
Pflegeplanung 4, 89, 107, 114, *116–121*
Pflegestandard 108, 119, *120*
Präsentation *132*
Professionalität *2–3*, 8, 39, 74, *76–78*, *88–89*, 116
Protokoll 3, 9, 109, *110–112*, 113, 121–122, 133, 156–157, 161, 163
Prüfung 3–5, 47, 66, 78, *163–165*

R

Rechtschreibung 52, 71, *95–96*, *162–163*
Redefigur *130*
Redeflussstörung 28, *30*
Referat 51, *129*, 131–134, 152, 158
Reflexion, Nachdenken 2, 16, 67, 127, *158*

S

Satz 13, 15, 24–29, 32, 34, *48–49*, 52, 54–55, 60, *83–84*, 102, 109, 124, 129–131, 157
Schriftsprache 5–7, 13, 15, 20–21, 27, 31–32, 42, 44, 51, *52*, 53, 71, 73
Schriftverkehr 5, 72, 76, *123–125*, *141–143*
Schreiben 3–4, 17, 21, 25, 28, 32, 34–35, 48, *52*, 57, 102, 146, 149, *158–159*, *161*, 163–164
Sprachbarriere 17, *73–75*
Sprachbeeinträchtigung 5, 12–13, *28–35*
Sprache und Denken 17, *19*, 24, 27, 29
Sprache und Gehirn 17, 23, *24–25*
Sprache und Handeln *17–18*, 26, *48–49*, 103
Sprachebene 17, *71–72*, 73
Sprachentwicklung *27*
Sprachentwicklungsstörung *29*
Spracherwerb 17, *25–27*, 28–29
Sprachgebrauch 3, *16*, 17, 19, 28–29, 31, *57*, 72–73, 79, 82, 89, 91
Sprachhaltung *49–51*, 102
Sprachkompetenz, sprachliche und kommunikative Fähigkeiten *1–10*, 15–16, 24–29, 53, 67, 72–74, 129, 136
Sprachstörung *28–29*, 61–62
Sprachtherapie, pflegerische Hilfe 29, *31–35*
Sprachverarbeitung 17, *20–25*, 53, 61–62
Sprachwissenschaft *17*
Sprachzentrum *24–25*, 28–29
Sprechapparat 20, *21–24*, 26–28, 30
Sprechstörung 28, *29–30*, 62
Sprechweise 29–30, 48, 52–53, *54–57*, 60, 70, 85, 92, 107, 131
Stimme *21–22*, 26, 53, 55–57, 60, 92, 131
Stimmstörung 28, 30, *31–32*, 35, 62
Supervision 63, 106, *138*
Symbol *13–14*, 28, 40, 47, 53, 58, 83, 140

T

Terminologie 4, 87–88, *92–100*
Text, Textsorte 13, 15, 31–32, 34, 49, 51–52, 78–79, 95, *102–156*
themenzentrierte Interaktion *138–139*
Tiersprache *18*
Transaktionsanalyse *64–65*

U

Übergabe 7, 51, *112–113*, 121
Umgangssprache 70, *71–72*, 73, 80, 85–86
Unwort *91*

V

Verhandlung 8, 110, *140–141*
Vermittlungsebene der Kommunikation *47*, 50
Verteilersprache 84, *86*
Visite 91, *113–114*, 116
Visualisierung 109, 131–132, *158*
Vortrag 4, 13, 102, 109, *129–132*, 149, 154, 156–158, 161

W

Werbung 50, 102, *141*
Willenserklärung 50, *125–127*, 144
Wissenschaftssprache 2, 79, *84*, 87
Wörterbuch 70, 87, *98–100*, 153
Wortart 83–84, 97–98, *159*, 162
Wortbildung *88–89*, 90–91, *96–98*, 99, 167–174
Wortfamilie *90–91*
Wortfeld *83*
Wortherkunft *88–89*, 90, 96, 98, 167–172

Z

Zeichen *13–15*, 16, 31, 34–35, 40–43, 46–48, 51, 83, 155
Zitat 131, *161*, 162
Zwecksprache *71–72*

Wichtige Textabschnitte sind *kursiv* gesetzt.